宏觀經濟學通識課

謝丹陽　著

商務印書館

責任編輯　　楊賀其

裝幀設計　　趙穎珊

排　　版　　肖　霞

印　　務　　龍寶祺

宏觀經濟學通識課

作　　者　　謝丹陽

出　　版　　商務印書館（香港）有限公司

　　　　　　香港筲箕灣耀興道 3 號東滙廣場 8 樓

　　　　　　http://www.commercialpress.com.hk

發　　行　　香港聯合書刊物流有限公司

　　　　　　香港新界荃灣德士古道 220-248 號荃灣工業中心 16 樓

印　　刷　　美雅印刷製本有限公司

　　　　　　九龍觀塘榮業街 6 號海濱工業大廈 4 樓 A 室

版　　次　　2022 年 8 月第 1 版第 1 次印刷

　　　　　　© 2022 商務印書館（香港）有限公司

　　　　　　ISBN 978 962 07 6665 7

　　　　　　Printed in Hong Kong

目　錄

推薦序

香港科技大學經濟學系榮休教授　雷鼎鳴

　　我與謝丹陽教授結緣，瞬眼間已有 29 年。1993 年，香港科技大學仍處於創校期的興奮激情中，在海外的名聲極大，很多精英學者都以能否到科大工作為事業上的里程碑，申請職位的人絡繹不絕，但最頂尖的人才都是我們主動邀請的。丹陽那時出道不久，但已有重要研究在頂尖學報出版或快將出版。他的博士論文導師 —— 即後來取得諾貝爾獎的羅默（Paul Romer），推薦信中對他亦大加讚賞。此種人才，我們當然不會放過。羅默並非胡亂推薦，2007 年秋，他來科大學術交流，亦公開說丹陽是他最得意的學生。

　　丹陽的學問自有其過人之處。他對經濟增長理論、貨幣政策、稅收理論都有重大貢獻。若論他治學的背景與機遇，在行內也是罕見。2000 年，國際貨幣基金賞識他，把他挖了過去當資深經濟學家，研究工作的性質與在大學中有所不同。2004 年，他掛念娘家，決定回到科大，我們自然喜出望外。過了三年，經濟系系主任出缺，他也答應負起此重擔。丹陽不但在招聘同事上有大貢獻，更難得的是，他在培育年輕學者上很願意花時間，我見他

每天中午都約同一大群同事午飯交流，這番動力自然是來自他對學術的濃厚興趣。他對現實世界的經濟也一直關注，據我所知，他長期都以微信平台與萬千網民交流經濟學。

優秀人才是人人都想爭取的。2014年，他的母校武漢大學給了他一些難以拒絕的條件，把這頭「大牛」（是翹首以盼的武漢大學學生用語）搶去當經濟與管理學院院長，管理近萬位師生，這與當上大學校長已是不相伯仲。不過，我當時與一些朋友也提及過，丹陽對做學問念念不忘，不一定喜歡這麼大型的行政工作，所以還是有機會回來。果然，2017年他再度回到科大，其後於2019年開始參與港科大（廣州）的創校工作，目前負責其中四大跨學科樞紐之一：社會樞紐。

丹陽這本《宏觀經濟學通識課》是重要的課本。他寫的是通識課本，這與寫技術性的專著有不同的難處。我相信大道至簡，但如何從複雜的世界及理論中看得出甚麼才是核心大道，並將其以較顯淺的方式寫出來，殊不簡單，大多學者都不願這樣做。市場中也充斥一些課本，內容也看似簡單，但我不會用這些書，深入淺出與膚淺誤導，初學者往往會無法分辨，若不是找真正的專家去執筆，容易誤人子弟。丹陽是專家，信得過！

丹陽這本書的對象是需要以較短時間掌握宏觀經濟學的學生，甚麼樣的課本最適合他們？課本不是時事評論，需要幫助讀者培養出一種對經濟學系統性的認識，這便需要他們先學習一些簡單的基礎性理論。但光是理論不夠，要用這些理論作為工具，對一些重大經濟事件作出分析。本書的下半部選了不少重要的分

析題材，選材恰當，學子閱之，對了解世界，增進預測能力，大有裨益。在這些章節中，我們可看到丹陽在學術界及國際貨幣基金的不同歷練，都對他所採用的方法有影響。

　　我強力推薦本書，是為序。

雷鼎鳴

2022 年中秋於香港

前　言

　　早在 2007 年 9 月，我就在搜狐博客上開設高級宏觀經濟學講壇，共 28 講。這些資料後來被其他網站整理打包以方便學生們下載，因此傳播甚廣。至今仍時常碰到那些曾經的受益者，有的目前已步入研究崗位並走上講台。這讓我很有成就感。我與貝灣教育科技合作開發音頻課程也基於同一理念，即利用網絡平台幫助所有渴望學習宏觀經濟學的人開拓自己的全球視野。薩繆爾森曾經說過，「我不在乎誰制定一個國家的法律，只要我能寫它的經濟學教科書」。在這裏我想說，如果我能夠通過這本書來引起大家對宏觀經濟學的興趣，那我該是做了一件多麼了不起的事。

　　希望你能和我一路同行並有所收穫。我們這就正式開始。

　　宏觀經濟學到目前為止只能說是一門學科，還不能說是一門科學。將來大家如果接觸到高級宏觀經濟學，就會發現它在形式上已經很接近科學了，可以推導出一些能被數據證偽的結論。高級宏觀經濟學裏用到的工具，比如動態優化、動態博弈等，都已經非常先進了，但因為這些模型仍然會牽涉到很多非常牽強的假設，所以其結論還沒有完全讓人信服。從歷史上看，時常是正當宏觀經濟學家們近乎達成共識的時候，世界某地區便突發一場危機，將共識的基礎局部地摧毀。儘管如此，我認為我們對宏觀經濟運行的理解還是在不斷加深的，對宏觀政策的作用和局限性的

認識也更為明瞭。學習宏觀經濟學可以幫助你研判宏觀大勢，辨識經濟周期，從而發現機遇避免損失，培養自己對宏觀調控政策的預見力。

PART 1

宏觀視角，必不可少

第一章

為甚麼你要學習宏觀經濟學？

研判宏觀大勢

2011 年 7 月，國家開發銀行香港分行就金融海嘯的形勢召開了一次內部研討會，請了三位專家到場。我作為學者和兩位金融界人士分別做了報告。我講了三個觀點：第一，美國必將重振十年；第二，歐盟將會徘徊十年；第三，中國需要穩重十年。

先談美國。金融海嘯對美國的打擊自不待言，不少觀察家預測美國將從此一蹶不振。那麼，為甚麼我說美國必將重振十年？為甚麼我對美國有那麼大的信心？從 2011 年 7 月的情況來看，美國經濟的復甦非常缺乏力度。我這裏看的是宏觀大勢，着眼點放在較為長遠的因素上。我給出三個理由：第一，美國的人力資本和天然資源依然雄厚，這兩大優勢並沒有因為金融海嘯而喪失；第二，美國依然是技術進步的發源地；第三，我仍然看好美國體制上的優勢，這裏我指的是問責體系和媒體監督。這兩者使美國能夠快速糾偏而不是去推脫責任。我們看到危機期間，政府高官 —— 財政部部長亨利・保爾森也好，美國聯邦儲備局（以下簡稱美聯儲）主席

2

伯南克也好，都需要面對國會的質問，而且質問是對媒體公開的。企業高管，比如汽車三巨頭的 CEO（首席執行官），向國會求救就得經受國會特別委員會的盤問和奚落，這對媒體也是公開的。

當然，我也談到十年重振必先從重整開始。2011 年美國國會與白宮關於國債上限的爭論實際上體現了重整的意願。同時，美國國民消費的習慣也在重整，大家從過去的寅吃卯糧到逐步去槓桿。這些都表現出美國在實實在在地糾錯，而不是一味地迴避糾錯的痛苦。

我之所以說美國將有十年的重振，是因為泡沫爆破後的調整一般都有一個較為長期的過程。比如，德國房地產價格從 1998 年開始下滑，直至 2004 年才見底；日本房地產泡沫於 1989 年爆破，20 年後日本經濟依舊疲弱；香港地區房地產價格於 1997 年暴跌，至 2003 年下半年才開始反彈。

現在回過頭來看，美國基本上花了十年實現完全復甦，2019 年美國的經濟和就業情況已經非常強勁。格林斯潘很早就認為信息技術的發展將極大地提高勞動生產率，但這一大趨勢卻遲遲未能被數據印證。直到 20 世紀 90 年代中期之後，所謂的新經濟才開始發力，勞動生產率才開始提高。格林斯潘對大勢的直覺是正確的，但在時間點上有偏差。

為甚麼我認為歐盟將會徘徊十年呢？首先，「歐豬五國」[1] 主權

---

1 歐豬五國，指葡萄牙、愛爾蘭、意大利、希臘和西班牙，即 Portugal、Ireland、Italy、Greece、Spain，簡寫為 PIIGS。

債務負擔沉重。我們可以將這五個國家的 2010 年公債負擔與 1982 年的拉美三國[2] 的外債負擔做對比。「歐豬五國」的公債在 2010 年達 3.9 萬億美元,佔其加總 GDP(國內生產總值)的 86%,而拉美三國在 1982 年的外債總額為 2,240 億美元,佔其加總 GDP 的 45%。已知的情況是,1980 年至 1990 年,墨西哥貨幣每年貶值 38%;1992 年至 1996 年,巴西貨幣每年貶值 74%;阿根廷也不例外,經歷了貨幣暴跌和持續 10 年以上平均年通脹率超過 300% 的艱苦歲月。「歐豬五國」的調整一定也很痛苦,但畢竟它們採用了歐元作為貨幣,所以還不至於出現惡性通貨膨脹的局面。當然,事情都有兩面性。部分學者認為它們應該脫離歐元,從而可以使用匯率貶值這一政策工具來提高出口部門的競爭力。對這種意見我不敢苟同,我認為惡性通貨膨脹會對經濟運行有毀滅性的打擊,必須避免。

其次,從歐盟整體來看,其平均失業率在 9% 以上,公共債務佔 GDP 的 80%。過於強勁的歐元使得歐盟國家勞工成本高昂,物價也顯著高於其他地區。負債纍纍的歐洲國家一方面需要償付債務,政府不得不勒緊褲帶,但另一方面,面對萎靡不振的經濟,政府又不得不增加開支去刺激經濟。因此,政府在勒緊褲帶和刺激經濟這兩個方面之間只能左右搖擺,而這種「徘徊年代」我認為可能需要持續 10 年。實際上,歐洲「徘徊年代」似乎仍未結束。

這次金融海嘯源於美國次貸危機,但波及全球。中國自然也

---

2 拉美三國,指墨西哥、巴西和阿根廷,即 Mexico、Brazil、Argentina,簡寫為 MBA。

受到了衝擊。但是 4 萬億人民幣刺激計劃出台後，2011 年中國通脹率超過了 5%，處理通脹成為中國短期的要務。對此我不否認，但我同時也要指出，從世界經濟來看，不存在全球通脹的基礎。20 世紀 90 年代以來，相當多的經濟體採用了通脹目標體制，有效地控制了通脹。美國和歐洲央行對通脹預期的管理也都比較超前。中國不用在貨幣政策上緊急剎車，維持適當的貨幣增長率仍有必要。而從中長期來看，中國的要務乃是處理房產泡沫。直至今日，房產泡沫這一難題仍未解決，因為它涉及方方面面，包括財政可持續性和銀行的安危。因此，中國需要穩重 10 年。房產泡沫問題我們接下來會進行專題討論。我的建議不是去刺破泡沫，而是讓房價上漲幅度大幅低於家庭收入上漲幅度。假以時日，房價收入比將回歸合理水平。[3]

　　研判宏觀大勢主要看歷史趨勢、發展階段、地緣政治、國家體制和機制、人力資本、自然稟賦與文化，其中研判那些涉及地緣政治方面的，尤其需要非常豐富的歷史知識。在我所接觸到的學者當中，在這一方面我很佩服鄒恆甫、丁學良二位。對宏觀大勢的判斷需要集中注意力在主旋律上，以分清當下的熱點事件中哪些會影響大趨勢，哪些只不過是短期的插曲。我舉個例子說明一下，這個例子來自俄羅斯前代總理葉戈爾·蓋達爾（Yegor Gaidar）於 2006 年發表的演講，他認為蘇聯的解體歸因於一個事件，即 1985 年沙

3　本書簡體版於 2020 年 7 月出版，行文描述的是 2018/19 年的情況，繁體版後記會論述 2022 年的新形勢。

特阿拉伯宣佈大幅增加石油產量，而不再遵行過去的減產保價政策。他這麼說的原因是，當時蘇聯整個經濟的運行嚴重依賴通過石油出口換取黃金和硬通貨，從而進口那些必需品，包括糧食。在油價暴跌之下，蘇聯只能向西方銀行大量舉債艱難度日，而到了1989年，西方銀行突然停止了貸款。德意志銀行通知蘇聯政府，其唯一的出路是政治貸款，即蘇聯只有以政治上讓步的方式來換取西方 1,000 億美元的貸款，才不至於挨餓。可以說，隨後蘇聯解體和世界政治格局的重大改變只不過是時間問題。

新興市場基金是一個趨勢性判斷的好例子。在 1987 年之前，雖然有一批發展中國家經濟在高速發展，但美國散戶投資者因為擔心其中的風險而不敢參與這些國家的投資。約翰・鄧普頓（John Templeton）和馬克・墨比爾斯（Mark Mobius）敏銳地看到了其中的商機，通過推出新興市場基金來分散其中的風險，從而對這一市場的繁榮發展起到了巨大的推動作用。

2011 年年底，我分別在中山大學嶺南學院和深圳大學以「中國經濟的全球定位」為題做了報告。在這個報告中，我提出了另外三個判斷。第一個是對中國經濟增長率的判斷，我認為中國經濟會從 8% 以上的增長率逐步過渡到 7%、6%、5%……到 2040 年甚至僅有 3% 左右的增長率。儘管如此，中國經濟總量將在 2040 年達到 60 萬億美元（以 2000 年美元計），佔全球 GDP 的 1/4。第二個判斷是中國經濟需要從世界工廠轉型成為世界知識中心（世界可以有幾個知識中心），我將時間點設為 2030 年。第三個判斷是人民幣將於 2025 年成為世界主要貨幣之一，最好能進入前三。

　　這裏的第一個判斷和 2011 年以後的新常態比較吻合。就第三個判斷而言，按照世界各貨幣在全球交易中所佔份額排名，人民幣從 2011 年的 20 名開外快速上升，最近幾年在第四名與第六名之間徘徊。從趨勢上看，人民幣到 2025 年坐穩第四名應該沒有問題，但與排在第三的英鎊之間差距還不小（2019 年人民幣在全球交易中所佔份額為 2% 左右，而英鎊所佔份額為 7% 左右）。第二個判斷與國家現在強調創新基本一致，但 2030 年轉型成為世界知識中心這個時間點是否假想得過於進取呢？

　　這裏補充一個關於宏觀大勢判斷的插曲，2004 年我辭去了在國際貨幣基金組織的工作，從華盛頓回到香港科技大學。不久之後，一位國際貨幣基金組織的前同事兼好友也來到了香港特區，加入了一家歐洲的投資銀行。談到他為甚麼下了這麼大的決心離開美國，他說該投行一位高層的一句話打動了他，「雖然美國依然是全球最重要的經濟體，但中國是全球最有活力的國家，那裏有更多的機會，你應該到那裏去」。這位朋友接受了這一宏觀大勢的判斷，來香港特區後直接參與了中國過去十多年的金融發展與經濟建設，成績斐然。

　　最後，媒體上有海量的有關中國形勢的判斷，我覺得最值得推薦的還是幾位從國際貨幣基金組織歸來的中國經濟學家。他們既有深厚的學術背景，又有國際機構的歷練，再加上在金融第一線所掌握的資訊，自然看問題要高一級。儘管誰也不能先知先覺，但他們的分析在邏輯上是嚴密的。

　　歡迎大家討論。如果我能夠通過本書提高大家的獨立思考能

力和培養大家的批判性思維，那麼這就是我最大的快樂。

本書還介紹了一些其他書，一些觀點，一些事件，以讓大家看到經濟學家也是活生生的人，他們有誤判的痛苦，也有成功的喜悅。

思考題

高盛的全球經濟學家吉姆·奧尼爾（Jim O'Neill）於 2001 年推出的「金磚四國」（巴西、俄羅斯、印度和中國）也是一個長遠趨勢的概念。高盛判斷「金磚四國」到 2050 年將發展成為全球最為舉足輕重的經濟體。這一論斷自然引起很大的爭議，但它引起的人們對這四個國家的關注也是毋庸置疑的。請問，如果你相信這一結論，那麼你或者你的企業該如何佈局呢？

辨識經濟周期：發現機遇，避免損失

上文我們談到學習宏觀經濟學可以幫助我們研判宏觀大勢。我們說研判宏觀大勢主要看歷史趨勢、發展階段、地緣政治、國家體制和機制、人力資本、自然稟賦與文化。這種判斷需要我們集中注意力在主旋律上，要分清當下的熱點事件中哪些會影響大趨勢，哪些只不過是短期的插曲。

下面我們將注意力集中在中短期的考慮上，集中在當下。美國特朗普政府中有一位對中國抱有很大成見且對貿易理解很狹隘的策略人士，名叫彼得・納瓦羅（Peter Navarro），他是挑起對華貿易爭端的主要鷹派人物。此人是經濟學家，早年寫過一些學術論文，也出過一些書，但並未太引人注意。我倒是在 2006 年讀到他的一本書，叫作 *The Well-Timed Strategy: Managing the Business Cycle for Competitive Advantage*（《時機：反向思考戰勝經濟周期》），對企業實踐有一定的指導意義。我甚至認為，特朗普將挑起貿易爭端的時機選擇在美國經濟完全復甦之際，也許就是受到了納瓦羅的影響。納瓦羅抨擊中國的書，以及特朗普的《交易的藝術》（*The Art of the Deal*），大家有時間都應該找來讀一讀。我們必須做到知己知彼。

納瓦羅在《時機：反向思考戰勝經濟周期》這本書中主要談到以下幾點：

第一，關於資本開支和收購策略，公司在繁榮期將要結束時削減資本開支。由於我們無法精準地預測拐點的到來，所以這一削減資本開支的行為，可能意味着公司會錯過繁榮期最後瘋狂的那一段時間，但因此而節省下來的現金將使公司在經濟衰退最終出現的時候以低成本擴張，尤其是公司可以吞併那些由於過於激進而遇到麻煩的競爭對手，並為經濟衰退結束時的擴張做好準備。他舉了一個由於過於進取而遭到慘痛損失的公司的例子 —— 美國的電腦零售商 Gateway（捷威）。1999 年，也就是科網泡沫崩盤的前一年，Gateway 將其電腦零售店從 280 家擴展到 400 家，這使其雜項開支成倍增長。當 2001 年經濟衰退來臨時，Gateway 留下了大量庫

存。高昂的管理費用降低了其對戴爾的競爭力，戴爾迅速搶走了 Gateway 的市場份額。另一個經典案例是通訊設備製造商 Nortel （北電）。Nortel 在科網泡沫期間為收購付出了沉重代價。大家想一想，在 2000 年的某個時刻，Nortel 佔整個多倫多證券交易所市值的 1/3，那是多麼龐大的體量。但是，當 2001 年科網泡沫爆破時，這些併購許多都血本無歸，Nortel 的淨資產中，有 750 億美元化為烏有（注：如果大家上網查一查就會發現，Nortel 已於 2009 年 1 月申請破產保護）。

上面說的是兩個失敗案例。納瓦羅也舉了一個成功的案例，那就是潘石屹。潘石屹於 1992 年果斷退出了海南房地產市場，隨後海南房產泡沫於 1993 年爆破。潘石屹於 1995 年創立了 SOHO 中國，在亞洲金融危機期間，他在北京積累了土地儲備，為 2001 年之後的擴張做好了準備。

大家可能還會注意到另一個成功的案例：馬雲。在阿里巴巴於香港地區首次公開募股（2007 年 11 月）取得巨大成功後，馬雲於 2008 年 2 月宣佈「冬天即將來臨」並要求員工做好準備應對。這離雷曼破產的 9 月 15 日還有大半年的時間。馬雲大幅削減資本開支，其節省的現金使阿里巴巴能夠在危機當中以有利的價格購買中國萬網、搜狗、s.cn、Sinosoft 等公司的股份，並加速其在印度、美國和歐洲國家市場的擴張。

納瓦羅談到的第二點是庫存管理，他指出企業不要被表面的需求假象所迷惑。他以思科（Cisco）為例做了說明。當面臨供應短缺時，客戶會在實際需求為 100 個單位時訂購 180 個單位，希望可

以分配到 100 個單位。在這 180 個單位的需求中有 80 個是假象。思科沒有意識到實際需求和需求假象之間的差異，也沒有留意到經濟衰退即將到來的信號。它不明智地繼續擴張，結果在衰退到來之際累積了大量庫存而賣不出去，不得不在 2001 年減記了價值 20 億美元的庫存。

第三點是關於經濟衰退期間的營銷。他將必勝客和麥當勞的營銷策略做了比較。在 1990 年到 1991 年經濟衰退期間，必勝客依然在做廣告，但在廣告中強調的是家庭套餐的價廉物美，而麥當勞在同一時間削減了廣告。結果是這一時期必勝客銷售額增長了 60%，而麥當勞的則下降了 30%。在衰退期不是不做廣告，而是要懂得如何讓廣告打動消費者。

最後，他討論了風險對沖。我們都知道，航空公司的主要成本之一為石油。2004 年，當油價超過每桶 50 美元時，美國西南航空公司的風險對沖率為 80%，它早在石油期貨每桶 24 美元的時候就已經鎖定了絕大部分成本。相比之下，美國的大陸航空公司的石油對沖率為 45%，對沖價格為每桶 36 美元；西北航空公司的石油對沖率只有 25%，對沖價格為每桶 37 美元；而達美航空公司則完全沒有對沖。

我們現在回過頭去看，航空公司最差的做法是當油價衝到每桶 150 美元的時候才慌忙去對沖，擔心油價會奔向每桶 200 美元。據報道[4]，2008 年中國航空的對沖策略導致其將近 10 億美元的賬面

4　Air Transport World. Airlines' Losing Gamble, 2009.1.26.

損失，國泰航空公司賬面損失 9 億美元，中國東方航空同樣損失 9 億美元。2016 年 2 月 20 日，在深圳與武漢大學校友會舉行的題目是「全球經濟金融形勢」的座談會上，我談道：「美國的經濟復甦應毫無懸念，全球的形勢也在趨強。在此大背景下，現在每桶 35 美元的油價兩年後有可能會衝上每桶 70 美元。」如今果不其然。

可能大家會覺得，雖然納瓦羅舉的這些例子說明了辨識經濟周期的重要性，但難在如何辨識。事後諸葛亮容易做，可是當你真正要做決策時總感覺信心不足。決策對了，當然可以把握機遇，決策錯了則難免造成重大損失。宏觀經濟學家判斷失誤也不在少數，比如 1994 年 11 月保羅・克魯明（Paul Krugman）在《外交》雜誌上撰文，聲稱亞洲奇跡其實和蘇聯的奇跡一樣沒有甚麼神秘或可以稱道的。所謂的 "Asian Tigers"（亞洲虎）只不過是 "Paper Tigers"（紙老虎）。大部分經濟學家（包括本人在內）應該都不會贊同他的這一觀點，但是隨後卻爆發了 1997 年亞洲金融危機，好幾隻「小虎」包括韓國、泰國、馬來西亞等均未能倖免，克魯明算是贏了一局。2001 年，他在《紐約時報》上刊文指責小布殊政府企圖製造緊張氣氛以幫助推動國會減稅法案。他說數據顯示情況沒那麼糟，結果美國經濟在 2001 年 3 月見頂並開始下行，直到 11 月才見底。2008 年 1 月 11 日，克魯明在自己的博客上稱美國將出現甚至已出現衰退，曼昆教授對此不以為然，並在他於 1 月 15 日發表的博客上指出克魯明在 2001 年對美國經濟的誤判。結果金融海嘯下半年如期而至。雖然誰都不能保證自己永遠正確，但我還是佩服這些願意搭上自己的名譽去白紙黑字清晰表達自己觀點的學者。

　　學習宏觀經濟學會讓我們注意到一些關鍵的數據，同時也讓大家理解那些重大事件是如何影響整體經濟的，這種影響的整個鏈條是如何銜接的。通常的情況是，一個事件，比如 1985 年《廣場協議》（Plaza Accord）推動日圓升值，是如何影響東亞經濟的，包括東亞國家的投資與出口，以及如何在這些經濟體中催生泡沫的，而日圓在 1995 年之後的貶值又是如何部分地導致了亞洲金融危機的。再比如，2012 年 5 月 22 日我在新浪博客上撰文〈負利率時期買黃金仍並非總能保值〉，當天黃金價格為每盎司 1,580 美元。其中有這麼一段：「假設我們抽象地將所有商品分成兩類，一類方便儲存（如黃金），一類不易儲存（如水果）。那麼在負利率的環境下，與其接受債券的負實際利率，不如購入黃金並將其儲存。但在這種考慮的驅使下，民眾對黃金的追逐必然會推高黃金的相對價格。當黃金價格已經被充分推高之後，那些一味認為黃金能保值而繼續購買的儲蓄者將來難免會感到失望。事實上，黃金價格的進一步上漲將有賴於地緣政治上的突發事件或全球央行釋放超出目前市場預期的流動性。從長遠來講，各大央行遲早會收回為處理本輪經濟危機而提供的流動性，收回的速度和幅度越出人意料，則黃金價格將跌得越快。黃金價格的波動雖受各種繁雜因素的影響，但其主要影響因素來自市場對原有預期的修正。如果美國的貨幣政策在 2014 年後如期逐漸恢復正常，那麼黃金價格在跌破每盎司 1,500 美元後的中長期內可能一蹶不振，在 2020 年仍將維持在每盎司 1,500 美元以下。」這些我們將在接下來的內容中談到。

　　為了能夠更準確地辨識經濟周期，各國紛紛建立了調查數據

庫，官方和民間的數據發佈也都相當多，其中有一些是左右大市的。經濟學家們設計了一系列的領先指標和預警體系，雖不完美但還是對判斷和決策有一定的參考價值。

這本書關係到宏觀經濟運行和政策的方方面面。我們既要明瞭用於判斷與分析的理論依據和內在邏輯，也要利用實際數據形成我們的觀點。希望通過這些理論訓練和實際操作，我們的判斷能越來越明智。

思考題

根據納瓦羅的觀點，請問在經濟衰退時期，為了節省資本開支進行低成本擴張，企業應該削減廣告支出，減少營銷嗎？

培養對宏觀調控政策的預見力

上文我們談到學習宏觀經濟學可以幫助我們辨識經濟周期，從而把握機遇避免損失。下面我們來談談「宏觀調控」這個熱點詞以及如何利用宏觀經濟學知識增強我們對宏觀調控政策的預見力。

錢穎一在他的書中說，「宏觀調控」一詞是在 1985 年「巴山輪會議」上正式提出的。該會議顧名思義是在名為「巴山」的遊輪上

召開的，全稱為「宏觀經濟管理國際研討會」，出席的外國學者包括諾貝爾獎得主詹姆斯・托賓（James Tobin）和亞諾什・科爾奈（Janos Kornai，錢穎一在哈佛大學的導師之一）等，出席的中方學者包括薛暮橋、吳敬璉、趙人偉等一大批重量級人物，還有當時小字輩的樓繼偉、郭樹清。1984 年年底中國經濟形勢仍然過熱，信貸失控、通脹率達 10%。雖然這是一次歷史性的會議，但問題並沒有解決，通脹率到 1989 年一度突破 25%。

在中國，「宏觀調控」是在 1994 年真正獲得了今日的名聲，當時中國通脹率再次站上了 25% 的關口。這一輪的過熱起因可以回溯到 20 世紀 90 年代初，改革處於「姓資」還是「姓社」之爭。鄧小平在 1992 年的「南方講話」打破了這一僵局，確立了改革方向：「誰不改革誰下台」以及「發展才是硬道理」。號召一出，經濟展現活力。一批年輕官員下海創業，造就了今日的「92 派」企業家，其中代表人物包括陳東升、田源、馮侖、王功權、潘石屹、毛振華等。與此同時，各地投資項目也紛紛密集出台，到 1993 年經濟再次明顯過熱，通脹率由 1991 年的 5% 上升至 15%，而且沒有緩和的趨勢。朱鎔基在 1993 年 3 月任第一副總理，負責日常工作，同年 6 月兼任中國人民銀行行長，並於 1994 年推出在財稅制度、金融體制、投資體制、企業制度、住房制度、物價體制這六個方面的改革。可以說 1994 年是中國的改革年。在 1993 年至 1995 年期間，一大批立法使中國經濟和商業行為有了依據，我這裏只能部分地列舉幾個：1993 年通過的《公司法》、《註冊會計師法》，1994 年通過的《預算法》、《勞動法》、《審計法》及《廣告法》，1995 年

通過的《中國人民銀行法》、《商業銀行法》、《票據法》及《擔保法和保險法》。大家要知道，每項改革和立法都會觸動多方面的既得利益，所以這一切肯定來之不易，其中不乏各方妥協的結果。我認為這也是其中不少立法待日後條件逐漸成熟後被修訂的原因。無論如何，這些立法給市場經濟打下了非常扎實的基礎。

憑着政府的這些改革措施和相應的立法，再加上朱鎔基在信貸方面非常堅決的大幅度收縮，通脹率從 1994 年的 25% 降到 1996 年的百分之幾。更為難能可貴的是，經濟並沒有出現硬着陸。儘管有中途下馬的投資項目和爛尾樓，但整體經濟仍然維持着增長勢頭，即便到了 1996 年，GDP 實際增長率仍有 9.9%。這一輪宏觀調控和法制建設可以說是非常成功的，為進一步深化國企改革和建立現代企業制度打下了基礎。 1994 年，中國宏觀調控正在進行中，當時金融市場上有兩種觀點，一種觀點認為中國經濟會出現硬着陸，即經濟會出現崩盤，而另一種觀點認為中國經濟會出現軟着陸，即經濟增長會有所下降但仍處於健康水平。香港地區的一家國際投行的主管持第一種觀點，而其手下的一位海歸中國經濟學家則堅持認為中國經濟會出現軟着陸，於是向美國總部力陳己見，這樣做是要冒很大風險的。隨後的發展證明這位中國經濟學家更了解中國。

1997 年，亞洲出現了金融危機。這一外部衝擊對中國的經濟發展又是另一場考驗，中國需要的是另一番宏觀調控對策，包括貨幣政策和財政政策工具的應用，以及匯率政策方面的權衡。後面我們另有章節詳細討論。我希望指出的是，宏觀失衡可以是由多種原因造成的，宏觀失衡的類別也不盡相同，因此它所需要的宏觀調控

政策組合也就不同。即便是在發達國家，比如美國，也有可能出現政策兩難或者政策失靈的局面。下面我們來介紹兩個典型的例子。

　　第一個是政策兩難的例子。20 世紀 70 年代中期，由於第一次石油危機的影響，美國失業率達到 8%，而通貨膨脹率達到雙位數。福特政府宣佈通貨膨脹為「人民第一公敵」並使用行政手段來控制，這項措施卻以失敗告終。1979 年 8 月，有着通貨膨脹鷹派形象的保羅‧伏爾克（Paul Volcker）接任美聯儲主席，當時失業率雖然已降到 6%，但通脹率達 11%。控制通貨膨脹仍是第一要務，但如果貨幣政策收緊過嚴，他又擔心失業率重新上升。

　　收緊貨幣政策的過程與其說是一門科學，不如說是一門藝術。在伏爾克接手美聯儲之前，美聯儲用的是聯邦基金市場的利率，也就是銀行間隔夜拆借利率，來衡量貨幣的鬆緊 —— 降息就是放鬆銀根，加息就是收緊銀根。而在伏爾克手上，這一程序被更改為美聯儲直接控制貨幣總量而不去關心隔夜拆息的高低，即由價格型調控轉向數量型調控。有些書和文章將這一程序更改描寫為伏爾克在 1979 年 10 月於貝爾格萊德參加國際貨幣基金組織和世界銀行年會時突發奇想的產物，而事實並非如此。根據費爾德斯坦於 2013 年對伏爾克的採訪，其實伏爾克思考這一程序更改已經有一段時間了，而且他在去往貝爾格萊德的飛機上就已告知同行的美國財政部部長米勒（Miller）和美國經濟顧問委員會主席舒爾茨（Schultze），這兩位聽了都不大開心。碰巧的是，德國總理施密特曾要求這三位在去貝爾格萊德之前於德國漢堡碰個頭，沒想到施密特居然將這三位教導了一個小時，他的意思是美國任由通貨膨脹失控是不負責任

的做法，他們是怎麼回事，該有點兒像樣的行動，等等。其實施密特的這些話與伏爾克的想法不謀而合，所以伏爾克心中倒是有點竊喜。

伏爾克在貝爾格萊德開會時提前離場，弄得金融市場一片驚慌以為他要辭職，結果是他在飛回華盛頓後召集了美聯儲公開市場委員會特別會議，並於週六晚上的新聞發佈會上宣佈了這一程序改變。其後，金融市場由於不大適應這一新程序，銀行間隔夜拆借利率在市場上劇烈波動，一度被推高到 20% 的邊緣。本來伏爾克的想法是，以新的程序傳遞給市場一個堅決治理通貨膨脹的信號，從而使長期利率不至於上漲，因為一般來說長期利率與未來的通脹預期有很強的相關性。長期利率的上漲使伏爾克有些失望，越發糟糕的是，長期利率的大幅上漲使經濟衰退得非常嚴重。在 2008 年金融海嘯發生之前，1982 年到 1983 年期間的經濟衰退是戰後歷史上最深重的一次由政策導致的深度衰退。

相當多的經濟學家認為伏爾克用力過猛，按他們的意思他應該遵從 "gradualism"，也就是「漸進主義」。但話說回來，當時似乎其他藥都不起作用。沒有伏爾克的猛藥，通脹率可能會朝着 15% 或 20% 奔去，而通貨膨脹對經濟活動的打擊也是猛烈的。好在通脹率迅速降下來了，從 1980 年的 13% 降到 1982 年的 6%，再降到 1983 的 3%。伏爾克的繼任們都從這一輪調控中汲取了教訓，都堅決將通脹扼殺在搖籃中，即防患於未然（take preemptive action），因為通脹一旦失控將是一個大麻煩。

第二個是政策失靈的例子。2001 年，美國經濟增長缺乏動力，

增長率下滑。美聯儲主席格林斯潘連續降低利息 11 次，仍然無濟於事。克魯明在他的一本書中專門談到這一段歷史，書名為 *The Great Unraveling: Losing Our Way in the New Century*（《大破解：我們迷失在新世紀》）。在這本書中，他在分析何種原因導致長期利率沒有跟隨聯邦基金利率走低時還有另一個猜測，他覺得也許債券交易商們對格林斯潘的金手指的迷信，導致了金手指的失靈。為甚麼這麼說呢？因為債券交易商們覺得，格林斯潘能夠在一連串減息政策後不久就可以使經濟站穩並開始回升，甚至形成另一輪經濟繁榮。那時格林斯潘將要調控利率進入加息周期。這一想法卻反而使長期利率居高不下，新一輪的經濟繁榮也就不可能到來（現在我們回過頭去看，格林斯潘在 2002 年和 2003 年各減息一次，而實體經濟從 2001 年的 0.5% 的增長水平緩慢復甦，直到 2004 年才恢復到 20 世紀 90 年代末的年增長水平，即 4%）。他指出，雖然美聯儲可以控制聯邦基金市場的目標利率，但這個銀行間隔夜拆借利率只是一個標的。通常而言，金融市場上反映流動性成本的其他利率會對標這一利率，即會隨着聯邦基金市場利率的升降而起伏。美聯儲減息時，其他的金融變量也會有所反應，比如股票價格會上漲，美元會趨弱，長期利率也會下降。事實上，投資銀行高盛的經濟學家就曾利用這些變量編制了一個「金融狀況指數」。他們發現，這一指數對未來經濟形勢的判斷有很好的指導意義。按照以往的經驗，連續 11 次減息應該能將高盛的「金融狀況指數」降低五個百分點，而實際情形是只降下來了 0.5 個百分點。造成這一結果的主要原因是長期利率基本沒有跟隨美聯儲的一連串減息而下降。而

我們知道，長期利率的高低才是真正影響實體經濟的因素 —— 長期利率影響到房貸成本，進而直接影響到房地產市場的活躍度。可以說，格林斯潘的貨幣刺激政策在 2001 年失靈了。

至於何種原因導致長期利率居高不下，克魯明解釋說政府的擴展性財政政策可能是罪魁禍首。雖然 2001 年小布殊政府的減稅政策對經濟有一定的刺激作用，但最後政府不得不增加發債。這麼一來，長期債務的價格就有下跌的壓力，也就意味着長期利率具有上漲的壓力。

大家目前可能還不能很順暢地理解上面的這些解釋，沒有關係，我們在討論貨幣政策的傳遞渠道時會一條條理清。讀完本書你就應該能夠判斷：經濟是否處於失衡？處於哪一類失衡？政府面臨的選擇有哪些？政府的各種可能使用的政策各有多少空間？比如說，如果政府的債務負擔已經很重，那麼使用財政手段提振經濟的政策空間就很小了。有了對這些問題的答案和分析，我們對政府的調控政策就有一定的預見力。

思考題

長期利率是真正影響實體經濟的因素。2001 年美國經濟增長率下滑，美聯儲的貨幣刺激政策失靈是因為長期利率居高不下。請問，你認為導致長期利率居高不下的可能原因有哪些？

本章要點總結

1　學習宏觀經濟學的必要性。學習宏觀經濟學可以幫助大家研判宏觀大勢，辨識經濟周期，從而發現機遇避免損失，培養自己對宏觀調控政策的預見力。

2　關於金融海嘯對美國、歐洲國家、中國的長期影響，2011 年預判美國將重振十年，歐盟將徘徊十年，中國需穩重十年。從當今視角來看，這一預測與現實趨勢基本吻合。

3　研判宏觀大勢主要看歷史趨勢、發展階段、地緣政治、國家體制和機制、人力資本、自然稟賦與文化。這種判斷需要我們集中注意力在主旋律上，而不是短期插曲上，我們應從當下熱點事件中識別出會影響大趨勢的事件。

4　2011 年，「中國經濟的全球定位」這一演講所做的關於中國經濟增長率的逐漸下降、中國將從世界工廠向世界知識中心的轉型以及人民幣國際化進度的預測，均與隨後的發展趨勢較為一致。

5　經濟學家納瓦羅，作為挑起對華貿易爭端的主要鷹派人物，在他於 2006 年出版的書中的觀點對我們考察宏觀經濟的中短期波動以及企業實踐有一定的指導意義。他在書中主要討論的內容包括：企業在經濟衰退期來臨前的資本開支、收購策略和庫存管理，以及企業在衰退期間的營銷策略及風險對沖。只有把握時機做出及時正確的決策，企業才能在經濟衰退期減小損失，順利度過。

6　辨識經濟周期非常重要，但難在如何辨識。學習宏觀經濟學可以

讓我們注意到一些關鍵數據，同時理解那些重大事件是如何影響整體經濟的，以及這種影響的整個鏈條是如何銜接的。

7 為了更加準確地辨識經濟周期，我們可以參考各國官方和民間發佈的調查數據，以及經濟學家設計的一系列領先指標和預警體系。它們雖不完美，但具有一定的參考價值。

8 「宏觀調控」一詞是在 1985 年「巴山輪會議」上正式提出的（錢穎一提出），並於 1994 年在中國真正獲得今日的名聲。當時中國經濟明顯處於過熱狀態，通脹率繼 20 世紀 90 年代初之後再次站在了 25% 的關口。但憑着政府的一系列宏觀調控和法制建設，加上朱鎔基在信貸方面大幅度收縮，成功降低了通脹率，並實現了中國經濟的軟着陸，為進一步深化國企改革、建立現代企業制度打下基礎。

9 宏觀失衡是由多種原因造成的，其類別也不盡相同，因此所需的宏觀調控政策組合也不同。即使是發達國家，也可能出現政策兩難或政策失靈。舉例說明：

（1）政策兩難：1979 年伏爾克接任美聯儲主席，他為控制美國當時的通貨膨脹，把價格型調控轉向數量型調控，讓美聯儲直接控制貨幣總量。結果金融市場的不適應導致了長期利率大幅上漲，經濟衰退非常嚴重。

（2）政策失靈：2001 年美國經濟增長乏力，美聯儲主席格林斯潘連續降息 11 次，但仍無濟於事。原因在於，雖然美聯儲控制了銀行間隔夜拆借利率，但這樣並沒有導致長期利率的有效下降。

第二章

了解宏觀經濟的預備知識

國際貨幣基金組織第四條款磋商報告

　　這一章我們來介紹一些宏觀經濟學概念。我準備借用一下國際貨幣基金組織工作人員在結束對中國的 2018 年第四條款磋商訪問後發佈的新聞稿，來幫助大家看看哪些是常用的概念和應關注的問題。[1] 新聞稿全文如下：

1　國際貨幣基金組織工作團隊（Mission Team）結束對一國的第四條款磋商訪問之後，初始報告會經過國際貨幣基金組織內部六個部門的審閱以提出修改意見。修改後的報告交由該國的執行董事會辦公室提意見，最後提交正式報告給董事會辦公室。董事會辦公室匯總 24 位執行董事的意見後出具初步書面意見，請工作團隊書面回覆。最後開董事會走程序。董事會整個過程異常嚴肅，所有內容都會由兩名速記員打字記錄。由於會前充分溝通，所以會上不會有太大的意外，但執行董事仍然有可能會提出新的問題，工作團隊需要作答。會後發佈的決定就是綱領性的文件，包含了各方意見，是相互妥協的產物。工作團隊去小國有時會有機會和副總理、財長、央行行長直接對話和商討，但與大國磋商時一般與司長對接，更高層會出席一些簡短的禮節性的會晤和參加開幕、閉幕、晚宴等環節。

國際貨幣基金組織工作人員結束對中國的 2018 年 第四條磋商訪問（2018 年 5 月 29 日）

代表團訪問結束後的新聞發佈稿包括國際貨幣基金組織工作人員小組，在訪問一國後就初步討論結果所做的陳述。這份陳述的觀點是國際貨幣基金組織工作人員的觀點，不一定代表國際貨幣基金組織執董會的觀點。根據代表團訪問的初步結果，工作人員將撰寫一份報告，報告在得到管理層批准後，將提交國際貨幣基金組織執董會討論和做出決定。

- 中國經濟增長在 2017 年有所加速，預計 2018 年僅會略有減弱，增速降至 6.6%，到 2023 年將逐漸放緩至 5.5% 左右。

- 國際貨幣基金組織工作人員歡迎中國當局更果斷地將政策重點，從高速度增長轉向高質量增長的戰略。這將使經濟增長給中國人民帶來更大惠益，同時使經濟增長更可持續。

- 在眾多領域加快改革步伐，將極大地促進實現這一目標。這些領域包括，淡化經濟增長目標，進一步控制信貸增長，促進消費，讓市場力量發揮更有決定性的作用，深化開放進程，以及推進政策框架的現代化改革。

國際貨幣基金組織亞太部門助理主任詹姆斯·丹尼爾先生率領的代表團於 2018 年 5 月 17 日至 30 日訪問了北京和深圳，開展了關於中國經濟的年度第四條磋商討論。代表團與來自政府和中國人民銀行的高層官員、私營部門代表和學術界人士進行了極富建設性的坦誠討論，就經濟前景、改革進展和挑戰，

以及政策應對措施交換了看法。

　　國際貨幣基金組織第一副總裁大衛·利普頓先生參加了最後的政策討論，並會晤了副總理劉鶴、中國人民銀行行長易綱、財政部部長劉昆、中國銀行保險監督管理委員會主席郭樹清、中國證券監督管理委員會主席劉士余等高層官員。

　　在訪問結束時，利普頓先生發表了以下聲明：中國經濟表現良好，改革取得很大進展。我們過去兩週討論的重點是，當局旨在實現高質量增長目標的進展情況和改革議程，以及在關鍵領域加快改革的重要性。2017 年，在全球貿易周期性回升的帶動下，中國經濟增長自 2010 年以來首次加速。預計這一強勁增長勢頭在 2018 年僅將略有減弱。國際貨幣基金組織人員預測 2018 年全年的增長率為 6.6%，經濟增速到 2023 年將逐漸放緩到 5.5% 左右。

　　一些關鍵領域的改革取得了進展：金融部門降風險的工作加快實施，在廣泛領域採取了果斷措施；信貸增速放緩；削減過剩產能繼續取得進展；控制污染工作力度加大；開放進程不斷推進。

　　我們歡迎中國當局更果斷地將政策重點從高速度增長轉向高質量增長的戰略。特別是，從依賴債務的過度投資轉向消費，將使經濟增長持續下去，人民生活水平不斷提高，環境更加清潔，風險顯著減少。我們非常支持這一政策重心，鼓勵當局為此付出堅持不懈的努力。

　　為了在全球化改善過程中發揮有效、可信的領導作用，中

國應繼續解決那些仍在困擾自身經濟、影響貿易和跨境資本流動的扭曲問題。讓受保護的部門和企業面對更多國內外競爭，確保一個公平競爭的環境，加強對知識產權的保護，這些措施將使中國受益。我們鼓勵各方合作來緩解貿易矛盾，加強多邊貿易與投資體制。

為了實現高質量增長的目標，需要在現有改革議程基礎上，利用當前的增長和改革勢頭，採取「未雨綢繆」的措施。具體而言，這需要：

- 堅持貫徹已闡明的政策意向，淡化增長目標，將重點放在高質量增長上。經濟的再平衡調整很可能意味着總體增長將有所減緩。不應抗拒這種情況，例如，通過信貸刺激投資，這會使債務問題惡化，損害未來的經濟增長。

- 繼續控制信貸增長。信貸增速雖已放慢，但依然過快。為了進一步減緩信貸增長，需要減少公共投資，進一步約束國有企業借款，並控制家庭債務的快速增長。

- 進一步促進消費。中國需擴大政府社會支出，例如，在醫療、教育和社會轉移支付方面的支出，並通過所得稅、房產稅和碳排放稅等累進性的綠色收入來源為這些支出提供資金。

- 讓市場力量發揮更具決定性的作用。這意味着，削弱公共部門在許多行業的主導地位，向私營部門開放更多市場，以及確保公平競爭。代表團對充滿生機、繁榮發展的深圳市的訪問突顯了私營部門的重要性，因為在深圳，帶動中國在電子商務、金融科技和高科技消費品等前沿行業處於全球領先地

位的是私營企業，而不是公共企業。

- 加快對外開放。中國在過去 40 年裏不斷融入全球經濟，從世界上最貧窮的國家之一，成為現在的中高收入國家及世界第二大經濟體。但中國的貿易和投資制度依然相對受限。加快開放不僅有利於中國實現自身高質量增長的目標，也能使全球經濟受益。最近在化解貿易矛盾方面所做工作值得歡迎，應繼續尋求通過談判達成能夠增強全球經濟的解決方案。

- 推進政策框架的現代化改革。金融部門改革最近取得了顯著進展。應繼續推進這方面的工作，例如，確保新的金融監管體制結構取得成功。貨幣政策應繼續在更大程度上關注價格而非數量，匯率靈活性應繼續提高。中央政府應更多分擔地方政府的支出責任，同時提高地方政府籌集自身收入的能力。中國的宏觀經濟數據相對薄弱，提高數據質量也將改善政策制定。

「一帶一路」倡議是一項值得歡迎、具有潛在變革性的倡議。建立總體框架，開展有效協調，適當關注夥伴國的債務可持續性，這些措施將促進這項倡議的成功實施。

鑑於中國過去幾十年的成功改革以及當局的堅定承諾和決心，我們相信中國能夠實現經濟的再平衡調整，轉向可持續的增長模式。我們祝願當局的工作取得圓滿成功。

我們感謝北京和深圳當局在我們訪問期間組織的出色討論、精心安排和熱情接待。

基金組織信息交流部

　　先給大家介紹一下甚麼是國際貨幣基金組織第四條款磋商。國際貨幣基金組織與成員國的協定叫作 Articles of Agreement，共涵蓋 31 項條款，比如第一條款是宗旨；第二條款是成員；第三條款是份額和出資；第八條款是一般義務，其下第五小點是信息提供，即成員國有義務提供諸如持有的黃金、外匯儲備、進出口額、國際投資頭寸、國民收入等信息。所以大家如果需要成員國的宏觀經濟信息，都可以上國際貨幣基金組織的網站上去查詢，一律免費。

　　這份協定中最有影響力的是第四條款 "Obligations Regarding Exchange Arrangement"，翻譯過來就是「有關交換安排的義務」。這是甚麼意思呢？我們知道，在二戰行將結束之際，44 個同盟國在美國新罕布什爾州（New Hampshire）布雷頓森林舉行會議，商討戰後重建國際金融秩序，因此戰後國際金融秩序得名布雷頓森林體系。在該體系下同盟國建立了兩大國際金融機構：國際貨幣基金組織和世界銀行。世界銀行提供中長期信貸來促進成員國的經濟復甦。國際貨幣基金組織負責向成員國提供短期資金借貸，目的是為了保障國際貨幣體系的穩定。由於這一功能性需求，國際貨幣基金組織需要了解成員國的國際貿易、國際投資、外匯儲備等情況，以及成員國對短期資金借貸的必要性和安全性等，所以國際貨幣基金組織與大部分成員國每年都有第四條款磋商。現在的第四條款磋商涵蓋的範圍越來越廣，甚至包括各種改革的推進，可以被

當作是一個國家的近期體檢報告以及未來治療計劃。[2]

　　我們不妨看一下 2018 年國際貨幣基金組織工作人員與中國就第四條款磋商報告的主要內容。第一點是關於經濟增長，請記住，除非明確指出，否則任何時候我們談到的經濟增長，指的都是剔除了通貨膨脹的實際經濟增長。「中國經濟增長在 2017 年有所加速，預計 2018 年僅會略有減弱，增速降至 6.6%，到 2023 年將逐漸放緩至 5.5% 左右。」這與我在前文談到的中國經濟增速逐步下行的判斷是一致的。

　　在第二點中，國際貨幣基金組織肯定了中國從「高速增長」向「高質量增長」的轉變。

　　第三點其實是在提希望，希望中國繼續在幾個方面進行改革，包括「淡化經濟增長目標，進一步控制信貸增長，促進消費，讓市場力量發揮更有決定性的作用，深化開放進程，以及推進政策框架的現代化改革」。

　　大家注意，國際貨幣基金組織報告裏的每句話、每個字都是精挑細選的。「讓市場力量發揮更有決定性的作用」實際上是在委婉地批評中國近年「國進民退」的現象。「深化開放進程」指的是甚麼？是否意味着服務業的進一步開放？還是指資本賬戶的進一步開放？在讀到新聞發佈稿的細節部分時，我們發現國際貨幣基

2　國際貨幣基金組織在布雷頓森林體系分崩離析之後功能發生了變化，它現在除了給成員國提供過渡性貸款之外，還有提供金融救助、技術援助、第四條款磋商以及發佈年度世界經濟展望、金融穩定評估等服務。

金組織是希望中國解決「影響貿易和跨境資本流動的扭曲問題」和「加強對知識產權的保護」。

那麼「政策框架的現代化」指的又是哪些呢？細節部分提到，「確保新的金融監管體制結構取得成功。貨幣政策應繼續在更大程度上關注價格而非數量，匯率靈活性應繼續提高。中央政府應更多分擔地方政府的支出責任，同時提高地方政府籌集自身收入的能力。中國的宏觀經濟數據相對薄弱，提高數據質量也將改善政策制定」。這裏提到「匯率靈活性應繼續提高」，我們知道那一段時間人民幣在貶值，國際貨幣基金組織並不是希望人民幣繼續貶值，而是希望看到雙向浮動。「更多分擔地方政府的支出責任」是在說地方政府負擔太重，收入大頭在中央，而支出大頭在地方，這種收支結構難以持續。

我們之所以要細讀這些內容，是因為國際貨幣基金組織工作人員的報告事實上是和中國官方協商的結果，尤其是如果最後寫進國際貨幣基金組織董事會通過的意見當中，那麼這基本上預示着改革下一步的努力方向。所以我特別感興趣的是報告中的「提高地方政府籌集自身收入的能力」這一句。怎麼籌集？除了進一步擴大地方政府獨立發債，難道還有甚麼新招？總之，我們應關注這些。

在讚揚中國「一帶一路」倡議之後，大家要注意這一句，「適當關注夥伴國的債務可持續性」。這絕對不是一句空話。大家想，這些夥伴國拿了中國的貸款在中國企業的幫助下展開基建項目，如果債務不可持續怎麼辦？國際貨幣基金組織如果出面救助的話，等於是拿了國際社會的資金在替它們還中國的錢，這需要美國同意，

因為美國是國際貨幣基金組織的最大出資國，擁有 16.51% 的投票權，中國擁有 6.08%。事實上，美國國務卿蓬佩奧在 2018 年 7 月 30 日警告說，國際貨幣基金組織提供給巴基斯坦政府的任何潛在救助資金，都不應該被其用來償還中國的貸款。美國 16 名參議員（其中 14 名共和黨人、2 名民主黨人）於 2018 年 8 月 3 日聯名簽署了一封致美國財政部部長梅努欽和國務卿蓬佩奧並抄送美國國防部部長馬蒂斯的信，提醒美國政府注意中國「一帶一路」倡議對發展中國家帶來的債務風險，並要他們研究一下國際貨幣基金組織對這些國家救助的態度。國際貨幣基金組織報告裏的這句話其實是在警告中國不能有一廂情願的幻想。

　　下面，我們來看看國際貨幣基金組織的這份報告裏用了哪些宏觀經濟概念。

　　1. 實際經濟增長：也就是實際 GDP 增長。GDP 就是國內生產總值，定義為一個國家在一段固定的時間內（通常是一年或一個季度）新生產的所有最終產品和服務的市場價值總和。計算的重要原則是：避免重複計算，不計算資產增值，不計算本國企業在國外生產的商品和服務。為了避免重複計算，我們有兩種辦法。一種是只計算最終產品，比如計入橘子汁的市場價就不再計算它在製造過程中所使用的中間品，包括橘子、銷售服務等。另一種辦法是計算每個環節的附加值，然後將所有附加值累計得到 GDP。為甚麼不計算資產增值呢？比如說最近房價上漲得厲害，但房子的價值在幾年前首次出售的時候已經計入了那一年的 GDP，今年出售該房所獲得的資產增值部分並不涉及今年的生產過程，所以我們不

計入今年的 GDP。但是今年幫助你出售該房的房產經紀人所獲得的佣金應計入今年的 GDP，因為那是他今年提供銷售服務的市場價值。

2. 通貨膨脹：一般指消費籃子價格指數增長率[3]，其他通貨膨脹概念包括 GDP 平減指數、生產者物價指數、零售價格指數以及批發價格指數等指數的增長率。

3. 信貸：狹義理解的話，指的就是銀行貸款。

4. 貿易：特指國際貿易，也就是居民與非居民就物品和服務所開展的交易。

5. 資本賬戶開放：又叫作資本項目開放。資本賬戶其實是「資本與金融賬戶」的簡稱。中國人民銀行副行長、國家外匯管理局局長潘功勝於 2018 年 6 月 14 日在陸家嘴論壇的發言指出：「按照國際貨幣基金組織七大類 40 項標準，我國資本項目已具有較高的可兌換程度。具體而言：直接投資，包括外商直接投資（FDI）、對外直接投資（ODI），已實現基本可兌換；證券投資形成了以機構為投資者的制度，如合格境外機構投資者（QFII）、人民幣合格境外機構投資者（RQFII）、合格境內機構投資者（QDII）、人民幣合格境內機構投資者（RQDII），同時形成了互聯互通機制，如以『滬港通』、『深港通』、『債券通』為主的跨境投資渠道；債務融資項在全口徑宏觀審慎政策框架下自主融資。不過，目前我國資本項目中仍

3　消費籃子中的物品或服務是否會修訂？會的，但不大頻繁。比如 20 年前手機和上網費用不會在消費籃子裏，如今肯定包括進去。

然存在少數不可兌換或可兌換程度較低的項目，如非居民在境內發行股票、衍生品。一些可兌換項目的匯兌環節便利性仍有待提高，如集合類證券投資（如基金互認）仍存在總額度管理等限制。還有一些可兌換項目的交易環節便利性不高，如直接投資、外債在交易環節仍有備案或審批管理。」

6. 投資：宏觀經濟學理論或模型所說的投資概念，與大家日常聽到的投資這一術語在意義上是不一樣的，大家一定要認識到這一點。宏觀經濟學裏談的投資指的是當年實際生產出的投資物品，比如廠房、機器設備、房地產和基礎建設。它不包括大家熟悉的金融投資，比如股票投資和債券投資。宏觀經濟學裏的投資是 GDP 構成的一部分，也就是大家常說的「三駕馬車」—— 消費、投資和淨出口之一。

思考題

GDP 是指一個國家在固定的一段時間內（通常是一年或一個季度）新生產的所有最終產品和服務的市場價值總和。請問計算 GDP 的重要原則有哪些？

解讀國際收支平衡表

國際收支平衡表記錄的是居民與非居民的經濟、金融交易。國際貨幣基金組織要求成員國根據它的手冊編寫和匯報，這樣便於數據收集和橫向比較。手冊現行版本為第六版，有 371 頁，可以想像它有多麼具體、多麼複雜。我們當然沒有必要知道所有細節，但編制該表的基本原則還是應該了解的。

該表分為三個部分（可參見附錄）：經常賬戶、資本與金融賬戶以及淨誤差和遺漏。它以美元或國際貨幣基金組織的特別提款權（Special Drawing Rights，縮寫為 SDR）為單位。我們在下面的討論中用美元，更直觀一點。

先講第一部分，經常賬戶。在經常賬戶的記錄中，任何時候資金流入到本國居民手中，記為正號，流出則記為負號。經常賬戶包括三項：（A）物品和服務的出口和進口；（B）僱員所得和投資收益；（C）個人轉移。

（A）物品和服務的出口和進口：這一項很容易理解，不必多言，出口記為正號，進口記為負號；（B）僱員所得和投資收益：本國居民從非居民那裏獲得的僱員所得或投資收益記為正號，本國居民支付給非居民的僱員所得和投資收益記為負號；（C）個人轉移：大家不要誤會「轉移」這個詞，「轉移」就是饋贈的意思。舉個例子，假設你有兩個孩子在美國，大女兒在工作，小兒子在讀書。大女兒給你寄的 1 萬美元愛心匯款記為正號，即正的「個人轉移」；你給小兒子寄去的 5,000 美元生活費匯款記為負號，即負的「個人轉

移」。A、B、C 三項加起來就是經常賬戶餘額，餘額為正說明經常賬戶盈餘，為負表示經常賬戶赤字。

下面介紹第二部分，資本與金融賬戶。其中重要的是金融賬戶，資本賬戶很小，基本可以忽略不計，主要是實物資本轉移。同樣，這裏「轉移」也是饋贈的意思。

在金融賬戶的記錄當中，任何時候本國居民在與非居民交易過程中增加資產，記為負號，增加負債，記為正號。這裏的增加資產包括增加非儲備資產和儲備資產。非儲備資產包括海外直接投資、證券投資和其他投資。比如萬達在 2012 年出資 26 億美元收購美國 AMC 的 100% 股權，那麼我們就可以在 2012 年中國的國際收支平衡表中的金融賬戶直接投資的資產項下計入「-26 億美元」。增加資產，記為負號。

可能有人會問，我們怎樣區分直接投資和證券投資呢？對外直接投資指的是居民在另一經濟體所投的企業中擁有全部或控股股權，在運作上能影響或決定其關鍵策略和方向。而對外證券投資指的是居民擁有所投企業少量股權或僅持有債券，不參與決策。

非儲備資產包括的其他投資主要指貨幣、存款、貸款和貿易信貸。

那麼，儲備資產包括哪些呢？它主要包括外匯儲備，還有黃金、特別提款權以及在國際貨幣基金組織中的頭寸。再強調一次，增加資產，記為負號！所以中國外匯儲備如果今年有增加，那麼增加 100 億美元就記為「-100 億美元」。可能有人覺得這很奇怪，下面我來講講國際收支平衡表的設計原理。

　　國際收支平衡表的填寫採用的是複式記賬法，也就是說居民與非居民間的每一筆交易都有兩個記錄，一正一負，加起來等於零。我們來看一個例子（情形 1），假設有一家中國企業出口一批冰箱到美國，獲得 5,000 萬美元收入，先假設這筆錢對方打到這家企業在一家美國銀行的賬上，那麼國際收支平衡表的記錄則如表 2-1 所示。

表 2-1　情形 1 下國際收支平衡表的記錄

經常賬戶	
物品出口	+5,000 萬美元
資本與金融賬戶	
非儲備資產	
其他投資	
資產	
貨幣和存款	-5,000 萬美元

　　如果這筆錢通過結匯等過程最後形成中國的外匯儲備（情形 2），那麼最終國際收支平衡表上的「-5,000 萬美元」就從表 2-1 中「貨幣和存款」移到了另一處，如表 2-2 所示。

表 2-2　情形 2 下國際收支平衡表的記錄

資本與金融賬戶	
儲備資產	
外匯儲備	-5,000 萬美元

　　這裏的「-5,000 萬美元」指的是外匯儲備增加了 5,000 萬美元。

　　如果沒有其他複雜情況存在，那麼由於國際收支平衡表使用的

是複式記賬法，所以經常賬戶加上資本與金融賬戶應等於零。但實際情況是，上面兩項加起來很難剛好等於零。於是只有用第三項，即淨誤差和遺漏來平衡。這個第三項一般比較小，屬於正常遺漏或由於匯率變動以及各部門採集口徑不一致、甚至採集時間窗口不同所帶來的差別。但偶爾，或者在某些國家，這一項會很高，原因是多方面的。地下錢莊和熱錢的跨境流動，以及虛高發票或壓低發票等非法行為都可能導致淨誤差和遺漏項很大。中國的情形就是這樣的，這與中國資本項目沒有完全開放有一定關係。附錄中的表格顯示，中國在 2017 年的淨誤差和遺漏項為「-1,599 億特別提款權」。這是甚麼意思？是熱錢流入還是資金外逃？這裏顯示的應是資金外逃。換句話說，如果大家都按規矩申報的話，這「-1,599 億特別提款權」應該體現為某種形式的資產增加，不管是儲備資產還是非儲備資產，而實際上因為某些不透明行為的存在，這「-1,599 億特別提款權」等價的資金支出了，但在記錄上無跡可尋。余永定老師的團隊在財新網上有一篇文章，該文發表於 2017 年 9 月 22 日，題目就叫作〈解讀中國的資本外逃〉。余老師分析得很詳盡，他對資本賬戶的進一步開放一直持謹慎態度，警告開放過快的風險。文章雖有點長，但還是推薦大家有空讀一讀。有一點提醒大家注意，余老師用的是國際貨幣基金手冊第五版，我這裏用的是第六版。第五版裏儲備資產變動是一個獨立的部分，因此國際收支平衡表共由四個部分組成，第六版中儲備資產並進了資本與金融賬戶。

　　國際收支平衡表到底有甚麼用處？第一，通過這個表格我們可以明瞭本國國際貿易是盈餘還是赤字。第二，此表可以告訴我們

本國的貿易依存度，即「出口 + 進口」佔 GDP 的百分比。如果貿易依存度很高的話，那麼外部的衝擊對本國的影響就比較大。當然，如果貿易依存度很低，那就說明本國開放度太低，也不可取。第三，如果經常項目出現赤字，並且赤字佔 GDP 超過 4%，那麼經濟是否可持續就成了一個問題。第四，如果經常項目出現赤字，一般意味着該國資本與金融賬戶必須盈餘，也就意指該國是依賴負債的增加來維持本國收支平衡的。這就容易轉化為債務危機，尤其是當這些債務中有很多是將要到期的短期債務時。第五，通過國際收支平衡表我們也可看出本國貨幣是有升值壓力還是有貶值壓力。如果經常賬戶常年赤字，外匯儲備逐年減少，淨誤差和遺漏又顯示資本流出，那麼匯率貶值是大概率事件。

思考題

非儲備資產包括對外直接投資、證券投資和其他投資。請問，你認為對外直接投資和證券投資的區別包括哪些？

本章要點總結

1　在二戰即將結束之際，44 個同盟國為重建國際金融秩序而建立了布雷頓森林體系，並在該體系下成立了兩大國際金融機構：世界銀行和國際貨幣基金組織。國際貨幣基金組織負責向成員國提供短期資金借貸，因而需要了解成員國的一系列宏觀經濟狀況，所以國際貨幣基金組織與大部分成員國每年都有第四條款磋商。

2　第四條款磋商內容涉及各種改革的推進，可用於了解一國的近期情況和未來計劃。2018 年國際貨幣基金組織與中國的第四條款磋商報告指出中國經濟增速將放緩，中國應推進政策框架現代化、提高匯率靈活性和注意「一帶一路」夥伴國債務可持續性等值得我們關注的問題。

3　學習宏觀經濟學首先應該了解一些常用的宏觀經濟概念，並明確其定義和計算方式。這些常用的宏觀經濟概念主要包括實際經濟增長、通貨膨脹、信貸、貿易、資本賬戶開放、投資等。

4　國際收支平衡表記錄的是居民與非居民的經濟、金融交易。該表分為三個部分：經常賬戶、資本與金融賬戶以及淨誤差和遺漏。它以美元或國際貨幣基金組織的特別提款權為單位。

5　在經常賬戶的記錄當中，任何時候資金流入到本國居民手中，記為正號，流出記為負號。經常賬戶包括三項內容，即物品和服務的出口和進口、僱員所得和投資收益、個人轉移。三項相加即為經常賬戶餘額，餘額為正說明經常賬戶盈餘，為負則表示經常賬戶赤字。

6 在資本與金融賬戶的記錄中，重要的是金融賬戶。在金融賬戶的記錄中，任何時候本國居民在與非居民交易過程中增加資產，記為負號，增加負債，記為正號。增加資產包括增加非儲備資產和儲備資產。

7 國際收支平衡表的填寫採用的是複式記賬法，也就是說居民與非居民間的每一筆交易都有兩個記錄，一正一負，加起來等於零。但在實際情況中，經常賬戶加上資本與金融賬戶很難剛好等於零，因此用淨誤差和遺漏項來平衡。

第三章

宏觀模型初步：封閉型經濟體分析

物品市場均衡

最簡單的宏觀模型就是封閉型經濟體中的 IS-LM 模型[1]。封閉型經濟體的意思是不考慮國際貿易和國際金融，因此也不包含任何有關匯率的討論。這個模型的初始形態是由約翰・希克斯（John Hicks）以及阿爾文・漢森（Alvin Hansen）在 20 世紀 30 年代根據凱恩斯的理論開發的。可以說，正是因為這一模型簡單明瞭，才使晦澀難懂的凱恩斯理論得以廣為傳播並被接受。

IS 曲線刻畫的是物品和服務市場的均衡條件。物品和服務市場我們簡稱為物品市場。LM 曲線刻畫的是貨幣與金融市場的均衡

1　克魯明對簡單的 IS-LM 情有獨鍾。從他發表在《紐約時報》上的對經濟學家的譴責文章中就可以看出來，他希望我們回到凱恩斯的懷抱。克魯明在他的博客中提到，時任美聯儲主席的伯南克只要動動筆，將利率下調，他想要多高的總產出都能做到。

條件。[2] 我們都知道，經濟體中有很多變量，要想以平面圖去描述均衡條件，就需要先選擇兩個變量作為平面圖的橫軸和縱軸。我們選擇總收入為橫軸變量，名義利率為縱軸變量。那其他變量如何處理呢？有兩種處理辦法，要麼我們將該變量用總收入和名義利率的函數來替換掉，要麼假設它是外生的和固定的，比如政府的稅收政策或公共開支。總之，求解經濟體的均衡點就等價於求解多變量方程組。而所謂的 IS-LM 模型就是先將所有這些方程組簡化成兩條關於總收入和名義利率的方程，即平面圖上的兩條曲線。一條叫作 IS 曲線，另一條叫作 LM 曲線。

我們先講 IS 曲線的構造。

我們用字母 Y 代表總收入，用字母 Z 代表總需求。總需求 Z 由三個部分組成，第一個組成部分是消費，我們用 C（Consumption）來表示。消費其實取決於很多因素，但這裏我們將這些因素簡化成僅僅取決於可支配收入。可支配收入等於總收入 Y 減去所交的稅 T（Tax），即 $Y-T$。$Y-T$ 越大，那麼 C 越大，這一點應該沒有爭議。換句話說，C 寫成 $Y-T$ 的函數，$C(Y-T)$ 是個增函數。當然，這也說明，如果繳稅負擔不變，那麼 Y 越高，C 也越高。

總需求 Z 的第二個組成部分是甚麼呢？是投資，我們用大寫字母 I 來表示，即單詞 "Investment" 的第一個字母。投資取決於哪

2　IS 和 LM 這兩條曲線的名字源自哪裏？IS 曲線除了用我們接下來要介紹的 45° 線和總需求曲線相交來導出外，也可以用「投資等於儲蓄」（Investment=Savings）來導出，故名 "IS"。LM 曲線討論的是流動性和貨幣（Liquidity and Money），故名 "LM"。

些因素呢？我們說投資取決於總收入，總收入越高，投資越高。這個邏輯關係是怎樣的呢？總收入越高，全民購買力越強，所以企業的銷售額越高。銷售額越高，企業的投資意願也會越強烈。因此投資 I 也是總收入 Y 的增函數。投資不僅取決於總收入 Y，還取決於名義利率，我們用小寫的 i（interest rate）來表示，這一點我們暫時放一放。目前我們只強調投資 I 也是總收入 Y 的增函數。

總需求 Z 的第三個組成部分是政府支出 G，暫時假設 G 是固定的。

如果將總需求 Z 用一個數學表達式來概括，那它就是 $Z=C+I+G$。因為 C 和 I 都是總收入 Y 的增函數，而 G 假設是固定的，所以總需求 Z 也是總收入 Y 的增函數。

下面我們來作圖。先畫橫軸，橫軸代表的是總收入 Y。縱軸我們留給了總需求 Z 和總產出 GDP。也就是說，我們畫出兩條曲線，一條描述總需求 Z，一條描述總產出 GDP。描述 GDP 的這條線容易畫。為甚麼？因為在一個封閉型經濟體中總產出 GDP 就等於總收入，所以 GDP 這條線畫出來就是 45° 線。

總需求 Z 這條曲線又該怎樣畫呢？

前面我們已經證明總需求 Z 是總收入 Y 的增函數，所以畫出來就是一條向上傾斜的曲線。向上傾斜的曲線也有多種畫法，我們這裏假設它的傾斜度要比 45° 低，即這條總需求 Z 曲線比 GDP 曲線更平緩。這個假設是有實證數據支持的，但這裏不用講得太細。

那麼這條向上傾斜且較為平緩的總需求曲線應該畫成直線還是彎彎的曲線呢？理論上來講，肯定應該是彎彎的曲線，但很多教

科書都傾向於畫條直線了事。我很贊成這一簡單做法，因為畢竟
IS-LM 模型只是所謂的玩具模型（toy model），能說明問題就好，
不必那麼糾結準確性。如果你就是喜歡曲線美，那又另當別論。

圖 3-1　情形 1 下的總產出與總需求

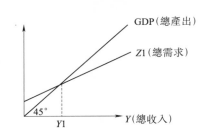

一個需要注意的問題是，這條總需求曲線的位置取決於利率
的高低。假設我們畫出來的是總需求曲線 $Z1$，也就是情形 1，此
時假設利率等於 5%。那麼總需求曲線 $Z1$ 和總產出 GDP（也就是
那條 45° 線）相交於一點。這一交點就是物品市場的均衡點，交點
所給出的橫坐標就是均衡總收入 $Y1$。我們可以從圖 3-1 中看出在
情形 1 下，總收入＝總需求＝總產出，都等於 $Y1$。

換句話說，這樣我們得到了以下關於情形 1 的結論：當利率
等於 5% 的時候，均衡總收入等於 $Y1$。當然也可以說，當利率等
於 5% 的時候，均衡總產出等於 $Y1$ 或者說均衡總需求等於 $Y1$。

有了這個基礎，那麼我們可以進一步來問：如果情形 2 出現，
即利率等於 3% 時，新的均衡點在哪裏？$Z2$ 這條總需求曲線是
在 $Z1$ 的上方還是下方？按照我們在前面的敍述，如果利率變成了
3%，比情形 1 的 5% 要低，那麼總需求的哪一項會改變呢？是如

何改變的呢？

圖 3-2　情形 2 下的總產出與總需求

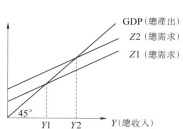

我們說 Z2 一定會在 Z1 的上方，如圖 3-2 所示。為甚麼這麼說呢？因為利率越低，融資成本越低，所以投資需求會上升，也就是說總需求 Z 的第二項會上升，當然總需求也就會上升。請注意 Z1 和 Z2 這兩條曲線的相對位置。

如此一來，總需求 Z2 與 GDP 這條 45° 線的交點所給出的總收入 Y2 一定比 Y1 要大。

圖 3-3　IS 曲線

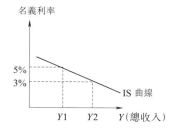

於是我們得出以下結論：當利率下降時，均衡總收入增大。我們將這句話用圖 3-3 來表示。在圖 3-3 中，橫軸仍然是總收入

Y，縱軸我們放上名義利率 i。我們已經得到情形 1 和情形 2 這兩種情形下的均衡點，在情形 1 中均衡總收入 $Y1$ 對應的利率是 5%，在情形 2 中均衡總收入 $Y2$ 對應的利率是 3%。我們將兩種情形下的均衡點分別在圖 3-3 中標出，同時將這兩個點連起來並且向兩個方向延伸就得到一條刻畫物品市場均衡的曲線 —— IS 曲線。

顯然，IS 曲線是向下傾斜的。用文字來描述的話就是：利率越低，物品市場均衡總收入＝總產出＝總需求，就越高。注意，這條曲線上的每一個點都代表一種可能的均衡情形，除了標明的情形 1、情形 2，還有情形 3、情形 4、情形 5，等等。整個經濟具體會處於哪一種情形還要看貨幣和金融市場的均衡曲線 LM。這兩個不同市場的均衡曲線的共同交點將是短期整體均衡點。

大家肯定會問，學會 IS 曲線有甚麼用？我們可以用它來分析特朗普減稅對美國經濟的影響，也可以用它來分析中國在 2008 年推出的 4 萬億人民幣的刺激計劃對中國經濟的影響。我們先來分析特朗普減稅會如何影響美國 IS 曲線的移動。這裏我們繼續假定這個經濟體是個封閉型經濟體。

假設減稅前的繳稅負擔為 T=80 個單位物品。這時，當名義利率為 5% 時，均衡總收入＝總需求＝總產出＝$Y1$。減稅以後，新的繳稅負擔為 T'=65 個單位物品。人們的可支配收入上升，於是消費需求上升，從而總需求曲線 $Z1$ 上升到 $Z1'$，因此均衡總收入增加到 $Y1'$，如圖 3-4 所示。

圖 3-4　減稅前後的均衡點變化

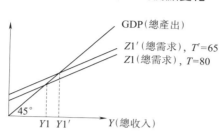

　　類似地，當名義利率為 3% 時，減稅前總產出為 $Y2$ ，減稅後會增加到 $Y2'$。同樣的結果可以推及情形 3、情形 4、情形 5 等情形。將這些情形下的新的均衡點連起來就得到新的 IS 曲線，我們叫它 IS′，如圖 3-5 所示。我們能夠很容易地看出，IS′ 在 IS 曲線的右側。

圖 3-5　減稅前後 IS 曲線的變化

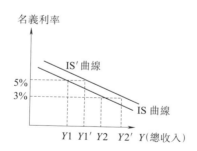

　　對中國 4 萬億人民幣刺激計劃的分析與上面的分析十分類似，只不過討論的對象從繳稅負擔 T 的變動換成政府支出 G 的變動。結論是這項刺激計劃同樣會導致 IS 曲線向右移動。所以減稅和增加政府開支可以統稱為擴張性財政政策。擴張性財政政策在短期

內刺激經濟效果是比較明顯的，但從長期而言，面臨政府可持續性的問題。我們將來討論財政政策時會進一步探討。

思考題

假設其餘情況不變，政府購買水平提高，請問 IS 曲線將會產生怎樣變化？

金融市場均衡

LM 曲線刻畫的是貨幣和金融市場的均衡狀態。大家會發現我們在討論中做了很多簡化的假設。比如，我們假設只有兩種金融資產供人們選擇，一種是貨幣，而且貨幣不產生任何利息，另一種是債券，債券產生利息而其息率就是名義利率。在實際生活中，金融產品有很多種，如短期債券、長期債券、優先債券、次級債券、中央政府債券、地方政府債券、銀行理財、網絡貸，還有股票、期權等，不一而足。其中風險與回報各異。我們暫時全都不加考慮。我們假設人們只面臨兩種選擇：不生息的貨幣 M（Money）和名義利息為 i 的債券 B（Bonds）。如果名義利息一般大於零，那麼為甚麼我們會持有貨幣呢？我們的第二個假設就是貨幣可以被用來完成物品或服務的交易，而債券沒有這個功能。你不能拿着債券憑證去

支付理髮或者打車費用。微信支付、支付寶和餘額寶等金融服務的進一步發展對我們這種簡化可能是一個挑戰，但即使到那個時候我們還是可以假定流動性強的金融產品（不妨仍叫作 M），其利息或者回報率雖不等於零但低於那些高風險低流動性的金融產品（不妨仍叫作 B）。這樣的話，影響人們選擇的決定性因素就是這兩種資產經過風險調整後回報率的差別。

在我們前面的簡單假設下，人們對貨幣和債券的需求將受哪些因素影響呢？首先，如果物品市場名義交易量大的話，那麼人們需要持有更多的貨幣去完成這些交易；其次，如果債券利率高的話，那麼人們會持有較少的貨幣，無非是麻煩點，需要他們在支付的時候去銀行或用網上銀行轉賬。估計讀者當中很少有人持有債券，那就將債券想像成銀行理財產品吧。這麼一分析，那我們可以將貨幣需求寫成 MD（Money Demand），MD= 名義總收入（$\$Y$）× 名義利率的某個減函數，即：

$$MD=\$Y\times L(i)$$

換句話說，如果名義總收入增加了 20%，那麼貨幣需求也會增加 20%，因為人們需要更多的貨幣去完成增加的交易額。如果利率上升，那麼持有貨幣的機會成本增加了，所以人們對貨幣的需求減少了，轉而持有更多債券或理財產品。

有了貨幣需求函數，如果再有對貨幣供給或者貨幣政策的描述，那麼我們就可以確定對貨幣市場均衡的刻畫。因為金融資產只有兩種存在方式，要麼是貨幣，要麼是債券，所以貨幣市場均衡也

必然導致債券市場的均衡，也就是貨幣與金融市場都達到均衡。

不管是阿貝爾和伯南克的多個版本的《宏觀經濟學》，還是布蘭查德的《宏觀經濟學》的前六版，過去的教科書傾向於假設中央銀行以貨幣供給量（Money Supply，縮寫為 MS）為政策變量，但布蘭查德在他的《宏觀經濟學》的英文第七版中，採用了中央銀行以利率為政策變量的假設。從貨幣政策歷史上看，央行既有使用價格型政策（貨幣市場上的價格或融資成本就是利率）的時候，也有使用數量型政策（貨幣供給量 MS）的時候。我們在介紹伏爾克在處於兩難境地的時候就提到他決定從價格型調控轉向數量型調控。格林斯潘在 1987 年接手美聯儲主席後以及他的繼任者們都是在使用價格型調控，也就是直接控制利率水平。

如果央行採用數量型貨幣政策，也就是說央行固定貨幣供應量，而讓利率根據貨幣市場需求去決定。在這一框架下，刻畫貨幣市場的 LM 曲線就會是向上傾斜的曲線，這條曲線與向下傾斜的 IS 曲線的交點就是短期均衡點，而這個均衡點的總收入和名義利率使物品市場和貨幣市場同時達到均衡。

我自己經過權衡，決定還是採用布蘭查德的《宏觀經濟學》英文第七版的框架[3]（畫出來如圖 3-6 所示），即假定央行採用價格型

---

3 布蘭查德在他的《宏觀經濟學》英文第七版中引入水平的 LM 曲線確實使後續的討論簡化很多。其實，戴維·羅默（David Romer）——《高級宏觀經濟學》一書的作者，於 2000 年發表過一篇文章叫作 "Keynesian Macroeconomics without the LM curve"（〈不帶 LM 曲線的凱恩斯宏觀經濟學〉）。在那篇文章的第一部分，他就將傳統的向上傾斜的 LM 曲線丟棄，而代之以一條水平的直線，他稱之為 MP 曲線。MP 指的是貨幣政策（Monetary Policy）。所以布蘭查德的做法與戴維·羅默的一模一樣，只不過布蘭查德堅持把這條水平直線叫作 LM。

手段，直接控制利率。所謂直接控制利率，就是央行一旦宣佈了它的利率目標，比如聯邦基金利率目標，它就會通過在市場上投放或回收貨幣供應來調節市場，從而使市場利率與其目標相符。如果市場上對貨幣需求旺盛，利率有走高的趨勢，那麼央行就投放一些貨幣到市場上，讓利率回歸到央行的目標利率。反之，如果市場上貨幣需求減退，利率有下跌的趨勢，那麼央行可以回收部分貨幣來減少市場中的貨幣供應以維持其目標利率。布蘭查德認為，這一框架更符合當前各國央行的做法，我也深表認同。而且，這樣一來，LM 曲線變得異常簡單，就是一條水平的直線。水平線的位置就是央行宣佈的目標利率，不妨叫作 $\bar{i}$。

圖 3-6　簡單的 IS-LM 模型

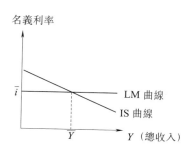

這條水平的 LM 曲線與向下傾斜的 IS 曲線有一個交點。這個交點的橫坐標給出物品市場的均衡總收入，均衡總收入 = 總產出 = 總需求。這個交點的縱坐標就是 $\bar{i}$，即央行所宣佈的目標利率。

你如果作為央行的主席想要增加總產出，應當怎麼做？

減息。只要將利率降下來，總產出就增加了。[4] 沒錯，很簡單而且短期還挺有效，但從中長期來看呢？會不會帶來通貨膨脹？我們這個模型在中長期是否需要稍加修改呢？這個問題我們後面再談。

思考題

請問，當央行採取價格型貨幣政策時，如果市場對貨幣需求旺盛，利率有走高的趨勢，那麼你認為央行會增加貨幣供應量嗎？

改良版新古典綜合學派均衡分析

根據前面我們構造的 IS 曲線與 LM 曲線，這兩條曲線的交點就是短期均衡點。在這一點上，物品市場達到均衡，且貨幣與金融市場也達到均衡。我們利用這一模型可以討論特朗普減稅的宏觀影響以及 2008 年中國 4 萬億人民幣刺激計劃的宏觀影響。我們得

4　從簡單的 IS-LM 模型來看，減息確實能增加總產出，但實際情況是市場並不是只有聯邦基金利率。聯邦基金利率只不過是銀行間隔夜拆借利率，它降下來不代表長期利率會跟着降下來，我們前面曾提到過這一情況：格林斯潘在 2001 年連續減息 11 次，都沒能帶動長期利率下降。

到的結論是這兩項財政政策都具有提振本國經濟的作用，而作用的機制是促使 IS 曲線右移。

通過這個 IS-LM 模型，我們還能看到貨幣政策的短期效果：加息推動 LM 曲線上移從而可以為過熱的經濟降溫，總產出會下降（圖 3-7）；減息推動 LM 曲線下移從而可以刺激經濟，總產出會增加（圖 3-8）。

圖 3-7　加息情形下 LM 曲線的變化

圖 3-8　減息情形下 LM 曲線的變化

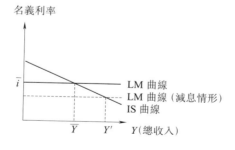

問題是，央行怎樣才能引導市場利率走低呢？除了宣佈目標利率下調之外，央行還得以實際行動，即通過向聯邦基金市場或銀

行間市場投放貨幣，才能引導市場利率下行。

財政政策可以和貨幣政策組合使用嗎？可以的。比如十幾年前中國在面對百年不遇的全球金融海嘯時，就推出過 4 萬億人民幣財政刺激政策和降低利息的貨幣政策。這叫雙管齊下，朝着一個方向努力。

有沒有甚麼情形是需要財政政策和貨幣政策背道而馳，一緊一鬆的呢？大家可能會說，那樣效果不就抵銷了嗎？還有甚麼用？

我們來看下面的一個假想情形。假設到了 2025 年美國新一屆政府發現，經過特朗普的減稅和政府在基建上的巨大投入，美國政府已經債台高築無法維持，此時只有財政收緊，要麼加稅，要麼減少政府開支，或者兩者同時進行。這麼一來 IS 曲線向左移動，經濟會下滑。為了避免經濟下滑，可以用貨幣政策來補救，即央行減息，推動 LM 曲線下移，從而使經濟總量恢復到正常水平。這就是一個「緊財政，鬆貨幣」的有意義組合。實際上，20 世紀 90 年代，美國總統克林頓在經歷了政府因為缺錢而不得不一度關門之後開始緊縮財政，格林斯潘則通過一系列減息與他配合上演了一段「緊財政，鬆貨幣」的雙簧。

在我們的模型當中，由於我們沒有明確地引入時間和動態方面的考慮，一切看起來似乎都是立竿見影的。現實情況卻不是這樣。有時，在減稅之後雖然可支配收入上升了，但消費要過個一年半載才上升。貨幣政策的影響也時常需要一到兩年的時間才能顯現，大家要做到心中有數。

上一節的最後我提了幾個問題，是關於經濟政策對經濟中長

期的影響。經濟學家對這些問題至今都沒有確切的回答。1936年凱恩斯的著作在誕生之後，經過了約20年的發展，其間經過薩繆爾森、莫迪格里亞尼、托賓、索洛等諾貝爾獎得主的工作，至20世紀50年代中期漸漸形成一定的共識，這一共識被稱為「新古典綜合派宏觀經濟學」，更準確一點的話應該叫做「新古典—新凱恩斯綜合派」。所謂綜合是指將凱恩斯元素引入新古典的框架中，新古典框架是假設經濟人能夠面對經濟環境、經濟形勢、技術水平與個人偏好並作出理性決策，凱恩斯元素主要包括諸如價格剛性、工資剛性等市場扭曲。這一共識維持了大約20年，在20世紀70年代中期由於石油危機所導致的滯脹而漸漸被打破。下面給大家介紹的是布蘭查德的《宏觀經濟學》英文第七版中的改良版新古典綜合派模型，被稱為IS-LM-PC模型。PC在這裏代表刻畫失業和通脹的權衡關係的菲利普斯曲線（Philips Curve）[5]。滯脹，或者說高失業率和高通脹同時出現，證明原始的菲利普斯曲線是不穩定的，所以這裏介紹的PC曲線是經過改良的。

　　改良模型成功與否的一塊試金石，就是它能否很好地解釋滯脹局面的存在。我們拿IS-LM-PC模型試一試。一般認為，20世紀70年代的石油危機導致了美國的滯脹。布蘭查德認為，雖然IS-LM-PC模型中沒有專門提到石油，甚至都沒有進口變量，但我們

5　菲利普斯曲線概括了通貨膨脹與失業率的負相關關係，因此，如果經濟走向衰退，即在失業率偏高的情況下，只需容忍稍高一點的通脹率就可以改善失業率，反之亦然。

可以將石油危機作如下理解：企業需要多支付石油費用，因此只能降低工人實際工資。而要想工人接受這一工資，只有增加失業率（失業大軍的存在使資本方對工薪有更大的話語權）。布蘭查德的結論是自然失業率會增加，因此自然總產出 Yn（n 為 natural，自然的）會減少。這樣一來，石油危機前的短期均衡點如果和原來的自然總產出一致，那麼現在就在新的 Yn 的右邊了。因此，根據 IS-LM-PC 模型，通脹升溫的壓力持續，通貨膨脹率持續走高。伏爾克領銜的美聯儲大幅收緊貨幣，目標實際利率 $\bar{r}$ 大幅上升，$\bar{Y}$ 不斷下跌，一度跌破 Yn，最後慢慢回升至 Yn 達到中期均衡。注意，根據改良的菲利普斯曲線，$\bar{Y}$ 只有跌破 Yn 才能使通脹率下跌。總結一下布蘭查德對滯脹的看法，即高失業率並不是周期性的，而是因為石油危機所帶來的供給衝擊使自然失業率高企，通脹持續是因為短期均衡總需求高於自然總產出。

改良版的菲利普斯曲線有如下幾個特點：第一，經濟當中存在一個自然失業率，自然失業率不隨經濟周期變化，但可以隨着大的結構性衝擊而改變。第二，與這個自然失業率對應的總產出，我們叫做自然總產出 Yn。第三，當總需求等於自然總產出，通脹壓力（通脹壓力 = 本期通脹 - 上期通脹）等於零，換句話說，通脹率處於穩定狀態；當總需求超過自然總產出，那麼總需求越高，通脹升溫壓力也越大；當總需求低於自然總產出時，總需求越低，通脹降溫壓力越大，即通脹率下降得越快（圖 3-9）。

圖 3-9　對總需求與通脹壓力的刻畫

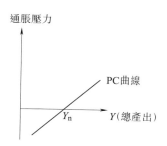

因為在中長期宏觀經濟的分析中，通貨膨脹會有所變化，所以我們不能僅僅只考慮名義利率。我們需要引入實際利率[6]的概念，並且將 IS-LM 曲線的縱軸由名義利率改為實際利率。實際利率等於名義利率減去預期通脹率。經濟學家認為影響一家企業投資決策的不是名義利率，而是實際利率。比如中國的名義基準利率是 4.35%，假設通脹預期是 2.35%，那麼實際利率就是 2%。阿根廷處於經濟危機當中時，其名義基準利率是 60%，通脹預期為 36%，那麼實際利率就高達 24%。

改變縱軸之後，IS 曲線位置可能會變但形態不變，仍然向下

6　不難理解，實際利率＝名義利率 - 預期通脹率，但大家可能會問預期通脹率從哪裏可以得到呢？有下面幾個渠道：第一，投資機構有自己的預測，我們可以考慮綜合多家機構的預測來獲得預期通脹率；第二，通過問卷調查數據獲得；第三，通過債券市場交易數據，看長期利率與短期利率的價差來獲得，長期債券受通貨膨脹的侵蝕風險更大，如果該價差擴大，顯示市場參與者預計通脹升溫；第四，如果該國同時發行通脹掛鈎債券，那麼我們可以比較這類債券和通常債券的市場價格得到投資者對通脹的預期。關於發行通脹掛鈎債券的提案，可以參見美聯儲羅伯特‧赫策爾（Robert Hetzel）在 1990 年發表的文章 Maintaining Price Stability: A Proposal（〈維持價格穩定：一個提議〉）以及在 1992 年發表的文章 Indexed Bonds as an Aid to Monetary Policy（〈指數化債券作為貨幣政策的輔助手段〉）。

傾斜。形態不變是因為投資與實際利率的關係沒變，仍然是實際利率越低，融資成本越低，所以投資越高，總需求越高。因此，IS曲線仍向下傾斜。

　　LM 曲線的位置和形態呢？布蘭查德在他的《宏觀經濟學》英文第七版中認為，我們仍然可以假設央行能直接控制某個目標實際利率，記為 $\bar{r}$。r 這個字母在經濟學界一般代表 real interest rate，即實際利率，這樣的話，LM 曲線形態也沒有變，還是一條水平直線。水平線的位置處在 $\bar{r}$。換句話說，央行在了解預期通脹率的情況下，總是可以宣佈一個目標名義利率使得目標實際利率等於 $\bar{r}$。打個比方，沿用前面我們假設的中國通脹預期為 2.35%，如果中國人民銀行希望實際基準利率為 1.85%，那麼它可以宣佈新的名義基準利率為 4.20%，因為 1.85%+2.35%=4.20%。

　　做好這些準備工作後，我們可以畫出新的 IS-LM 曲線（如圖 3-10 所示）。IS 曲線和 LM 曲線的交點的橫坐標 $\bar{Y}$ 就是短期的均衡點。這個均衡點 $\bar{Y}$ 與自然總產出 Yn 的相對位置決定了中長期產出與通脹的走勢。

圖 3-10　IS-LM 模型中的短期均衡點

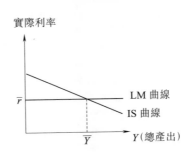

假設 $\bar{Y}$ 大於 Yn，也就是說短期均衡總需求和總產出大於自然總產出。按照我們改良的菲利普斯曲線，這時有通脹升溫壓力，如圖 3-11 所示。

圖 3-11　$\bar{Y}$ 大於 Yn 時，有通脹壓力

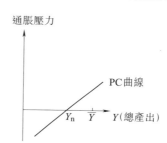

如果政府繼續維持同樣的目標實際利率和同樣的財政政策，那麼均衡總需求和總產出不變，但通脹會持續升溫，我們就處於所謂經濟過熱的情形當中，比如 2006 年的中國。不斷上升的通脹率畢竟是令人厭惡的現象，所以央行遲早會開始加息，推動 LM 曲線上升，均衡總需求和總產出 $\bar{Y}$ 也會朝着自然總產出 Yn 的方向移動。最終當 $\bar{Y}=Yn$ 時，通脹壓力全部釋放，通脹率不再改變，中長期均衡出現。

可能大家會說，如果央行了解 IS 曲線和自然總產出的準確位置，一步就可以將實際利率調整到剛好使短期均衡 $\bar{Y}=Yn$，立刻就穩住了通脹率，難道不是嗎？

理論上是這樣，但在實際操作中，誰也沒有把握 IS 曲線和自然總產出的準確位置到底在哪裏，我們只能用市場數據去推斷。而市場中的數據是包含很多噪聲的，甚至是互相抵觸的，所以只有當

多方面的數據都指向同一個判斷的時候，我們才有比較大的信心。這也是央行在做決策時需要各種類型和各個地區的數據，而且在加息或減息時都採取一種邊走邊看的漸進模式的原因。

假如經濟出現過熱，即總需求大於自然總產出，通脹持續升溫，而政府又不想使用貨幣政策手段，仍然盯着原有目標實際利率 $\bar{r}$，這時甚麼樣的財政政策能幫助經濟達到中長期均衡呢？

答案是收縮性的財政政策，即加稅或者減少政府支出。收縮性財政政策將使 IS 曲線向左移動，從而將短期均衡總需求和總產出 $\bar{Y}$ 朝着自然總產出 Yn 的方向移動並最後與 Yn 會合。

最後，我們看看另一種情形，即短期均衡總需求和總產出 $\bar{Y}$ 不是過高，而是過低，即 $\bar{Y}$ 低於 Yn，也就是說經濟處於疲弱增長甚至衰退的情形，比如 2017 年 7 月的巴西。當時巴西的 GDP 第二季度增長率僅有 0.4%，雖然好過 2016 年的負增長，但仍低於它的潛在增長率。同時，失業率在 12%，高於歷史平均值。政府債務佔 GDP 的比重從 2011 年的 51% 大幅上漲到 2017 年的 70%，央行基準利率為 10.25%，通脹率從 2016 年初的 9% 下降到了 3.8%。我們應該怎樣分析這一經濟形勢？政府有哪些可選策略？中長期有何打算？我的判斷是：在財政政策的刺激下，經濟有所復甦，但增長仍很疲乏，再加上相當高的失業率，宏觀政策上需進一步刺激。財政政策空間已經越來越小。好在通脹率還處於低位，可以繼續減息。從 10.25% 基準利率來看，減息空間還比較大。但是 2016 年初的 9% 的通脹率意味着這一輪減息需要審慎進行，弄不好又回到 2016 年那兩難的滯脹局面。怎樣解釋巴西這一滯脹局面的出現？

我的觀察是結構性和供給衝擊的問題，也就是說，政府的行為以及油價收入的起伏動搖了市場和投資者的信心，從而造成經濟下滑。要想使經濟恢復動力，還需進行結構性改革給市場注入活力。

思考題

　　假如經濟出現過熱，短期均衡總需求大於自然總產出，通脹持續升溫，請問你認為政府可以採取怎樣的政策手段來實現中長期均衡呢？

本章要點總結

I 封閉型經濟體中的 IS-LM 模型是最簡單的宏觀模型，它不考慮國際貿易和國際金融，不討論匯率因素。該模型初始形態是由約翰‧希克斯以及阿爾文‧漢森在 20 世紀 30 年代根據凱恩斯的理論開發的。

2 IS 曲線刻畫的是物品和服務市場的均衡條件，LM 曲線刻畫的是貨幣與金融市場的均衡條件。

3 IS 曲線的構造步驟如下：

（1）由於總需求 Z 包括三個部分：消費、投資和政府支出（假定固定），消費和投資都是總收入 Y 的增函數，因此總需求 Z 可表示為總收入 Y 的增函數，即一條向上傾斜的曲線。

（2）由於封閉型經濟體中的總產出就等於總收入，因此總產出 GDP 可表示為一條 45° 線。

（3）由於總需求中投資由總收入和名義利率共同決定，因而給定一個利率水平就對應一條總需求曲線，該曲線與 45° 線的交點的橫坐標即為均衡的總收入或總產出 GDP 水平。

（4）利率越低，總需求越高，均衡總收入越高，即得到向下傾斜的 IS 曲線，以表示物品市場均衡中利率與產出的關係。

4 減稅政策使國民可支配收入上升，消費需求上升，從而總需求上升，因此均衡總收入增加到新的水平，IS 曲線向右移動。中國 4 萬億人民幣刺激計劃的影響與之類似。減稅和增加政府開支作為擴張性財政政策，在短期內刺激經濟效果較為明顯，但從長期而

言它們會面臨政府可持續性問題。

5　LM 曲線刻畫貨幣和金融市場的均衡狀態。為簡化分析，我們假設只存在兩種金融資產，即不生息的貨幣 M 和名義利率為 i 的債券 B。貨幣需求由名義總收入和名義利率共同決定，一方面總收入越高，物品市場名義交易量越大，貨幣需求越高；另一方面，名義利率衡量了持有貨幣的機會成本，名義利率越高，貨幣需求越低。

6　如果央行採取數量型貨幣政策，即固定貨幣供應量，則刻畫貨幣市場的 LM 曲線是一條向上傾斜的曲線。假定央行採取價格型手段直接控制利率，則 LM 曲線是一條水平的直線。我們在這裏用水平的 LM 曲線來進行討論。

7　水平的 LM 曲線與向下傾斜的 IS 曲線的交點就是短期均衡點，該均衡點上的總收入和名義利率使物品市場和貨幣市場同時達到均衡。

8　貨幣政策的短期效果是：加息推動 LM 曲線上移，從而可以為過熱的經濟降溫，總產出會下降；減息使得 LM 曲線下移，從而可以刺激經濟，總產出會增加。

9　財政政策和貨幣政策可以組合使用。它們可以朝同一方向努力，雙管齊下；它們也可以出現截然相反的態勢，一鬆一緊。例如財政緊縮政策與貨幣擴張政策搭配，在減少預算赤字的同時也避免產出下降。

10　布蘭查德的《宏觀經濟學》英文第七版中的改良版新古典綜合派模型，被稱為 IS-LM-PC 模型。PC 表示改良的菲利普斯曲線，刻

畫失業和通脹的關係。改良的菲利普斯曲線假定經濟存在一個自然失業率，對應一個自然總產出。當總需求等於自然總產出時，通脹壓力為零，處於穩定狀態。

11 實際利率等於名義利率減去預期通貨膨脹率。將 IS-LM 曲線縱軸改為實際利率時，IS 曲線和 LM 曲線的位置可能會變但形態均保持不變。短期均衡實際總產出與自然總產出的相對位置決定了中長期總產出與通脹的走勢。

第四章

貨幣主義—新新古典—新新凱恩斯

凱恩斯、新古典綜合派和貨幣主義

我們在介紹宏觀經濟學沿革時談到了大蕭條之前是新古典經濟學的天下。新古典的英文為 neoclassical，"neo" 是「新的」意思。18 世紀與 19 世紀之交的古典經濟學代表人物包括休謨、亞當·史密夫、薩伊、李嘉圖、馬爾薩斯、約翰·斯圖爾特·穆勒（小穆勒）等，他們雖然各有自己獨特的觀點，但一般都強調市場的效率和自我調節功能。19 世紀和 20 世紀之交的新古典經濟學代表人物有威廉·斯坦利·傑文斯、卡爾·門格爾、瓦爾拉斯、馬歇爾和克拉克，他們建立起理性經濟個體的框架。經濟個體，包括消費者、廠商、企業家、農場主等，都面對着市場並借助邊際效用和邊際產出來作出理性的決策。新古典經濟學家相信市場也有失靈的時候，但市場可以自我修正。

1929 年至 1933 年的大蕭條迫使經濟學家重新考察市場的自我修正能力。凱恩斯在《通論》中指出市場有其局限性，其失衡的狀態可以持續相當長的時間，我們有必要使用政府干預來重新建立

均衡。「凱恩斯革命」就這樣開始了。革誰的命？革古典經濟學和新古典經濟學的命，革薩伊的命，革他的老師馬歇爾的命。馬歇爾在他的《經濟學原理》一書中強調的是對李嘉圖思想的繼承，而所謂的邊際原理嫁接的仍然是古典經濟學理論。凱恩斯則認為古典經濟學理論只不過是他所推出的新理論的特殊形式，而且是偶爾才符合現實的特殊形式，他的新理論才是普遍適用的形式，故取書名為「通論」。他的傳記作者羅伯特・斯基德爾斯基（Robert Skidelsky）分析，書名「通論」（*The General Theory of Employment, Interest and Money*）借鑑了愛因斯坦的廣義相對論（The General Theory of Relativity）。

　　凱恩斯在《通論》1939 年法國版序言的結尾告訴法國讀者：他的理論是生產理論上對薩伊定律的揚棄，利率理論上對孟德斯鳩思想的回歸。[1] 薩伊定律說的是供給造就其自身的需求（Supply creates its own demand），這一定律也就意味着社會中大規模的生產過剩是不可能的，市場價格會調整從而促使整體需求與供給達到平衡。古典經濟學家李嘉圖和詹姆斯・穆勒（老穆勒）都支持這一

---

1. 薩伊和孟德斯鳩都是法國人，這也是凱恩斯在法語版《通論》的序言中專門提到這兩位的原因。但讓我吃驚的是，凱恩斯居然在序言中將孟德斯鳩尊為「法國的亞當・史密夫」。我一向以為孟德斯鳩只是一位政治學和法學思想家，如今翻開他的《論法的精神》一書，果然發現他在稅收、國際貿易、貨幣、利率、市場等方面都有非常獨到的論述，而且早於亞當・史密夫。這讓我聯想起 2010 年我訪問中央財經大學時與恆甫閒聊，他興致勃勃地拿起手邊的一本書，翻到某一頁，上面說熊彼特批評亞當・史密夫的《國富論》缺少原創性。《國富論》引用休謨 5 次、洛克 4 次、孟德斯鳩 4 次……

觀點，新古典經濟學家馬歇爾也支持這一觀點。凱恩斯則認為大蕭條宣告了這套理論的破產，經濟一旦失衡就很難自我糾偏。[2] 我們不妨設想目前經濟進入了衰退期，也就是說社會出現了非自願失業。在這種情況下，如果想要企業樂意去召回這些工人，那麼員工的實際工資必須要降下來。可是工會不會接受名義工資的下降，降低實際工資只有通過提高產品價格來實現，但企業在經濟衰退階段提高價格的能力顯然是非常有限的，因此市場自我糾偏是有難度的。

　　凱恩斯對就業市場以及名義工資剛性和價格剛性的分析，即使到今天也還是有很多支持者的。他的利率理論回歸到孟德斯鳩，在今天看來這也沒有太大爭議。孟德斯鳩說利率取決於流動性的供求平衡，但凱恩斯同時批評了古典經濟學家和新古典經濟學家的利率理論，我們認為他是有所誤解的。其實孟德斯鳩談的是 LM 曲線上的均衡利率，而古典經濟學家談的是 IS 曲線上的均衡利率。兩者可以同時成立，而且 —— 就像我們前面介紹的那樣 —— 只有當兩者同時成立時我們才有短期均衡。短期均衡並不否認社會存在大量失業。以薩繆爾森、莫迪格里亞尼、托賓等人為首的新古典綜合派認為，在短期均衡的位置上社會仍然可以存在非自願失業，也就是我們前面所說的 IS-LM-PC 模型中的 $\bar{Y}$ 處於小於自然總產出 Yn 的位置。

2　李嘉圖學說的重心在於研究給定產出的分配理論，而凱恩斯關心的則是產出和就業本身的決定因素。

　　以薩繆爾森、莫迪格里亞尼、托賓等人為首的新古典綜合派的貢獻，不僅在於他們盡量保留了古典經濟學家的理性經濟個體的假設和新古典經濟學家的邊際分析手段，而且他們更將系統化、嚴格化、數學化之後的凱恩斯理論中的關鍵元素，納入新古典經濟學分析框架。因此這一派經濟學家既可以被稱為新凱恩斯（Neo-Keynesian）學派，又可以被稱為新古典綜合派，而薩繆爾森自稱為新古典綜合派。IS-LM 模型或者 IS-LM-PC 模型是這一學派開發的玩具模型，這些玩具模型通俗易懂，有教學價值。但新古典綜合派的理想是構建一套科學的、可用於指導政策實踐的模型，這一理想催生了大量更為細緻的理論和實證研究，包括消費函數的理論和估計（莫迪格里亞尼、佛利民、克萊因）、貨幣需求函數的理論（托賓、威廉・傑克・鮑莫爾）、就業理論（莫迪格里亞尼）、財政政策（薩繆爾森、L. A. 梅茨勒）、菲利普斯曲線、歐肯法則，等等。20 世紀 60 年代末新古典綜合派的發展進入黃金時期，尤其是菲利普斯曲線的流行和莫迪格里亞尼團隊在美聯儲支持下開發的大型宏觀經濟計量預測模型的使用。

　　在一片喝彩聲中，佛利民（Milton Friedman）於 1968 年提出忠告：如果政府使用菲利普斯曲線來制定政策的話，比如當經濟不景氣的時候多發行貨幣來刺激，那麼企業和個人終究將明白其中的道理。下次當企業發現它的同類產品價格上漲或者當工人發現自己名義工資上漲時，企業或者工人就不會再次誤認這是經濟回暖，而是會提醒自己可能政府又在印錢，因此企業並不會增加人手去擴大生產，個人也不會去提高消費，這樣貨幣刺激也就失效了。最終，

經濟除了落得更高通脹外，沒有任何其他實際效果，失業狀況也不會有改善。1972 年費爾普斯（Edmund Strother Phelps）給出了自然失業率的微觀基礎。大家不要將費爾普斯同菲利普斯（Phillips）弄混了。菲利普斯是新西蘭人，大部分時間在倫敦政治經濟學院工作；費爾普斯是美國經濟學家，是 2006 年諾貝爾經濟學獎得主。費爾普斯和佛利民的工作解釋了為何簡單的菲利普斯曲線是不穩定的。20 世紀 70 年代美國經濟的走勢和 20 世紀 80 年代初的滯脹局面印證了佛利民和費爾普斯的預言。

那我們前面為甚麼還要用菲利普斯曲線呢？請注意，我們前面使用的菲利普斯曲線是經過改良的，也就是根據佛利民和費爾普斯的批評而進行改良的。大家牢記：簡單版菲利普斯曲線描述的是通脹和就業的負相關關係，這是不成立的或者說是不穩定的。改良版的菲利普斯曲線描述的是通脹壓力變化與失業的負相關關係，也可以說是通脹壓力變化與總產出的正相關關係，而這一關係我們是認可的。

佛利民一直認為貨幣政策是非常重要的，也是需要謹慎對待的。他覺得歷史上的經濟危機，甚至包括大蕭條，都可以歸咎於貨幣政策的使用不當。他認為貨幣供給就像是壓艙石，是起穩定作用的，我們不要隨便亂碰，最好是維持其一個固定的增長率。佛利民秉承的是貨幣數量論，用公式來表達就是 MV=PY（佛利民在加州的車牌就是 MV=PY，如圖 4-1 所示）。MV 就是貨幣供給 × 貨幣流通速度，PY 就是價格水平 × 總產出或者總交易。這個等式據說可以追溯到哥白尼，但我們一般將它歸於大衛・休謨。這個等

式本身只是交易恆等式，並沒有甚麼爭議。經濟學家爭議的焦點是如果貨幣供給增加的話，那麼其他三個變量哪個會改變。假設我們同意貨幣流通速度相對而言是穩定的，它取決於當時的技術和利率，那麼剩下的價格水平和總產出哪個會變化呢？

圖 4-1　佛利民在加州的車牌[3]

　　凱恩斯[4]認為貨幣供給增加則總產出會增加，這一點在 IS-LM 模型中是一清二楚的：貨幣供給增加，利率下降，LM 曲線下移，它與 IS 曲線相交位置所對應的總需求和總產出更多。佛利民認為

3　圖片來源：http://gribeco.free.fr/IMG/jpg/Friedman-Cadillac.jpg.

4　一戰結束後召開的巴黎和會要求德國承擔巨額賠款，賠款以 2018 年的美元計相當於 4,420 億美元。凱恩斯認為該賠款數目太大，將給德國經濟和社會造成重創，在將來也會產生麻煩，可以說他極具先見之明。凱恩斯當時憤而辭去英國和談代表團成員的職位。

那是一廂情願，貨幣供給增加只會導致通貨膨脹。佛利民在這方面最著名的論斷是「通貨膨脹無論何時何地都是貨幣現象」（Inflation is always and everywhere a monetary phenomenon）。以佛利民為代表的這一宏觀學派被稱為貨幣主義學派。

思考題

請問，以威廉·斯坦利·傑文斯、卡爾·門格爾、瓦爾拉斯、馬歇爾和克拉克為代表的新古典經濟學家所認為的經濟個體，面對市場可作出理性決策的關鍵依據有哪些？

理性預期革命：遵從規則還是伺機而動

20 世紀 60 年代凱恩斯理論和新古典綜合派迎來了黃金時期，但以佛利民為代表的貨幣主義學派對凱恩斯理論，尤其是對簡單的菲利普斯曲線提出質疑。凱恩斯理論受到的挑戰還來自以盧卡斯、薩金特、華萊士和巴羅為代表的理性預期學派。

凱恩斯學派主張逆周期的貨幣政策，即在經濟繁榮時收緊貨幣，在經濟衰退時放鬆貨幣政策。貨幣主義學派和理性預期學派都反對這一主張，但二者反對的理由是不一樣的。貨幣主義學派認為即使逆周期的貨幣政策有實際效果，當局也沒有運用這種政策的能

力。大蕭條就是誤用貨幣政策的一個例子，當時美聯儲希望增加貨幣總供給，因此在 1931 年至 1933 年期間增發了 20% 的基礎貨幣，但它沒有料到的是銀行貨幣乘數下跌，最終貨幣總供給反而倒跌了 35%。理性預期學派認為，政府想通過伺機而動使經濟達到最優的這一企圖使經濟個體對政府失去信任，從而使經濟連次優結果都達不到。貨幣主義學派和理性預期學派都贊成採用簡單可信的規則。下面我們來了解一下理性預期學派或者理性預期革命。

理性預期的定義各式各樣，在特定模型下它的定義可以用數學形式表達得非常清晰。我們在這裏說得稍微通俗一點，理性預期假設經濟個體在形成預期時不會犯系統性錯誤，也就是不會犯「一而再，再而三」的類似錯誤，並且在決策時會最有效地利用所有可以利用的信息，包括對政府的決策程序、決策手段、決策邏輯的理解。[5] 所以說，在理性預期的假設下，預期是帶有前瞻性的，這是和之前經濟學家處理預期的方法截然不同的。過去，我們也都明白預期的重要性，但處理的辦法不夠科學，要麼像凱恩斯那樣，認為經濟個體的預期帶有隨機性，受到「動物精神」的支配，忽而亢奮，忽而消沉，要麼就是將過去的觀察數據當作未來可能發生的情形。這兩種處理預期的辦法都不能避免犯「一而再，再而三」的錯誤。

---

5 根據理性預期理論我們可以推出：只有不曾預見的貨幣變動才會影響產出，所有可預見到的貨幣變動只會引起物價的變動而不會有其他實際效果。這樣的話，要想有實際效果，貨幣供應就得難以預計，這等於是給經濟個體額外增添了不確定性，得不償失。「增添不確定性」這一點與孟德斯鳩不謀而合，他主張穩定性貨幣政策，因為「貿易本身是十分不確定的，增加新的不確定是一大弊病」。

　　理性預期革命的第一槍來自盧卡斯。他在 20 世紀 70 年代初寫了一系列關於理性預期的文章，其中尤為著名的是寫於 1973 年而發表於 1976 年的〈計量經濟政策評估：一種批判〉，這篇文章的觀點後來被稱為「盧卡斯批判」。盧卡斯認為，政府根據過去的數據來分析和得到某些變量之間的經驗關係，而依據這些關係所制定的政策是不可靠的，極有可能事與願違。我們拿簡單的菲利普斯曲線來舉個例子。菲利普斯曲線表示的是通過以往的數據擬合所得到的通脹與失業的負相關關係。為了敘述方便，我們假設通過估計得出的關係式為通脹率 =-2 倍的失業率 + 10%。如果相關部門以這個關係式為基礎進行政策性操作的話，那麼這個關係式只有在常數項 10% 和系數 -2 都與政策相獨立的情況下才是有效的。而實際上，這兩個數值卻恰恰與政策相關。因為經濟個體擁有理性預期，一旦發現政府的操作有規律可循，就會在自己決策時將這些規律考慮進去。因此，這條菲利普斯曲線中的數值也就改變了，政策性操作也就失效了。

　　理性預期學派可以說是在革凱恩斯理論的命，將簡單版的菲利普斯曲線一下就摧毀了。

　　理性預期學派的另一篇非常重要的劃時代的文章，是芬恩・基德蘭德（Finn E. Kydland）和愛德華・普雷斯科特（Edward C. Prescott）於 1977 年發表的〈寧可遵從規則也不要伺機而動：論最優計劃的時間不一致性〉（*Rules rather than Discretion: The Inconsistency of Optimal Plans*）。這篇文章引起了經濟學家對政府政策的時間不一致性的廣泛討論，對在這之後的經濟政策的制定產

生了巨大的影響。時間不一致性一經指出其實十分容易理解，它指的是：政府在事前所宣佈在當時看來最優的某項政策，在事後某個時刻卻變得不是最優的了，於是政府就有要修正之前所宣佈的政策的意願。在理性預期的假設下，經濟個體應該能夠正確地預計將來政府會說話不算話，因此從一開始就不會跟着政府的指揮棒走。

　　舉個例子，地方政府通常會宣佈即使銀行理財產品爆倉，它也不會參與拯救。這在事前是最優的，目的是為了讓銀行不要冒太大風險。實際上，一旦某種理財產品無法兌現，儘管文件上也向投資者揭示了風險，可是在民眾上街遊行的當口，地方政府再重新衡量利弊時便覺得還是參與拯救以避免羣體事件的發生為上策。而銀行和民眾抱有這一理性預期，便甘願冒較大的風險。要想在事前阻止銀行和民眾冒險，中央政府必須明文規定剝奪地方政府參與救助的權利。當然你可能會問，那民眾走上街頭的時候，中央政府是否會修改規章制度，以允許地方政府救助甚至其親自參與救助呢？

　　確實存在這種可能性，所以怎樣建立可信度很重要。規則被制定得越是難以逾越，可信度也就越高，對整體經濟也就越有利。

　　基德蘭德和普雷斯科特這篇文章的理論價值是非常高的，對全球央行的政策性操作也有重要的指導意義，很多國家所採用的通貨膨脹目標體系都是沿用這一思路。但這一思路在 2008 年金融海嘯期間被擱置了。2008 年 9 月，美國政府選擇讓雷曼兄弟公司破產可能受到了這一思路的影響，當時的擔心是一旦政府出手相救，將來金融機構的風險防控意識可能會更薄弱從而釀成更大的風險。沒想到，雷曼兄弟倒閉之後，市場悲觀情緒迅速蔓延，從而導致其

他金融機構的風險集體爆發，最後政府害怕經濟完全失控只有出手拯救美國國際集團（AIG）以及三大汽車巨頭公司。我認為從這些事件中我們得到的教訓是規則的可信度不僅是紙面上的，還要以實際的程序和手段為後盾，比如對金融機構的現場檢查和嚴格的壓力測試。

理性預期學派代表人物盧卡斯、薩金特、華萊士、巴羅，以及緊隨他們之後的少壯派基德蘭德、普雷斯科特、約翰・朗（John Long）、查爾斯・普洛西（Charles Plosser）、羅伯特・金（Robert King）、塞爾西奧・雷貝洛（Sergio Rebelo）等一大批學者也可以被並稱為新新古典經濟學家或第二代新古典經濟學家。這個「新新」或「第二代新」，是相對於「第一代新」，即以傑文斯、瓦爾拉斯、馬歇爾為代表的新古典經濟學家而言的。

新新古典經濟學家的特色在於，他們在古典經濟學家的理性經濟人假設下沿用新古典經濟學家的邊際分析手段，將理性預期納入具有微觀基礎的動態決策模型去導出最優決策所必須滿足的條件，進而使用數值方法求出均衡路徑上各變量，尤其是消費、投資、就業的特性，以及產出如何對諸如石油危機等技術衝擊作出最優的反應。這些模型可以在電腦上進行模擬，我們通過模擬得到的脈衝響應函數可以看到這些反應各具特色的形態。20 世紀 80 年代我在羅徹斯特和芝加哥讀書的時候，正是這些被稱為實際經濟周期理論的經濟學觀點蓬勃發展的時候，我確實有點被震撼了。實際經濟周期理論與數據的契合程度非常高，方法也非常吸引年輕人，但這一理論的最初取向有點過於極端：它只關注技術衝擊。在這種情形下，

經濟波動是市場參與者對外生的技術衝擊的最優反應，因此政府的任何想將波動 —— 哪怕是那種劇烈的波動 —— 減輕的舉動都不可能受到市場參與者的一致歡迎。換言之，既然這些經濟波動已經是最優的了，政府就應該視而不見，不應該摻和。[6] 後期研究實際經濟周期理論的學者，態度有所軟化，除了技術衝擊，他們還在理論中增添了其他政策性衝擊，比如貨幣衝擊（庫利和漢森，1989）和財政衝擊（克里斯蒂亞諾和艾肯鮑姆，1992）的可能。

理性預期學派對新古典綜合學派的意見主要在於，新古典綜合學派一方面認同經濟個體的理性，但另一方面又假設市場是沒有效率的，無法及時地調整價格和名義工資。新古典綜合學派認為，最需要研究的是為甚麼價格和名義工資具有剛性或只能緩慢地調整。費舍爾（1977）和泰勒（1980）對此作回應，他們提出了名義工資和價格設定的微觀機制並將之引入新新古典經濟學的動態優化模型中，從而保全了新古典綜合學派的主要結論。以此為起點，凱恩斯的思想逐漸被更為規範地與新新古典經濟學的嚴格數學方法相結合，並於 20 世紀 90 年代後期發展出了新新凱恩斯理論。

6　實際經濟周期理論的這一結論引起很大爭議。羅格夫教授在評論實際經濟周期理論的時候使用了一段著名的外交辭令，「傳說一套卓越的理論要過兩關，第一關是初看好像荒謬，第二關是細想卻又顯然。當下許多人覺得實際經濟周期理論已經通過了第一關，但他們也應該意識到這套理論說不定哪天也有通過第二關的可能」。雖然直到今天我們仍然不能說實際經濟周期理論已經通過了第二關，但它的方法論獲得了我們的認可。

思考題

　　根據政府政策的時間不一致性特點，請問你認為對於政府來說，制定難以逾越的規則制度和建立可信度對於整體經濟的良好發展是非常關鍵的嗎？

「大緩和」與新新凱恩斯主義

　　早前我們談到過伏爾克於 1979 年為治理通貨膨脹而大力緊縮貨幣，從而造成了 1982 年美國的經濟衰退。但到了 20 世紀 80 年代中期，美國經濟走上了比較健康的軌道，失業率和通脹率都在下降。等到格林斯潘在 1987 年接任美聯儲主席時，經濟總體形勢已是一片大好。儘管他在上任兩個多月後就面臨那年 10 月「黑色星期一」股市暴跌 20% 的考驗，並且在 2006 年 1 月卸任之前的將近 20 年的時間裏經歷了東德和西德統一、蘇聯解體、墨西哥經濟危機、亞洲金融危機、俄羅斯債務危機、阿根廷債務危機、科網泡沫的破裂以及「9.11 恐怖襲擊」等國內外政治、經濟、金融危機，但總體而言，美國經濟的動盪幅度在歷史上算是相當輕微的。這一時期後來被稱為「大緩和」時期。對這一現象的描述好像來自布蘭查德和西蒙（Blanchard and Simon, 2001），但「大緩和」這一名稱可能首先來自詹姆斯・斯托克（James Stock）和馬克・沃森（Mark

Watson）發表於 2002 年的一篇文章，並在 2004 年被伯南克用作一次演講的標題，從此叫響。下面，我們來討論「大緩和」局面歸功於哪些因素。

斯托克和沃森將可能的因素分為三個方面：一是結構性變化，美國經濟在這段時間內從製造業轉向服務業；二是政策原因，尤其是貨幣政策的改進；三是「好運氣」，即雖然美國經濟在這段時間內受到不少衝擊，但衝擊不是太大。他們通過計量研究發現，結構性變化對「大緩和」幾乎沒有貢獻，貨幣政策的改進則略有貢獻，關鍵是第三個方面，也就是說，「大緩和」的出現主要還應歸功於「運氣好」。「運氣好」體現在這段時間的外部衝擊沒有 20 世紀 70 年代那麼顯著。

2004 年，伯南克則在他的講話中提出了不同的看法。他認為美國恰當的貨幣政策對「大緩和」局面的出現有相當大的貢獻。伯南克下面的這一論點，我倒是很欣賞。他說，也許正是因為美聯儲恰當的貨幣政策，才導致了「大緩和」期間外部衝擊不大顯著。也就是說，「運氣好」也許來源於恰當的貨幣政策。

如果說得通俗一點，就是「大緩和」局面得益於格林斯潘的金手指。確實，格林斯潘和他領銜的美聯儲聯邦公開市場委員會的貨幣政策決議引導着全球的資金流動性，這不僅對美國甚至對全球的經濟走勢都有深遠的影響。可以說格林斯潘是頭頂着魔幻大師的光環卸任的。

伯南克的言論在當時聽上去挺合理。2008 年金融海嘯爆發後，處在美聯儲主席位置上的伯南克就有點尷尬了。他所景仰的魔

幻大師格林斯潘給他留下了這麼一個爛攤子。格林斯潘本人也承認，他對在任期內沒有積極地刺破房產泡沫和沒有更嚴格地監管金融衍生品市場負有一定的責任。

從全球的貨幣政策制定程序來看，央行的獨立性逐漸加強，政策透明度也有所提升。這不僅體現在美聯儲，也體現在很多其他國家的央行，包括中國人民銀行。這些制度和程序上的改善與宏觀經濟學的研究成果是否有聯繫呢？我認為至少從兩重意義上來說是有聯繫的。

第一重意義就是我們前面講的遵從法則。學術界關於遵從法則的討論在某種程度上促使很多央行採納了通脹目標體制，該體制由新西蘭於 1989 年首先採納，隨後在智利、加拿大、以色列、英國、瑞典、芬蘭等 20 多個發達國家和新興市場國家流行，全球通貨膨脹從而受到了有效的控制。

美聯儲有沒有宣佈遵從某個清晰的法則或量化目標呢？答案是沒有。美聯儲肩負着雙重責任：促進充分就業和控制通貨膨脹。雖然美聯儲沒有設定量化目標，但格林斯潘確實通過各種渠道讓市場了解他的語言和行事風格。儘管他的語言有時模棱兩可讓人難以捉摸，但這種與市場的溝通便於市場對貨幣政策有一定的預見性。伯南克本人作為學者對通脹目標體制是十分推崇的，但在擔任美聯儲主席後他也沒有明確改變美聯儲的決策機制，儘管在他心目中也許存在一個合適的通脹目標。實際上，美聯儲近些年在與市場的溝通中給人一種印象：2% 的通脹目標似乎比較理想。伏爾克則持有不同觀點，他表示 2% 的通脹目標或上限並沒有甚麼理論上的支撐。

　　除了缺乏一個明確的通脹目標，美聯儲在其他方面的透明度還是十分令人欽佩的。美聯儲每個月開兩到五次理事會，理事會由7名理事組成（包括美聯儲主席），7名理事均由總統提名並經參議院確認。特朗普總統可能太忙於四處挑起貿易爭端，顧不上提名美聯儲理事，截至2020年4月，理事會只有5人。除了涉及內部人事、國家安全、法律調查、個人私隱等情況之外，理事會會議對外開放。會議議程會提前公佈，並指明哪些是例行匯報，哪些是比較重要和需要討論的議題。我上美聯儲網站上查了一下，大多數會議由於上述原因只能閉門召開，但確實有一些是公開的，有錄像可供觀看。我看了一下2018年6月14日的會議錄像，理事們討論的議題涉及大型銀行間的借貸上限問題。會議決定，為了防止再次出現由金融機構因相互借貸而造成連鎖反應，一家全球化的、系統性的、重要的銀行控股公司（a global systemically important bank holding company，簡寫為GSIB）不得發放超過其一級資本金15%的貸款給另一家GSIB。我建議大家也看看這個錄像，了解一下美聯儲的理事會是如何召開的，有哪些程序。比美聯儲理事會會議遠為重要並令廣大投資者極端注目的，是美聯儲聯邦公開市場委員會會議，也就是貨幣政策會議。貨幣政策會議每年定期召開8次，形勢危急時可以召開特別會議。在貨幣政策會議結束的當天下午兩點，美聯儲會發佈會議決議，包括決議通過時誰投了贊成票、誰投了反對票以及反對的理由。所有這些都會在網上公佈，會議結束的3週後美聯儲會發佈會議紀要。不僅如此，5年後美聯儲還會發佈完整的會議記錄，甚至包括對會議中笑聲的記錄。我印象最深

的是我在 2012 年讀到的一篇統計 2001 年至 2006 年美聯儲貨幣政策會議中笑聲頻次的文章。統計發現，在 2006 年美國房價達到頂峰時，會議中的笑聲頻次也從 2001 年的平均每次會議 17 次上升到 44 次。[7] 笑聲的增多也許從側面反映了美聯儲官員由於「大緩和」局面持續得太久，失去了對金融市場泡沫和風險應有的警惕。

現在我們來談談中國。從 1994 年宏觀調控至 2008 年金融海嘯發生之前的這段時間可以說是中國的「大緩和」時期。中國 GDP 從 1962 年至 2017 年的年平均增長率見來自世界銀行網站上的圖 4-2（「大緩和」的標註是我添加的）。

圖 4-2　1962 年至 2017 年中國 GDP 年平均增長率

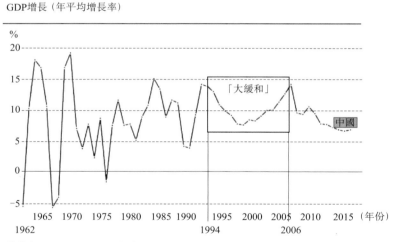

數據來源：世界銀行公開數據和經濟合作與發展組織公開數據。

7　推薦大家看看這篇關於美聯儲政策會議中笑聲的統計的文章，英文不夠好的可以看看圖，英文好的可以讀讀當中一段關於當時美聯儲副主席蓋特納，於 2006 年某次會議上對主席格林斯潘的讚譽，以及對 2007 年經濟前景的樂觀判斷的內容。

　　那麼中國的「大緩和」又歸功於哪些因素呢？這些因素可以分成哪幾個方面呢？我們在前文提到的一系列改革和立法肯定是一方面。市場的崛起是第二個方面嗎？開放發展是第三個方面嗎？「好運氣」是第四個方面嗎？你還能想到哪些？開放發展對經濟增長無疑是有貢獻的，哈維爾・薩拉伊馬丁（Xavier Sala-i-Martin）教授在其 1997 年的文章中就給出了實證結果。但開放發展是否會改善經濟增長的平穩性則不清楚。從理論上來講，如果我們的貿易對象是多元化的，而不只是依賴某一個國家或地區，那麼開放發展應該可以幫助我們的經濟達至更平穩的增長。2004 年，諾貝爾經濟學獎得主、芝加哥大學教授盧卡斯受恆甫邀請去武漢大學講學，在此次中國之行中盧卡斯教授還與中國國家領導人在北京會面了。盧卡斯教授的弟子朱曉冬教授回憶，在聽完有關中國經濟形勢的介紹後，盧卡斯教授表示：「中國經濟處於高增長、低通脹的狀態，我真的沒有更好的建議。」其實中國在從 1994 年宏觀調控至 2008 年金融海嘯發生之前的這段時間裏，也經受過不少內部調整和外部衝擊，但整體而言，這段時間可以說是中國的「大緩和」時期。至於中國的「大緩和」應該歸功於哪些因素，這還需要科學論證，至少需要像詹姆斯・斯托克和馬克・沃森那樣做一些定量分析。

　　各大央行在制度和程序上的改善，與宏觀經濟學的研究成果在第二重意義上的聯繫，是新新凱恩斯模型的誕生。20 世紀 90 年代以來，克里斯蒂亞諾、艾肯鮑姆、加利（Jordi Gali）、格特勒（Mark Gertler）、曼昆（Mankiw）、羅滕貝格（Julio Rotemberg）、斯梅茨（F.Smets）、伍德福德（M. Woodford）、伍特斯（R.Wouters）

等人借用實際經濟周期理論的嚴謹方法，[8] 將 Calvo 的廠商定價理論以及壟斷競爭模型引入帶有貨幣變量的動態模型中，並得到了一系列可喜的結果。這些研究成果逐漸地形成了所謂的新新凱恩斯隨機動態一般均衡模型。這些模型既有嚴謹性，又不像新新古典經濟學的實際經濟周期理論那樣一味地否定政府的作用，因此它們一度受到各大央行的青睞。這一類模型中的貨幣政策部分以泰勒規則為一般形式，而泰勒規則與格林斯潘的利率決策比較吻合，從這一意義上講，認為新新凱恩斯學派有助於「大緩和」局面的出現不是沒有道理的。但是，2008 年金融海嘯讓宏觀經濟學家們回到現實，他們發覺宏觀經濟學還得繼續修補甚至重起爐灶。2018 年的諾貝爾經濟學獎得主保羅・羅默教授曾經有一句名言：浪費一場危機的教訓實在是件糟糕的事（A crisis is a terrible thing to waste）。危機之後的宏觀經濟學界出現了一大批研究，將金融摩擦和金融衝擊列為主要考察對象的模型，比如約翰・吉納科普洛斯（John Geanakoplos）於 2010 年發表的文章〈槓桿周期〉（The Leverage Cycle），以及烏爾班・耶爾曼（Urban Jermann）和文森索・夸德里尼（Vincenzo Quadrini）於 2012 年發表的〈金融衝擊的宏觀效應〉（Macroeconomic Effects of Financial Shocks）。[9] 可以說這是學術界

8　在談到新新凱恩斯模型的時候我提到了幾位代表人物，但這個名單可以很長，比如還有布蘭查德、理查德・克拉里達（Richard Clarida）、里卡多・賴斯（Ricardo Reis）、埃文斯（Evans）。

9　推薦一篇格特勒和卡拉迪（2001）合作的討論危機期間非常規貨幣政策的文章：A Model of Unconventional Monetary Policy（〈非常規貨幣政策模型〉）。

從危機中汲取教訓的努力吧。[10]

---

10 波士頓大學苗建軍教授和香港科技大學王鵬飛教授於 2018 年 9 月在國際頂尖雜誌《美國經濟評論》(*American Economic Review*) 上發表了〈資產泡沫和信貸約束〉(Asset Bubbles and Credit Constraints) 一文。這兩位中國年輕人對宏觀經濟學的貢獻已經超出恆甫和我這一輩人，令人欣喜。

本章要點總結

1　18 世紀至 20 世紀盛行的古典經濟學和新古典經濟學一直推崇市場的效率及自我調節功能。1929 年至 1933 年的美國大蕭條則掀起了「凱恩斯革命」，凱恩斯通過其著作《通論》指出了市場的局限性和政府干預的必要性。

2　新古典綜合派，又被稱作新凱恩斯學派，既保留了古典經濟學的基本假設和新古典經濟學的邊際分析，又將系統化、嚴格化、數學化之後的凱恩斯理論的關鍵元素納入其分析框架，並據此開發了 IS-LM 模型。

3　與凱恩斯所認為的貨幣供給增加影響總產出的理論不同，貨幣主義學派代表人物佛利民則秉承貨幣數量論，認為貨幣供給增加只會導致通貨膨脹。他強調了貨幣政策對於維持宏觀經濟穩定的重要作用，同時表達了對簡單菲利普斯曲線的質疑。

4　理性預期是指經濟個體在決策時會有效利用所有可得信息，包括對政府決策的程序、手段、邏輯的理解。不同於直接引用過去的經驗數據來形成預期以及凱恩斯的「動物精神」，理性預期假設下的預期是具有前瞻性的。

5　理性預期革命的第一槍來自盧卡斯。盧卡斯認為政府根據歷史數據來分析和實施政策的做法是不可靠的。因為擁有理性預期的個體會發現政府操作的規律，並在其決策時考慮這些規律，因而政府的政策性操作會失效。

6　理性預期學派的一篇劃時代文章來自芬恩·基德蘭德和愛德華·

普雷斯科特（1977），他們指出了政府政策的時間不一致性，從而引起了經濟學家的廣泛討論。這一理論對全球央行的政策性操作也有重要的指導意義。

7　理性預期學派的代表人物和追隨他們的一大批學者被並稱為第二代新古典經濟學家，他們將理性預期納入之前的理性分析框架和邊際分析手段中。其代表性成果是實際經濟周期理論，它開啟了隨機動態一般均衡模型在宏觀經濟學中的應用。

8　美國經濟在經歷了 20 世紀 80 年代早期的衰退後，在 20 世紀 80 年代中期逐漸走上了比較健康的軌道，失業率和通脹率都有所下降。在 2006 年 1 月之前的將近 20 年的時間裏，一系列國內外政治、經濟動盪都沒有對美國經濟總體形勢造成極其劇烈的衝擊，這一時期後來被稱為「大緩和」時期。

9　1987 年格林斯潘接任美聯儲主席，他領銜的貨幣政策決議引導着全球的資金流動性，不僅對美國甚至對全球的經濟走勢都有深遠的影響。從全球的貨幣政策制定程序來看，美聯儲及其他國家央行的獨立性在逐漸加強，政策透明度也有所提升。

10　中國經濟的「大緩和」時期被定義為 1994 年宏觀調控至 2008 年金融海嘯發生之前的這段時間，其影響因素包括一系列改革立法、市場崛起、開放發展以及運氣成份。

11　20 世紀 90 年代以來，一眾經濟學家借用實際經濟周期理論的嚴謹方法，將廠商定價理論及壟斷競爭模型引入帶有貨幣變量的動態模型中，逐漸形成了新新凱恩斯模型和宏觀經濟學家近乎達成共識的新新凱恩斯主義。

第五章

宏觀模型進階：如何理解金融海嘯

金融海嘯的起因

第四章我們介紹了宏觀經濟學主要學派以及產生這些學派的時代背景。這一章我們開始一個新的課題，那就是如何理解金融海嘯。解釋金融海嘯的出現對我們前面介紹的眾多學派而言都是一個難題。在這一章中，我們先分析金融海嘯的起因，然後描述金融海嘯的特徵，最後引入一個進階宏觀模型來加以討論。

關於金融海嘯的起因，我總結為國際競爭、放鬆管制、國際協議、金融創新、薪酬結構、資本流動、房價泡沫、人性貪婪和金融欺詐這九點。這麼多因素，大家可能會問哪些是主要的，哪些是次要的，答案要看我們討論的是哪一個時間段。[1] 這一點，希望每個人都能在我們下面的分析中體會到。

---

1 古蘭沙和奧布斯特萊（Gourinchas and Obstfeld, 2012）通過對 1973 年至 2010 年的金融危機的數據分析發現，兩大最重要導致危機產生的因素是快速上升的槓桿率和本幣的快速升值。這一發現既適用於發達國家又適用於新興市場國家。

以上這些因素互相影響、互相推動才導致了百年不遇的災難性後果。簡單地說，國際競爭使各國相繼放鬆管制，放鬆管制產生新的風險從而有必要通過國際協議加以規管，比如《巴塞爾協議》；《巴塞爾協議》對資本金的要求促使銀行家們利用華爾街的金融創新將某些業務和風險移出表外，比如資產證券化、金融衍生品的開發，包括股市衍生品、債市衍生品、匯市衍生品以及信用違約掉期合約等；這些創新使得金融機構的業務非常不透明，給金融監管帶來很大的困難；再加上國際資本流動使得主要經濟體的利率處於低位，低利率催生房價泡沫，而房價的持續上漲給人一種經濟平穩增長的假象；高管薪酬中包含的大量股票和期權扭曲了金融機構管理層的風險偏好；人性貪婪和金融欺詐也許是壓垮駱駝的最後一根稻草。

我們先談國際競爭和放鬆管制。1965 年，美國銀行體系包括 13,000 多家獨立的銀行，其中大量的是地區性銀行。這些銀行體量都比較小，服務對象一般是周邊居民和企業。10 家資產最大的銀行所佔市場份額總共只有 22%。隨着國際貿易的不斷增多和國際資本的流動，金融機構跨境業務不斷擴大。20 世紀 70 年代石油輸出國組織憑藉限產提價賺取大量美元，這些美元，也就是所謂的石油美元（Petro Dollar），回流到發達國家銀行體系，並被花旗銀行、美國銀行（Bank of America）、大通曼哈頓銀行（Chase Manhattan Bank）等美國的銀行以及歐洲和日本的銀行貸給了欠發達國家或地區，比如拉丁美洲國家。這些貸款最初利潤豐厚，但最終導致了 20 世紀 80 年代的欠發達國家的債務危機。這場危機對這些國際性

銀行尤其是美國的大銀行造成重創，後文我們單獨再談，這裏我只是想指出銀行業務的跨國競爭在 20 世紀 70 年代就已經相當激烈了。日本和歐洲的銀行不僅參與欠發達國家的金融業務，而且開啟了在美國的業務擴張。

日本的銀行在美國開設分行，對美國企業的商業貸款市場份額從 1965 年的微不足道上升到 1980 年的 8.6%，繼而又上升到 1988 年的 14.4%。外國銀行在美國的備用信用證市場上的擴張也非常令人矚目，在該業務上外國銀行分支機構的市場份額從 1980 年的 10% 上升到 1988 年的 53%。這一巨大升幅除了得益於日本的銀行以外，主要還得益於瑞士、當時的西德、法國和英國的銀行。這些外國銀行為甚麼在美國擴張得如此迅速？對此疑問有幾種說法：一是前面提到的，美國的大銀行在 20 世紀 80 年代受拉丁美洲國家的債務困擾，實力有所下降；二是日本的大銀行在企業中持有股份，而 20 世紀 80 年代的日本大企業發展迅速，這些企業股價的上漲充實了日本的大銀行的資本金，使它們在美國擴張的能力大增；三是美國對本土的金融機構監管很嚴，卻沒有將外國銀行的分支機構納入監管，所以本土銀行在競爭中處於劣勢。美國對金融機構的嚴格監管是有歷史原因的，在汲取了 1929 年至 1933 年大蕭條的教訓之後，美國於 1933 年出台了《1933 年銀行法》。該法案由參議員卡特・格拉斯（Carter Glass）和眾議員亨利・斯蒂格爾（Henry Steagall）提出，禁止商業銀行涉足投資銀行業務。但是，在 20 世紀 80 年代全球金融競爭日益加劇的時候，《1933 年銀行法》和美聯儲限制高息攬存的「Q 條例」已經備受爭議。為了提高和刺激本

土銀行的競爭力，1980 年美國出台了《1980 年存款機構放鬆管制與貨幣控制法案》，在 1980 年至 1986 年間逐步廢除美聯儲「Q 條例」對儲蓄存款等業務的最高利息限制。20 世紀 80 年代中期，美國州與州之間相互允許開展銀行業務，同時針對銀行間併購的立法開始出現。1994 年美國國會出台的《1994 年里格爾 - 尼爾州際銀行及分行效率法案》（Riegle-Neal Act of 1994）正式允許具有資質的銀行進行跨州併購，1997 年美國允許不同的銀行跨州重組為全國性銀行，1999 年出台的《金融服務現代化法案》（Financial Services Modernization Act，又稱 Gramm-Leach-Bliley Act）打通了商業銀行、投資銀行、證券公司、保險公司之間的壁壘，使這些業務可以整合在銀行控股集團之下。毫無疑問，這一系列改革，諸如放鬆管制、跨州銀行業務和併購及跨業務整合，都給消費者、投資者和企業帶來了極大的便利。那麼問題是，這些改革存在哪些風險呢？這些改革的代價是甚麼呢？

第一，改革之前當局主要擔心一旦允許跨州兼併，銀行數目會大幅下降，由此形成的銀行業壟斷未必有利於消費者和企業。這一擔心在一定程度上被印證：美國商業銀行的數量從 1985 年的 14,000 多家整合到了 2018 年的 4,800 家左右（聖路易斯聯儲數據）。10 家資產最大的銀行所佔市場份額從 1965 年的 22% 上升到 2018 年的 60%。

第二，允許跨業務整合使銀行控股集團的商業運作錯綜複雜，雖有所謂的「防火牆」限制，但它們難免出現利益衝突。這不僅增加了監管部門的工作負擔，也增加了監管部門的工作難度。

　　第三，幾家銀行過於龐大會有「大而不能倒」的擔憂，容易導致系統性風險。

　　現在回過頭來看，這些擔心，尤其是第二點和第三點都不是多餘的。這都是後話，讓我們再回到 20 世紀 80 年代的場景。在國際競爭加劇和放鬆管制以後，為了統一各國銀行的資本金要求，國際結算銀行成員於 1988 年簽訂了《巴塞爾協議》，現在稱為《巴塞爾第一協議》。第一版協議比較粗糙，監管套利空間比較大。於是銀行家們利用華爾街的金融創新將某些業務和風險移出表外從而節省資本金。金融創新是一個不斷前進的過程，其目的和動力多種多樣，比如為了避稅、為了降低交易成本、為了減輕信息不對稱的危害、為了應對評級機構的標準、為了排除全球化帶來的風險（匯兌風險、政治風險等）、為了迎合投資者全球配置資本的要求、為了滿足風險管理和風險分配的需求，當然也可以為了規避政府或國際機構的規管。諾貝爾經濟學獎得主穆勒（Merton Miller）於 1986 年撰文指出，1965 年至 1985 年是金融創新的黃金 20 年，他甚至認為這是前無古人後無來者的一段歲月。我們來簡單地舉幾個當時金融創新的例子：20 世紀 60 年代推出的自動櫃員機（ATM），20 世紀 70 年代的期權市場、期貨市場和貨幣市場共同基金（MMMF），20 世紀 80 年代的可調利率抵押貸款（ARM）、利率掉期合約（Interest Rate Swaps）、槓桿收購（LBO）以及資產擔保證券市場（ABS）。穆勒可能想像不到，20 世紀 90 年代以後的金融創新其實一點都不遜色，產生了各式各樣的金融衍生品，包括著名的信用違約掉期合約、交易所開放式指數基金（ETF）、結

構性產品、投融資方的「對賭協議」、私募基金、網上銀行、電子支付,乃至虛擬貨幣。

眾多的金融創新一方面使經濟得以快速發展,但另一方面也使得金融機構的業務非常不透明,給金融監管帶來很大困難。隨着海外資本包括石油美元和在東亞的出口中所賺取的外匯回流到美國市場,美國長期國債利率在央行不斷提升短期利息的當口仍不斷走低[2],房地產市場泡沫在科網泡沫爆破後仍繼續膨脹,次貸市場的發展將這一房產泡沫推向瘋狂的高度,直到 2007 年才開始露出疲態。次貸就是次級貸款,也就是給那些收入不高且還債能力較弱的購房人的貸款。馬庫斯‧布魯納邁爾(Markus Brunnermeier)在〈解讀2007 年至 2008 年的流動性和信貸緊縮〉(Deciphering the Liquidity and Credit Crunch 2007—2008)一文中認為金融創新導致了史無前例的信用擴張和房價的暴漲,是導致金融海嘯產生的一大原因。[3]

此外,由於高管薪酬中包含的大量股票和期權扭曲了金融機構管理層的風險偏好,加之人性貪婪,於是導致了過高的槓桿操作,在圖 5-1 中大家可以看到美國在 2009 年之前的加槓桿,和在

2　約翰‧泰勒在他 2007 年的文章〈住房和貨幣政策〉(Housing and Monetary Policy)中曾指出,在 2003 年至 2006 年期間雖然美聯儲不斷在加息,但聯邦基金利率持續低於泰勒規則要求的程度。他認為美聯儲在 2004 年 6 月才開始加息,為時已晚。按照泰勒規則,在 2002 年初美聯儲就應當開始穩步加息並在 2005 年初加息達到 5.25%。他的模擬結果顯示,在這樣的加息步伐下,房價就不至於出現 2002 年之後的暴漲和 2006 年之後的暴跌。

3　貝克(Beck)和索斯藤(Thorsten)等人利用 32 個國家的銀行、企業和國別數據對金融創新的正反兩面進行了實證分析。

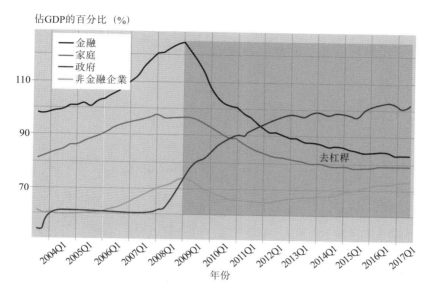

圖 5-1 美國：不同版塊的槓桿過程

2009 年之後金融、家庭、非金融企業去槓桿的過程。為了維持經濟不至於整體下滑得太厲害，政府只能不斷舉債（加槓桿）。而且，某些金融機構可能一廂情願地認為自己已購買信用保險而對所承擔的風險誤判。即便保險機構本身，也由於房地產市場的長期繁榮而低估了風險的概率和嚴重程度所以保費設得過低。凡此種種，都使房產泡沫爆破之後的連鎖反應超過絕大多數人的預料。

具有先見之明的人和機構存在嗎？存在，但為數極少。大家看一下這張摘自傑弗里‧薩克斯（Jeffery Sachs）和哈里‧赫依津哈（Harry Huizinga）於 1987 年發表的分析欠發達國家債務的文章中的圖表（表 5-1）。摩根大通銀行（JP Morgan）在美國 10 大銀行中的表現真的是極為優秀：8 家銀行在 1987 年將錄得巨額虧損，

而摩根大通銀行的淨收入卻能繼續增長。摩根大通銀行在 2008 年
金融海嘯中雖然也有損失，但相對而言絕對是大贏家，而且它乘機
買下了貝爾斯登銀行（Bear Stearns）和總部在西雅圖的華盛頓互助
銀行。

表 5-1　各銀行報告的淨收入（1980—1987）

（單位：百萬美元）

銀行	1980 年	1981 年	1982 年	1983 年	1984 年	1985 年	1986 年	1987 年
花旗銀行	449	531	723	860	890	998	1058	-999
美國銀行	643	445	390	391	346	337	-518	-929
大通曼哈頓銀行	354	412	308	430	406	565	585	-832
製造商漢諾威信託公司	229	252	295	337	353	408	411	-1103
摩根大通銀行	342	348	394	460	538	705	873	952
化學銀行	174	205	241	301	341	390	402	-703
美國太平洋安全銀行	181	206	234	264	291	323	386	112
第一洲際銀行	225	236	221	247	276	313	338	-165
美國信孚銀行	214	188	223	260	307	371	428	-151
芝加哥第一國民銀行	63	119	137	184	86	169	276	-438

來源：Compustat data base and Keefe, Bruyette, and Woods, Inc., Keefe Nationwide
Bankscan（July 17，1987）.a.Projected。

個別人士憑藉其靈敏的直覺預感到風暴的來臨並做空了次貸
市場，從而一戰成名，更有心存不良的機構一方面給普通投資者設
下圈套，一方面推動房產泡沫繼續膨脹直至爆破從而大獲其利。喬
治·阿克爾洛夫（George Akerlof）和保羅·羅默曾於 1993 年寫過

一篇文章，標題為〈搶劫：破產漁利的黑暗世界〉。看到這標題估計大家已經能猜出內容的大概了。在這篇文章中，兩位學者設計了理論框架用以討論在有政府擔保的前提下，不法分子如何通過幾個年頭的虛增盈利給自己發放紅利，最後宣告破產轉而讓政府買單的騙局。他們舉了發生在 20 世紀 80 年代的多個案例，有的涉及智利的金融危機，有的涉及美國得克薩斯州房地產的泡沫和崩盤以及相關的儲蓄貸款機構清盤危機。我來舉一個簡單易懂的例子，假設儲蓄貸款機構 ABC 的老闆 M 先生將儲戶的錢大筆貸給與他合作的開發商 D 先生，以讓 D 購買一塊地並建樓，貸款以土地做抵押但無其他追索權。兩人私下約定：D 可以提取數年的開發費用和薪酬，同時支付高額利息給 ABC。於是 ABC 的賬面盈利虛高，可以合法地給自己發放紅利。數年之後，該開發項目宣告失敗。因為這是無追索貸款，D 無須賠付。ABC 收回土地，但這肯定抵不上貸款本金，所以宣告破產，M 會損失資本金，但 20 世紀 80 年代，註冊儲蓄貸款機構所需的資本金很低，低於 M 數年來獲取的紅利總和，所以 M 可以從中獲利，而儲戶的損失最後由聯邦政府存款保險買單。20 世紀 80 年代，聯邦政府對美國儲蓄貸款機構危機的處置耗費其 2,000 億美元，其中有多少是純粹的商業騙局我們很難界定。

邁克爾・劉易斯（Michael Lewis）的書《大賣空》（或同名電影）值得大家一讀（或看）。邁克爾・劉易斯在書中有意漏掉了約翰・保爾森（John Paulson）。約翰・保爾森的基金在金融海嘯發生前通過做空次貸市場大賺 150 億美元（約翰・保爾森個人賺取了

約 40 億美元）。不過，約翰・保爾森在 2011 年的投資巨幅虧損並向投資人發信致歉，在 2013 年投資黃金損失 10 億美元。其管理的資產從高峰期 2011 年的 360 億美元減少到 2017 年經投資者贖回只剩不到 100 億美元。約翰・保爾森的故事可見於格里高利・祖克曼（Gregory Zuckerman）的著作《史上最偉大的交易》（*The Greatest Trade Ever*）。

如果用不大嚴格的一句話來總結，那就是：金融風險起源於國際競爭、放鬆管制、國際協議與金融創新，並借助薪酬結構、資本流動、房價泡沫而積累和放大，最後因人性貪婪和金融欺詐而形成金融海嘯。

> **思考題**
>
> 20 世紀 80 年代銀行業務跨國競爭更加激烈，日本的銀行在美國實現了迅速的業務擴張。請問，你認為導致這一現象的原因有哪些？

金融海嘯的特徵

金融海嘯的標誌性事件是 2008 年 9 月 15 日投資銀行雷曼兄弟宣佈破產。在此之前，由於美國房價在 2006 年年中從高點開始

下跌，部分機構和基金在次級房貸市場的投資便出現了虧損，這逐漸引起人們的擔心。2007 年的媒體報道顯示次貸市場的問題存在一定的普遍性。2007 年 6 月 21 日，美國貝爾斯登銀行旗下的兩隻對沖基金由於投資次貸市場失利而遭到拋售。2007 年 9 月 14 日，英國的北石銀行（Northern Rock）因房貸組合無法轉手而出現流動性風險，最後向英國央行，也就是英倫銀行（Bank of England）求救。消息一出，北石銀行立刻遭到存戶擠提（Bank Run），股價暴跌 31%。9 月 17 日，北石銀行擠提持續，股價再跌 40%。

　　這些事件對投資者信心造成不小的衝擊，但各國政府都還沒有引以為戒。以中國為例，中國在 2007 年 12 月還忙着加息以應對通貨膨脹，在 2008 年上半年接連 5 次提高存款準備金率，繼續收緊銀根。即便到 2008 年 9 月 15 日雷曼兄弟危在旦夕之際，中國人民銀行還對大型金融機構的存款準備金率做了又一次上調。我在 2007 年 11 月給香港科技大學的學生授課時就利用美聯儲的數據做了一張圖（圖 5-2），用來分析美國住房抵押貸款證券的持有人隨時間的變化，包括美國國內機構、國際官方機構比如中國外匯管理局，以及國際私人機構，比如中國銀行。不同顏色長柱的變化對應着不同類型機構對住房抵押貸款證券的購買和出售（如為負數）。住房抵押貸款證券，包括後來向美國政府求救的房利美（聯邦國民抵押貸款協會）和房地美（聯邦住宅貸款抵押公司）所發行的債券，在 2004 年之前它們絕大部分都由美國國內機構購買和持有，這些機構包括各種共同基金機構和養老基金機構等，國際私人機構和官方機構極少參與。但在 2004 年以後，美國國內機構可能

已經意識到房產市場的風險，所以從圖 5-2 中可以看出它們明顯在脫手，而國際私人機構和官方機構成了接盤俠。當時我在課堂上就在祈禱，但願中國在這個市場上不要有太大的風險敞口。在 2008 年 9 月房利美和房地美崩盤時，我們不幸地發現，中國外匯管理局和商業銀行共持有 4,000 億美元的房利美和房地美債券。在危機期間，中國政府對這批債券做了小幅減持，可能略有虧損。[4] 好在美國政府最終出手拯救了房利美和房地美，否則中國的損失就相當沉重了。

圖 5-2　美國住房抵押貸款債券持有人隨時間的變化

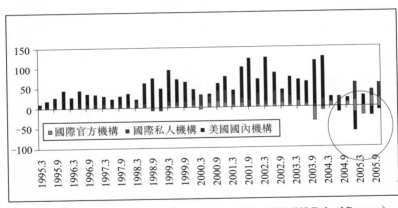

數據來源：Compiled from US Flow of Funds Data 1995—2005（US Federal Reserve），Table F107（line 25, 26）and Table F210, line 5 minus line 10。

　　我們不妨先羅列一下金融海嘯期間的一系列重大趨勢和事件，從中也許可以看出一些特徵。

4　據美國財政部數據，中國於 2009 年減持了包括房利美和房地美在內的約 247 億美元的債券，2010 年繼續減持將近 300 億美元。

- 美國房價在 2006 年年中從高點開始下跌。

- 2007 年 6 月，美國貝爾斯登銀行旗下的兩隻投資次貸市場的對沖基金遭到拋售。次貸風險浮出水面。

- 2007 年 7 月，評級機構標準普爾將 612 隻次貸支持證券納入信用觀察範圍，對它們的風險表示關切。

- 2007 年 9 月，英國北石銀行遭到擠提。

- 2008 年 2 月，小布殊總統簽署「經濟刺激法案」。

- 2008 年 3 月，對次貸市場風險的擔憂使美國債市出現恐慌，住房抵押貸款證券和其他擔保債務憑證市場流動性嚴重不足，美聯儲出資 2,000 億美元補充債市流動性。也就是說，那些手裏攮着賣不出去的證券的機構，可以把這些證券作為抵押從美聯儲借錢，期限為 28 天。

- 2008 年 3 月，美國用了半年的時間將聯邦基金目標利率從 5.25% 降到 2.25%。

- 2008 年 3 月，摩根大通銀行在美聯儲的支持下收購了投資銀行貝爾斯登。

- 2008 年 6 月，美聯儲已經先後向市場注資 12,000 億美元。

- 2008 年 7 月，財政部部長保爾森指出需拯救房利美和房地美，但同時為了安撫民眾情緒而聲稱銀行系統仍然穩健。

- 2008 年 9 月 7 日，美國政府接管房利美和房地美。

·

- 2008 年 9 月 15 日，雷曼兄弟破產。[5]
- 2008 年 9 月 16 日，美國政府拯救美國國際集團。
- 2009 年 3 月 5 日，道瓊斯指數跌至 6600 點，相比 2007 年 10 月 11 日的 14000 點，跌幅超過 50%
- 在金融海嘯中，美國失去 900 萬個職位，相當於就業人口的 6%。家庭財富相比於 2007 年 2 季度的高峰值損失了約 13 萬億美元（損失了 20%）。
- 金融海嘯波及全球，全球經濟進入衰退期。
- 各種拯救計劃以及全球央行和財政部的聯合拯救行動出台[6]。

從上面的一系列的趨勢和事件中，我們能看到哪些特徵？

第一，投資者突然變得謹慎。在 2006 年中期，一個長達數十

5　2008 年 9 月 15 日，雷曼兄弟宣佈破產。9 月 16 日，美國政府面臨市場巨大壓力，趕緊宣佈拯救美國國際集團。雷曼兄弟的首席執行官迪克 · 福爾德要求和保爾森通話。9 月 17 日早晨 8:15，保爾森給福爾德回了電話，福爾德抱着一線希望向保爾森請求：「我看到你已經出手拯救了美國國際集團，你現在需要做的是讓美聯儲介入雷曼兄弟，讓政府進入為它提供擔保。還我公司，我可以馬上把我的人馬再招回來，雷曼兄弟可以重生。」

6　根據保爾森的電話記錄，在 2008 年 9 月 7 日，保爾森中午 12:55 給周小川行長打了電話；下午 1:45 再次與周小川通話；晚上 8 點給時任國務院副總理的王岐山打了電話。9 月 20 日（週六）晚上 9:30，保爾森給王岐山打電話，商討中國出手投資一事。王岐山要求美國政府擔保中國投資的安全性，保爾森卻只能給出「我們歡迎中國的投資」、「摩根士丹利具有戰略重要性」以及「我向你擔保我們將積極看待中國對摩根士丹利的投資」這樣的回答。總之，保爾森無法提供書面擔保。當時中國投資公司總經理高西慶的團隊正在紐約和摩根士丹利磋商，在美方不能提供擔保的前提下難以拍板。這一事件的結局是，三菱日聯金融集團於 2008 年 9 月 29 日投資摩根士丹利 90 億美元。

年的房地產牛市面臨終結，好時光即將逝去。

第二，流動性趨於枯竭。2007 年，銀行過去的種種冒險策略，比如發放房貸然後通過特殊目的公司按優先、夾層、次級重新打包賣給投資者以獲取新資金和維持流動性，不靈了，這些房貸砸在手中賣不出去了。一個典型的例子是印地麥克（IndyMac）銀行。印地麥克銀行是洛杉磯地區最大的一家儲蓄貸款機構。它在 2006 年發放了 900 億美元貸款，規模不小。但在 2007 年下半年，印地麥克銀行有 107 億美元貸款砸在手中，無法在二級市場脫手，於是面臨資金鍊斷裂的風險。其後由於大幅虧損而導致資本金縮水，資金明顯不足以維持正常運作。印地麥克銀行於 2008 年 7 月 11 日被聯邦存款保險公司接管。

第三，銀行擠提和銀行倒閉。這一現象在 1929 年至 1933 年大蕭條期間極為普遍，那時有 9,000 家銀行倒閉，存戶損失達 1,400 億美元。聯邦存款保險公司是在大蕭條的最後一年，也就是 1933 年才成立的，在那之前美國只有一些互惠型或州立存款保險，沒有充分起到安撫小存戶的作用。雖然在這次金融海嘯中也出現了零星的銀行擠提和令人恐懼的個別大銀行破產案，比如華盛頓互惠銀行和印地麥克銀行，但總的來說，問題解決得還是比較有序的，這些破產銀行要麼被收購，要麼被政府接管。聯邦存款保險體制在穩定和安撫小存戶方面確實功不可沒，尤其是美國政府在 2008 年 10 月 3 日緊急立法將個人存戶受保額從 10 萬美元提高到 25 萬美元。

第四，股市「跌跌不休」。

第五，遠水難救近火。在危機深化之前，美國政府已經出台財政刺激政策，但很難提振士氣。

第六，回天乏術。美聯儲以各種手段解燃眉之急，聯邦基金目標利率降到零仍無濟於事。這究竟是為何呢？我們知道，聯邦基金利率只是政策標的，在危機期間，真正直接影響經濟的其他利率，比如長期房貸利率、企業借貸利率，但它們都不會隨着聯邦基金利率的下降而走低。投資者在危機期間要求的風險溢價要遠高於正常值。

第七，低估連鎖反應。保爾森、伯南克以及紐約儲備銀行主席蓋特納沒有意識到雷曼兄弟破產會有那麼大的連鎖反應。他們以為救下房利美、房地美和貝爾斯登銀行之後問題就應該不會太大了，但未曾想到在雷曼兄弟倒閉後連摩根士丹利和高盛都快撐不下去了。其實最為關鍵的是，當危機來臨時，信息變得非常不透明、不對稱。危機期間這種極端的信息不透明和不對稱使銀行不願展期，急於抽回貸款，負債方因還不上貸款，其擔保資產時常慘遭拋售，而這種不惜工本的拋售進一步推低市場導致恐慌情緒蔓延。投資者的心理從過去泡沫時代的貪婪轉為極度的恐懼。即便是過去相互間多年的信任，在恐懼和極端信息不對稱之下都變得脆弱不堪，因為誰都不敢肯定對方能熬得過去。安德魯・索爾金（Andrew Sorkin）在他的力作《大而不倒》這本書中描寫的一個場景讓我們真切地感受到這一信任的脆弱性。卓肯米勒（Stanley Druckenmiller），索羅斯曾經的得力幹將，在危機當中將自己對沖基金的大部分資金從高盛取出。高盛總裁加里・科恩（Gary Cohn）

認為這個消息如果傳出去，就會使其他投資者對高盛失去信心，於是科恩給他的老朋友卓肯米勒打電話，希望自己能說服他將資金重新投回來，並說「我記性好，我一直做的事就是牢記誰是我的朋友和誰是我的敵人」，沒想到卓肯米勒此時甚麼都顧不上了，說：「我才不管你的那些廢話，那是我的錢，是我的命。」科恩只得一字一頓地說：「你愛怎麼樣就怎麼樣，不過這將長久地改變我們的關係。」[7]

　　第八，國際連鎖反應。除了上面提到的英國北石銀行，還有瑞士信貸銀行、蘇格蘭皇家銀行以及德國的 Hypo 地產集團和德意志銀行等銀行和集團，也面臨着相當大的麻煩。據報道，美聯儲甚至背着國會和公眾給蘇格蘭皇家銀行和瑞士信貸銀行各提供過 300 億美元的應急貸款，而德意志銀行美國分行早在 2007 年就曾向美聯儲借貸過。從某種程度上講，甚至歐洲主權債務危機自 2009 年開始到 2011 年年底的急劇惡化都受到了美國金融海嘯的影響。

　　當然，我們不應該忘記，上一節提到的金融欺詐是金融海嘯的另一大特徵。

7　科恩後來被特朗普總統任命為白宮國家經濟委員會主任（Director of the National Economic Council，通常譯為白宮經濟顧問）。科恩對特朗普政府放鬆管制和減稅法案的成功通過起了很大作用，後因反對特朗普的關稅政策憤而辭職。鮑勃・伍德沃德（Bob Woodward）的書中記載，科恩曾偷走特朗普辦公桌上待簽的信件，因為他擔心該信件一旦簽發將嚴重危及美韓關係和朝鮮半島的穩定。

思考題

　　在金融海嘯期間，美聯儲以各種手段解燃眉之急，但聯邦基金目標利率降到零仍無濟於事，請問這是為甚麼呢？

利用進階模型分析金融海嘯以及理解急救政策

　　先回憶一下前文介紹過的兩個簡單模型。在第一個模型中，我們將物品市場均衡條件和金融市場均衡條件簡化為總產出和名義利率之間的關係。在第二個模型中，我們解釋說真正影響投資的不是名義利率而是實際利率，實際利率等於名義利率減去預期通貨膨脹率。所以，我們將 IS 曲線的意思表述為一條向下傾斜的實際利率與總收入之間的負相關關係。換句話說，實際利率越低，物品市場的均衡總收入 = 總產出 = 總需求就越高。另外，我們還有一條水平的 LM 曲線刻畫政策利率水平：$r = \bar{r}$，央行會根據市場對貨幣的需求來調整供給，從而使市場均衡利率等同於政策利率 $\bar{r}$。兩者的交點給出了經濟的短期均衡位置。

　　在我介紹過的模型中，利率就只有一種，即聯邦基金目標利率，又稱基準利率或政策利率。而真正直接影響經濟的是其他利率，比如長期房貸利率、企業借貸利率，它們並不一定會亦步亦趨地緊緊跟隨政策利率。如果我們想要貼近現實，那麼我們需要在模

型中引入數十種甚至上百種不同的利率，那樣的話，我們也許反而想不清楚危機和危機處理中的關鍵原理了。布蘭查德在其所著的《宏觀經濟學》英文第七版中給出的解決辦法是假設存在兩種不同的利率：政策利率和借貸利率。借貸利率等於政策利率加上風險溢價。央行可以控制政策利率，即 LM 曲線，而風險溢價將取決於市場氣氛以及經濟個體對經濟形勢的判斷和風險偏好等因素。很自然地，和「物品市場均衡」一節中的情形一樣，我們假設投資是總收入的增函數和借貸利率的減函數。

這麼一來，我們可以沿用在「物品市場均衡」一節中同樣的步驟去推導出物品市場的均衡條件：IS 曲線。IS 曲線仍然是向下傾斜的。再強調一下，投資是借貸利率的減函數，而借貸利率是政策利率加上風險溢價。在危機加深的過程中風險溢價肯定是上升的。如果我們用符號 x 來標記風險溢價，那麼投資 I 就可以寫成總收入 Y 和 $r+x$ 的函數：

$$I(Y, r+x)$$

儘管我們只是對模型做了很簡單的改動，儘管改動後 IS 曲線和 LM 曲線的形態都沒有改變，但現在我們已經可以用這個進階模型來討論金融危機對實體經濟的影響了。

假設風險溢價 x 上升了，導致其上升的原因可能是各種各樣的，也許是投資者突然變得小心謹慎，需要更高的風險溢價才能吸引他們繼續參與金融市場；也許是某家銀行突然宣佈破產，投資者擔心其他銀行也有隱藏的問題，從而會造成擠提風潮，這樣一來其

他銀行也就不敢放貸，因此市場流動性收緊推高風險溢價。

圖 5-3　2007 年至 2008 年美國次貸風波與實際風險溢價情形

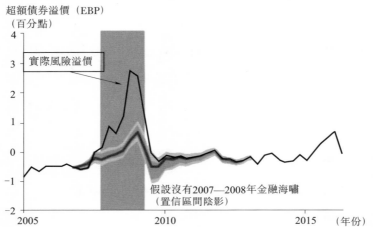

資料來源：舊金山聯儲分析報告，*The Financial Crisis at 10：Will We Ever Recover?*
Regis Barnichon，Christian Matthes，and Alexander Ziegenbein，2018.

　　圖 5-3 中，深色線條顯示 2007 年至 2008 年美國次貸風波期間實際風險溢價大幅上揚的情形，另一線條是指如果沒有出現金融恐慌的情況下，風險溢價隨着經濟走弱而略微走高的情形。實際發生的風險溢價之大幅上揚使得美國經濟受到重創，其中的邏輯關係在我們圖 5-4 中可以看得很清楚。風險溢價上升，投資減小，IS 曲線整體向左移動。在政策利率不變的情況下，總產出 = 總收入 = 總需求是一定會大幅下滑的。換句話說，金融危機導致了實體經濟危機。

圖 5-4　金融危機導致實體經濟危機的情形

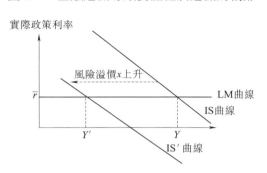

　　面對這一金融危機導致的實體經濟危機，政府可以使用擴張性財政政策（增加開支或減少稅收或雙管齊下）。正如我們在「物品市場均衡」這一節中所介紹的，擴張性財政工具可以將 IS 曲線向右移動，提振實體經濟。使用這一政策工具的前提條件是政府債務還是可控的，否則的話如果經濟個體擔心政府債務無法持續，那麼便又增加了一項風險。中國在 2008 年推出 4 萬億人民幣刺激計劃，因為那時中國政府的債務負擔相比其他國家而言還是處於相對健康的水平。而危機期間大部分歐洲邊緣國家的主權債務佔 GDP 份額在 80% 左右，更有超過 100% 的，所以這些歐洲邊緣國家使用擴張性財政政策的空間就非常有限。美國的政府債務絕對數額雖然是全世界最高的，但其佔 GDP 的百分比為 68%，並非異常的高。奧巴馬於 2009 年 1 月上台後，簽署了國會於 2009 年 2 月通過的《美國振興和再投資法案》，一個總額達 7,800 億美元的財政刺激方案。2010 年美國財政赤字達 GDP 的 9%，遠高於 2007 年的 1.7%，政府債務也上升到 GDP 的 91.4%。財政刺激力度可以說相當大。

另一個常用手段就是利用貨幣政策工具。美聯儲曾利用半年時間將聯邦基金目標利率從 5.25% 降到 2008 年 3 月的 2.25%。投資銀行雷曼兄弟於 2008 年 9 月 15 日宣告破產後，這一政策利率又很快於 2008 年 12 月 16 日降到 0 到 0.25% 之間。假設通脹預期不變，那麼實際利率就已經是負的了。如果是這樣，那麼 LM 曲線也就大幅向下移動（圖 5-5），從而刺激經濟復甦。

現在回過頭去看，金融海嘯之後的經濟復甦是非常疲弱和緩慢的，這可能有多種原因。第一，在當時世界經濟一片恐慌的情況下，通脹預期可能變成了通縮預期。那麼即使名義利率已經下降到零，在通縮預期下實際利率仍然是正的。換句話說，LM 曲線向下移動的幅度沒有預想的那麼大。第二，在美國政府推出擴張性財政政策和零利率之際，這種雙管齊下的做法越發加劇經濟個體對危機嚴重性的擔憂和恐懼。投資者捂緊錢包，消費者勒緊褲帶。「消費者勒緊褲帶」目前倒是無法體現在我們的簡單模型中，但只要將消費者信心指數引入消費函數中就可以體現了。

図 5-5　利用貨幣政策工具刺激經濟複雜的情形

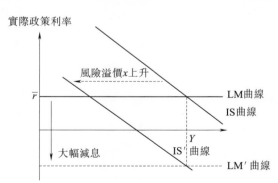

　　那麼，房產泡沫的破裂與大衰退之間的邏輯鏈條到底是怎樣的呢？

　　2006 年的房價是 2000 年的 2.2 倍，這一波房價的猛烈上揚有賴於超低的房貸利率、金融機構的高槓桿和次貸的普及。次貸，就是給那些收入不高且還債能力較弱的購房人的貸款。房價如果上漲，自然皆大歡喜。房價如果輕微下跌，即使貸款人沒有能力還貸，銀行也至少可以收回房產並通過拍賣收回原款，最終受損的是貸款人。可是如果美國房價像它在 2006 年之後那樣深度下跌，到 2009 年平均下跌接近 30%，那麼由於美國購房首付在房價的 3.5% 到 20% 之間，銀行明顯需要承擔損失。在分析金融海嘯時，我們談到房價的不斷上漲讓大家低估了潛在風險，以及高管薪酬和人性貪婪如何將房價推高到瘋狂的地步。銀行在這一過程中通過特殊目的公司打包賣出貸款組合，使得很多貸款組合的債券風險非常不透明，連評級機構都無法弄清，所以這些資產在危機期間就成了赫赫有名的「有毒資產」。

　　本章前兩節沒有提及的，還有所謂的「批發資金」。也就是說，銀行不僅將存戶的存款拿去發放房貸，甚至發行短期債券以獲取這些「批發資金」，然後拿去發放房貸和其他長期貸款。

　　綜上所述，在房價上漲的過程中我們看到金融機構的「高槓桿」、「長期貸款」、「短期負債」。這三樣東西組合在一起，形勢好的時候自然春風得意，一旦形勢掉轉，立刻就腥風血雨。至於為甚麼，因為市場上沒有人願意接手「有毒資產」。

　　金融市場上的腥風血雨立刻導致兩大問題。第一個是我們進

階模型中強調的，風險溢價會上升。高風險溢價打擊投資意願，導致 IS 曲線向左推移。第二個是消費者信心[8]急劇下滑。如果在我們的模型中假設物品消費是消費者信心的增函數，那麼消費也會下跌，進一步導致 IS 曲線向左推移。大蕭條的局面基本形成。美國政府的擴張性財政政策包括用納稅人的錢拯救大型金融和實體企業，以及激進的貨幣政策，包括在政策利率已經降到零這一極限水平之後開啟的非尋常手段 —— 多輪的定量寬鬆，都無非是將大蕭條化解為多年的大衰退而已。

因此，更為重要的是我們要從這一次的金融海嘯中汲取教訓，避免重蹈覆轍。金融穩定性引起各國高度重視，多個國家為此設立了專門的機構來對系統性風險進行監控和管理。比如，自 2017 年以來，中國對金融監管體制進行了重大改革：設立國務院金融穩定發展委員會，強化中國人民銀行宏觀審慎管理和系統性風險防範職責，切實落實部門監管職責；將銀監會和保監會合併組建為中國銀行保險監督管理委員會，負責統一監管銀行業和保險業；將擬定銀行業、保險業重要法律法規草案和審慎監管基本制度的職責劃入中國人民銀行……突出金融回歸服務實體經濟本源，全面建立功能監管和行為監管框架，強化綜合監管和穿透式監管，遏制監管套利。在完善貨幣政策框架的同時，豐富和創新宏觀審慎管理工具，

8　如果將 2007 年 1 月的美國消費者信心指數設定為 100，那麼該指數到 2009 年 1 月就降到了 20 左右，其後逐漸反彈到 2011 年 1 月的 60。商業信心指數從 2007 年 1 月的 100 跌到 2009 年的 60，然後回升到 2011 年初的 95。

強化宏觀審慎政策框架，將更多金融活動和金融擴張行為納入宏觀審慎管理範圍，加強對金融機構行為的引導，對跨境資本流動中的高風險行為進行更有針對性的逆周期調節，在宏觀審慎政策框架下推動監管政策和貨幣政策更好地協調配合，既實現監管無死角，又防止政策力度和節奏疊加共振，推進金融治理體系和治理能力的現代化。

　　在金融海嘯之後，由美國國會通過並由奧巴馬總統於 2010 年 7 月 21 日簽署的《多德-弗蘭克華爾街改革和消費者保護法》（以下簡稱《多德-弗蘭克法》）長達 2,300 頁。其宗旨就是限制系統性風險。依據該法而組建的金融穩定監管委員會（The Financial Stability Oversight Council，縮寫為 FSOC）由財政部部長領銜，權責相當大。由於該法細之又細，給金融機構的合規部門帶來極大的負擔。其中備受爭議的「伏爾克規則」限制商業銀行的投機性交易，尤其加強了對金融衍生品的監管（這裏的伏爾克就是前文提到的美聯儲前主席伏爾克）。該規則從 2015 年 12 月 21 日開始實施，但到 2016 年 8 月，多家大銀行要求政府再寬限 5 年以便它們處理流通性不強的投資。《多德-弗蘭克法》對金融穩定性而言無疑是有益的，但對商業銀行盈利的影響是負面的。特朗普總統上台後推動該法案的全面修訂。此外，2013 年 10 月 15 日，歐盟理事會批准在歐元區設立歐洲銀行單一監管機制（SSM），確立了歐洲央行在銀行監管方面的權威，歐洲央行被賦予了更多的宏觀審慎權力，歐盟成員國各自的監管者予以輔助。雖然存在對這一架構反對的聲音，包括德國總理默克爾對歐洲央行是否有能力監管 6,000 家銀

行表示疑慮，但在歐洲主權債務危機和銀行危機蔓延的環境下，單一監管機制的出台還是適宜的。

過去，在貨幣政策的制定是否應當關注金融市場泡沫這一問題上一直存在爭議。爭議的焦點是貨幣政策當局是否比市場更清楚資產價值的合理區間。這一爭議雖然至今尚無定論，但貨幣政策當局和金融穩定部門對金融市場泡沫和金融體系的健康狀況的關注肯定比以往更多，比如歐元區國家和中國都已提出健全貨幣政策和宏觀審慎政策雙支柱調控框架。

思考題

請問，在金融危機發生前的房價上漲過程中，哪些金融機構的特徵為後來的金融海嘯和「有毒資產」埋下隱患？

本章要點總結

1　關於金融海嘯的起因：金融風險起源於國際競爭、放鬆管制、國際協議與金融創新，然後借助薪酬結構、資本流動、房價泡沫而積累和放大，最後因人性貪婪和金融欺詐而形成海嘯。眾多因素相互影響和推動，造成了百年不遇的災難性後果。

2　金融海嘯發生之前，銀行業務的跨國競爭日益激烈，具體表現為20世紀80年代外國銀行在美國迅速擴張。為提高本土銀行的競爭力，美國在20世紀80年代中期開始出台一系列改革以放鬆管制，如允許銀行跨州兼併、允許跨業務整合等，這在帶來便利的同時也產生了諸多風險。

3　金融創新種類多樣埋下金融風險。眾多金融創新一方面使經濟得以快速發展，但另一方面也使金融機構的業務非常不透明，給金融監管帶來很大困難，為次貸危機埋下了隱患。

4　金融海嘯的標誌性事件是2008年9月15日投資銀行雷曼兄弟宣佈破產。此前，美國房價下跌、次級房貸市場投資虧損、貝爾斯登銀行拋售旗下對沖基金、英國北石銀行出現流動性風險並遭到擠提，這一系列事件雖對投資者信心造成衝擊，但未引起各國政府重視。

5　在危機發生前，中國仍在加息應對通脹，接連5次提高存款準備金率收緊銀根。危機期間，中國對4,000億美元的房利美和房地美債券做了小幅減持，可能略有虧損。

6　一系列重大趨勢和事件所反映出的金融海嘯的特徵包括：投資者

突然變得謹慎、流動性趨於枯竭、銀行擠提和倒閉、信息嚴重不對稱、股市「跌跌不休」、財政刺激政策遠水難解近渴、美聯儲回天乏術、低估連鎖反應、國際連鎖反應和金融欺詐。

7　基於簡單的 IS-LM 模型，借貸利率等於央行可控的政策利率加上來自市場氣氛和風險偏好的風險溢價。可知，當金融危機發生時風險溢價上升，投資減小，IS 曲線向左移；同時，消費者信心急劇下滑，消費下跌，IS 曲線進一步向左移，從而導致總產出、總收入、總需求大幅下滑，進而導致實體經濟危機。

8　為應對金融危機導致的實體經濟危機，政府可以使用擴張性財政政策，如增加開支或減少稅收或雙管齊下的方式。政府也可以利用貨幣政策工具，通過降低政策利率來刺激經濟復甦。

9　金融海嘯後的經濟復甦非常疲弱和緩慢，可能原因有：其一，通脹預期可能變成通縮預期，實際利率的降幅不大；其二，投資者和消費者信心嚴重下降。

第六章

開放型經濟體分析

開放型經濟體物品市場均衡

到目前為止我們一直在用封閉型經濟體宏觀模型來分析問題，而實際上我們生活在一個全球化程度相當高的開放型經濟體中。開放型經濟體的模型稍微有點複雜，但有了前面模型的基礎，我們加入國際貿易、國際金融等元素其實並非太難。

我們先看對本國物品的總需求 Z 這一概念應該做哪些修改。Z 是否還是像過去那樣等於「消費 + 投資 + 政府支出」，也就是 $Z=C+I+G$ 呢？

我們可以這樣來思考，C 既包括對本國物品的消費，又包括對外國物品的消費；I 既包括對本國生產的資本品比如機器、設備的需求，又包括對外國生產的資本品的需求。另外，本國物品也有被國外買走的，這就是出口。因此要想得到對本國物品的總需求 Z，我們必須要加上出口，並將進口品減去。換言之，即：

$$Z = C + I + G + X - IM/e$$

其中 X 表示出口，即 export，IM 表示進口，即 import。小寫字母 e 是實際匯率，這裏將 IM 除以 e 是為了將單位換算成一致的，否則就成了胡亂相加。舉例而言，$e=3$ 指的是一個單位的本國物品值 3 個單位的進口品。如果 $C=10$，$I=8$，$G=2$，$X=5$，$IM=21$，那麼對本國物品的總需求 Z 等於多少呢？答案是：

$$Z = 10 + 8 + 2 + 5 - 21/3 = 18$$

假如 e 由 3 變成 2.4，請問實際匯率是在貶值還是在升值？答案是在貶值。一個單位的本國物品過去值 3 個單位的進口品，現在只值 2.4 個單位的進口品，本國物品貶值了 20%。

因為匯率涉及兩個國家，所以我們在談論匯率之前首先要確定的是它使用的表達方式。比如我們談論人民幣兌美元的名義匯率時，習慣於問 1 美元能兌換多少人民幣。當該匯率從 8.2 降到 6.8 時，人民幣在升值。

為了避免出現混淆和疑問，我們在下面的模型討論中，將名義匯率 E 定義為 1 個單位的本國貨幣可以換取多少個單位的外國貨幣，將實際匯率 e 定義為 1 個單位的本國物品可以換取多少個單位的外國物品。

回到前面得到的對本國物品的總需求 Z 的表達公式：

$$Z = C + I + G + X - IM/e$$

其中消費 C 仍然假設為可支配收入的增函數。可支配收入等於總收入 Y 減去所交的稅 T。投資 I 是總收入 Y 的增函數和實際利

率 r 的減函數。假設政府支出 G 為常數。假設出口 X 隨着貿易夥伴的增多，也就是外國總收入 Yf 的增加而增加，且隨着實際匯率的升值而減少。實際匯率升值意味着本國的物品相對昂貴，出口缺乏競爭力，出口物品數量減少。類似地，進口 IM 隨着本國的總收入 Y 的增加而增加，且隨着實際匯率的升值而增加。實際匯率升值了，進口品相對便宜，進口物品數量會增加。將這些都寫入表達式中，即：

$$Z = C\,(Y\text{-}T) + I\,(Y, r) + G + X\,(Y_f, e) - IM\,(Y, e)\,/e$$
$$(+) \qquad (+, \text{-}) \qquad\qquad (+,\ \text{-}) \qquad (+, +)$$

公式下一行括號中的正號表示增函數，負號表示減函數。上面這個關係式的最後兩項合併就是我們通常所說的淨出口（Net Export），我們用 NX 來表示，很顯然 NX 是本國總收入的減函數。

有了這些鋪墊，我們可以以總收入為橫軸，畫出對本國物品的總需求 Z 的曲線，也就是上面表達式的右邊，這條線是向上傾斜的且和 45° 線有個交點，該交點就是均衡點（可參見圖 3-1）。這裏稍微有一點不大嚴格，我們聲稱曲線 Z 是向上傾斜的，也就是說 Z 是 Y 的增函數。但從 Z 的表達式來看，這一點並不是明顯的。

從公式中可以看出，消費和投資部分沒問題，它們都是 Y 的增函數，但它們還需減去 IM，而 IM 也是 Y 的增函數。所以乍一看，大家覺得是否還需加條件？其實，大家只要將 $C+I$ 寫成 $C_d+I_d+C_f/e+I_f/e$ 就可以了，其中 C_d 是對本國物品的消費，C_f 是對外國物品的消費，I_d 是對本國的投資，I_f 是對外國的投資。另外，假設政

府購買的都是本國物品，那麼 $C+I-IM(Y, e)$ 也就是 C_d+I_d。這樣一來，只要總收入的增加有一部分落在對本國物品的消費和投資上，Z 就是向上傾斜的。這一假設是比較自然的。

但言歸正傳，利用這個公式，我們就可以討論一系列問題。第一個問題是，如果政府開支增加，那麼均衡總產出會如何變化？淨出口會如何變化？

如果政府開支增加，曲線 Z 整體向上移動，與 45° 線的交點在原來的均衡點右邊。所以在均衡位置右移，總收入＝總產出＝對本國物品的總需求都上升。那淨出口 NX 呢？根據我們前面的分析，淨出口 NX 是本國總收入的減函數，所以 NX 下降。所以，我們的第一個結論是：政府開支增加，總產出增加，淨出口減少。

再試試第二個問題。假如外國總收入 Y_f 增加了，那麼這對本國的均衡總產出又有甚麼影響？本國的淨出口又會如何變化呢？

外國總收入 Y_f 的增加會導致本國的出口 X 的增加，我們不妨假設 X 增加了 100 個單位。這一增加將使曲線 Z 向上移動，所以本國均衡總產出會上升，那它會不會上升 100 個單位或更少呢？答案是不會，因為曲線 Z 的傾斜度低於 45°。不信的話，你可以自己畫張圖檢驗一下。為了便於後續討論，我們假設最後的結果是本國均衡總產出上升了 120 個單位。如果我們沿用「物品市場均衡」這一節中的假設，即 $C+I+G$ 的曲線也是傾斜度低於 45° 且向上傾斜的話，那麼 $C+I+G$ 增加的幅度低於 120 個單位。這也就意味着，如果要想讓本國的物品總需求——$C+I+G+NX$——剛好增加 120 個單位的話，那麼淨出口 NX 必須有所增加。所以，我們的第二

個結論是：外國總收入的增加會導致本國的均衡總產出和淨出口增加。

　　我們來討論第三個問題。如果實際匯率貶值的話，會對淨出口有甚麼影響呢？對總產出又有甚麼影響呢？

　　實際匯率 e 貶值，出口競爭力更強，出口 X 上升，進口 IM 下降，原因是外國物品變得昂貴了。那 IM/e 的值是上升還是下降呢？分子和分母都同時變小了，不排除 IM/e 的值有上升的可能。也就是說，儘管外國物品進口數量減少了，但在除以實際匯率 e 後將其換算成本國物品來看也許並不少。因此，實際匯率貶值帶來淨出口的增加是有條件的，這個條件被稱為馬歇爾─勒納條件（Marshall-Lerner Condition）。實證研究認為馬歇爾─勒納條件一般是成立的，所以實際匯率貶值會增加淨出口。檢查一下淨出口的公式，即 $NX=X(Y_f, e)-IM(Y, e)/e$，你會發現如果出口 X 和進口 IM 在實際匯率貶值之後變化不大，那麼淨出口 NX 是會減少的。實際上，外貿訂單一般都有一個時間提前量，在實際匯率貶值後的一段時間內，出口 X 和進口 IM 可能早就在幾個月前的銷售合同中被確定了，短期裏無法變更，這樣的話淨出口 NX 一定會下跌一段時間。只有等這段時間過後，出口 X 才會開始上升，進口 IM 開始下降，馬歇爾─勒納條件才成立，淨出口 NX 才上升。這一現象，即實際匯率貶值後淨出口 NX 先下降然後回升，在國際貿易理論中被稱為 J 曲線效應（因為其變化路徑看上去像字母 J）。

　　在接下來的討論中，我們會引用這一結論：實際匯率貶值會導致淨出口增加。到目前為止，我們討論的只是實際匯率貶值對淨

出口的直接影響。我們只能說，給定本國總收入任何一個值，實際匯率貶值會帶來某種程度的淨出口的增加。因此曲線 Z 整體會向上移動。這麼一來，均衡總產出一定會上升。均衡總產出的上升將會使進口 IM 增加，從而產生了一個間接的減少淨出口的效果。這個負面的間接效果會不會完全抵銷正面的直接效果呢？答案是不會的。證明的基本邏輯和第二個問題類似，關鍵假設是 $C+I+G$ 曲線的傾斜度低於 45°。所以，我們的第三個結論是：實際匯率貶值會帶來本國的均衡總產出增加和淨出口增加。

我們考慮一下這個假想的情形：假如你的國家的總產出處於自然總產出的位置，但外貿有較大赤字，即淨出口 NX 小於零。這時候你應該選擇甚麼樣的政策？

因為淨出口 NX 小於零，你首先可能會想到讓實際匯率貶值，但這樣做是不夠的。為甚麼呢？因為實際匯率貶值雖然可以解決外貿赤字問題，但我們的第三個結論說明這樣總產出也會增加，那麼總產出就超出了自然總產出，按照 IS-LM-PC 模型的邏輯，這將增加通貨膨脹的壓力。

你的解決辦法應該是減少政府支出與實際匯率貶值搭配使用。根據第一個和第三個結論，減少政府支出和實際匯率貶值都將帶來淨出口 NX 增加。同時，減少政府支出也就會減少總產出，從而抵銷實際匯率貶值對總產出的刺激作用。這樣就圓滿地解決了問題。

如果我們把實際匯率 e 當作是給定的，那麼通過對本節推導出的本地物品總需求的表達式 $Z=C(Y\text{-}T) + I(Y, r) +G+X(Y_f, e) - IM(Y, e) /e$ 進行考察，我們可以在橫軸為總收入，縱軸為實際利率 r 的坐

標系中畫出物品市場均衡曲線 —— IS 曲線。我們可以證明這條 IS 曲線和以前一樣是向下傾斜的。但是，這種思路是有缺陷的，原因是實際匯率 e 與利率不是獨立的，因此不應該被當作是給定的。

最後，雖然這節我們只討論了增加政府支出對總產出和淨出口的影響，但是大家也可以類似地討論減稅對總產出和淨出口的影響。增加政府支出和減稅都是擴張性財政政策。

思考題

假如本國總產出處於自然總產出的位置，但本國存在較大的外貿赤字（淨出口小於零），那麼請問本國應採取甚麼樣的政策組合既能刺激淨出口又能保證總產出穩定呢？

利率平價理論和開放型經濟體 IS-LM 模型

在討論開放型經濟體物品市場均衡條件的過程中，我們將實際匯率當作外生給定的，而現實當中實際匯率與利率卻是息息相關的。我們需要先分析二者的關係，然後利用這一關係構建完整的開放型經濟體 IS-LM 模型。

實際匯率 e 是兩國之間物品的兌換率，名義匯率 E 是兩國貨幣之間的兌換率。二者之間的關係很簡單，即：

$$e= \frac{P \times E}{P^*}$$

其中，P 是本國物品價格指數，P^* 是外國物品價格指數。

1993 年我到香港科技大學工作，1993 年至 1996 年香港平均通脹率約為 9%，而同期美國的平均通脹率為 2.75%。香港匯率體制為聯繫匯率制，1 美元 =7.8 港幣。很明顯，香港對美國的實際匯率在這一段時間裏大幅升值（因為分子上的 P 比分母上的 P^* 上升的要快得多）。

我們在本節考慮的是短期均衡模型，假設 P 和 P^* 不變。我們甚至可以更簡化一點，假設 P 和 P^* 是相等的。在這一假設下，實際匯率就等於名義匯率。

名義匯率與名義利率之間的關係是怎樣的呢？不妨想像一下，你於 2017 年 10 月在阿根廷掙得 100 萬美元，當時正在考慮是購買一年期美國政府美元債券還是購買一年期阿根廷政府比索債券。美國政府債券利率為 1.4%，而阿根廷政府比索債券利率為 19.7%。乍看上去比索債券更具吸引力，但你知道你必須要了解比索一年之後會貶值百分之多少，看到時能換回多少美元。你查了一下，自 2016 年 10 月以來比索相對美元的貶值幅度大約是 11.4%。如果你將貶值 11.4% 當作預期貶值幅度，那麼你用 100 萬美元投資比索債券一年後換回美元的預期價值為 119.7×（1-11.4%）=106.05 萬美元，預期回報率為 6.05%，遠高於美國政府債券的回報率。怎麼樣？值不值得冒這個險？

雖然說把過去一年的貶值幅度作為預期沒有太大的不合理之

處，但你決定還是多看幾年的數據，於是你發現過去 3 年比索年均貶值幅度高達 21%。你感覺風險太大，沒有投比索債券。如果你投了比索債券而且比索債券在接下來這一年沒有太大貶值，那麼你投資固然可以大獲成功，但萬一它大幅貶值呢？實際上，從 2017 年 10 月至 2018 年 10 月，比索大幅貶值，貶值幅度超過 50%。2017 年 10 月初，1 美元 =17.5 比索，而 2018 年 10 月初，1 美元 =37.5 比索。

　　從上面的例子中我們可以看出，你作為投資者在比較兩種債券時，不僅會看預期回報率，而且也關注風險。利率為 19.7% 的比索債券在市場上有人買，就說明有投資者比你更願意冒這個風險，或者比你對比索債券的價值更有信心。他們這次可能虧大了，但其他時候也可能大賺，關鍵是投資者需要管理風險。

　　抱歉的是，為了構造我們的開放型經濟體宏觀模型，我們需要做一個很強的假設。我們將假設投資者在決定將資產投在本國債券還是外國債券時只關心預期收益。在這個假設下，我們可以推出下面的關係式：

$$1+i_t = \frac{(1+i_t^*)\,E}{\bar{E}_{t+1}}$$

　　算式左邊意為一個單位本國貨幣投在本國債券一年之後的價值，即（$1+i_t$）。算式右邊的意思是現在將一個單位本國貨幣先兌換成 E 個單位外幣，投在外幣債券一年後獲得（$1+i_t^*$）E 個單位的外幣，這些外幣一年後能換成多少本幣呢？我們不清楚明年該匯率是多少，只好除以名義匯率一年後的預期值 $\bar{E}_{t+1}$。在假設投資者只關

心預期收益的前提下，算式左邊應該等於右邊。

這個公式十分有名，叫做 "uncovered interest rate parity"，中文譯為「無拋補利率平價理論」。所謂「無拋補」就是用名義匯率一年後的預期值 $\bar{E}_{t+1}$ 來計算第二年換回本幣後的投資所得，一年以後究竟能得到多少卻很難說。如果我們將 $\bar{E}_{t+1}$ 用一年遠期匯率 F 來代替，比如利用遠期外匯市場來鎖定匯率，那麼得到的公式叫做 "covered interest rate parity"，也就是「拋補利率平價理論」。

「無拋補利率平價理論」雖然作為發達經濟體之間利率、匯率關係的一種描述有一定的合理性，但在很多其他經濟體中，它描述的與現實有相當的偏差。[1] 造成這種偏差的原因有多個。第一，投資者除了預期收益之外，還關心風險（前面提到的阿根廷匯率風險

1　法瑪教授在其文章〈遠期和即期匯率〉（Forward and Spot Exchange Rates）中發現簡單的「無拋補利率平價理論」不僅得不到實證方面的支持，而且如果你用利率差來預測未來的匯率，就會發現連符號都與理論相反。艾肯鮑姆和埃文斯（Eichenbaum and Evans, 1995）發現，當美元利率上升的時候，美元反而會持續升值。這一結論也與「無拋補利率平價理論」相抵觸。思考一下一個簡單的情況，假設美元和歐元利率相等，$i=i^*=0.05$，預期一年後的匯率為 $\bar{E}=0.85$。按照「無拋補利率平價理論」，當下匯率應該是 $E=0.85$。當美元利率突然升為 $i=0.055$ 而預期一年後的匯率 $\bar{E}$ 不變時，按照「無拋補利率平價理論」，$E=1.055^*0.85/1.05=0.854$，即當下匯率會立刻升值，但預計未來會逐漸貶值回到 0.85，這與艾肯鮑姆和埃文斯發現的美元持續升值相抵觸。克拉里奇、戴維斯・佩德森（2009）的一篇文章，開篇第一句就是「國際金融中的最持久的謎題就是無拋補利率平價理論的失敗」，他們發現只有在匯率波動較大的環境中重複法瑪的回歸分析所得的符號才與「無拋補利率平價理論」相符。這些討論說明，布蘭查德《宏觀經濟學》英文第七版中的開放型經濟體 IS-LM 模型雖然是不得已建立在「無拋補利率平價理論」上，但我們必須明白，「無拋補利率平價理論」這個根基是不夠牢固的。

是比較典型的例子）；第二，投資者還需要考慮交易成本；第三，某些國家還有資本管制，包括中國也還沒有對此完全放開。「拋補利率平價理論」在遠期外匯市場存在的情況下就是簡單的無風險套利關係。當然，交易費用的存在可能會造成細微的偏差。儘管如此，我們在下面構建的宏觀模型中還是要假設這一理論是成立的。這就是在開始介紹該理論時，我用了「抱歉的是……」的原因。

那麼，問題是，為甚麼我們不用「拋補利率平價理論」，而用與現實吻合度欠佳的「無拋補利率平價理論」來構建我們的宏觀均衡模型呢？這是因為我們需要把名義利率 E 用本國和外國的利率以及其他外生變量來替換掉。而遠期匯率 F 並非外生變量，它其實是由「拋補利率平價理論」導出的。我們可以將預期匯率 $\bar{E}$ 當作外生給定的，但卻沒辦法將遠期匯率 F 當作外生給定的。所以，我們構建均衡模型時只有使用「無拋補利率平價理論」，或者引入諸如風險溢價等其他外生變量。

利用「無拋補利率平價理論」，我們可以將名義匯率 E 寫成：

$$E = \frac{(1+i)\,\bar{E}}{1+i^*}$$

請注意，我們之前假設實際匯率 e 等於名義匯率 E。那麼，在對本國物品的總需求 Z 的表達式中，實際匯率可以寫成本國利率、外國利率、一年後匯率預期的函數，即：

$$Z = C\,(Y - T) + I\,(Y,\, i) + G + NX\left(Y,\, Y_f,\, \frac{(1+i)\,\bar{E}}{1+i^*}\right)$$

我們這裏討論的是短期均衡問題。因為在短期內可以假設價

格不變，所以原來的投資函數中的實際利率 r 已經被名義利率 i 替換掉了。對應於每一個名義利率的值 i，曲線 Z 與 45° 線相交就可以得到均衡的對本國物品的總需求，也即均衡的總產出和總收入。將所有這些配對的均衡點（$Y1, i1$），（$Y2, i2$），（$Y3, i3$）等在橫軸為總收入、縱軸為名義利率的坐標系中標出來，就得到了開放型經濟體中的物品市場均衡條件 IS 曲線，如圖 6-1 所示。

圖 6-1　開放型經濟體中的物品市場均衡條件 IS 曲線

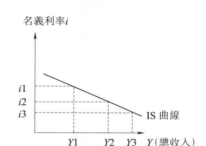

雖然圖 6-1 中的 IS 曲線看上去與「物品市場均衡」這一節中的類似，也是向下傾斜的，但其內涵要深得多。除了財政政策可以讓這條曲線移動外，外國的貨幣政策，即外國利率 i^* 的變化，以及匯率預期的變化都可以讓本國的 IS 曲線移動，從而影響本國的經濟。至於為甚麼這裏的 IS 曲線也是向下的，下面我們解釋一下。我們再次寫下對本國物品的總需求 Z 的公式：

$$Z=C\,(Y-T) + I\,(Y,\,i) + G + NX\left(\,Y,\,Y_{\mathrm{f,}}\,\frac{(1+i)\bar{E}}{1+i^*}\right)$$

大家可以看出：第一，投資函數仍然是名義利率的減函數，如

果名義利率 i 從 $i1$ 降到 $i2$，那麼投資會上升；第二，如果名義利率 i 從 $i1$ 降到 $i2$，則名義匯率 $\dfrac{(1+i)\bar{E}}{1+i^*}$ 貶值（根據「無拋補利率平價理論」）。根據本節最初的假設——實際匯率等於名義匯率，因此實際匯率也貶值。利用我們上一節所得到的第三個結論，實際匯率貶值會帶來淨出口 NX 增加。因此，當名義利率 i 從 $i1$ 降到 $i2$ 時，總需求 Z 是增加的。也就是說曲線 Z 從 $Z1$ 向上升到了 $Z2$，如圖 6-2 所示。

圖 6-2　當名義利率下降時，總需求增加

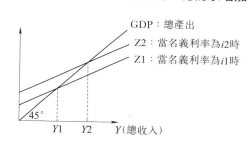

因此，當名義利率 i 從 $i1$ 降到 $i2$ 時，均衡總產出從 $Y1$ 升到了 $Y2$。類似地，可以考慮（$Y3$, $i3$）等情況。將這些均衡點連接，便得到了向下傾斜的 IS 曲線（圖 6-1）。

將這條 IS 曲線與 LM 曲線中的 $i=\bar{i}$ 結合就可以得到開放型經濟體 IS-LM 模型，這一模型可以說是變形的蒙代爾—弗萊明模型，下節我們將利用這一模型討論宏觀政策及其國際傳遞效應。

思考題

　　根據向下傾斜的開放型經濟體中的物品市場均衡條件——IS 曲線，請問就美國而言，你認為可能對 IS 曲線產生影響的因素有哪些？

國際風險之傳遞：人無遠慮，吾有近憂

　　根據前面我們構建的開放型經濟體 IS-LM 模型，本節我們試着利用這一模型探討開放型經濟體中的貨幣政策和財政政策以及國際風險的傳遞。

　　首先，我們來看看如果政府通過加息收緊銀根將會產生甚麼樣的效果。加息會使 LM 曲線上移，因此總產出下降。同時，加息會使名義匯率升值，淨出口會下降。加息引起的總產出的下降，既包含了我們在封閉型經濟體模型中談到的投資的下降，又包括了名義匯率升值導致的淨出口的下降。所以在開放型經濟體中貨幣政策的影響是相當大的。

　　其次，我們來看看增加政府支出會產生哪些影響。增加政府支出屬於擴張性財政政策，會使 IS 曲線右移，因此總產出會增加。因為利率沒變，所以匯率也沒變。那這對淨出口有甚麼影響呢？總產出的增加會導致進口增加，從而淨出口會下降。對消費和投資

的影響呢？在我們的模型中，我們假設消費只是可支配收入的增函數。因此，總收入的增加意味着消費的增加。投資是總收入的增函數和利率的減函數，總收入上升而利率沒變，所以投資也是上升的。

以上關於增加政府開支的分析是在該項財政政策沒有產生經濟過熱的擔憂情況下的結果。如果經濟本身已有過熱風險，而現在由於某種原因必須增加政府開支（比如防止洪水災害的需要），那麼這時候政府政策組合有哪些呢？

最直接的是在增加政府開支的同時也提高稅收，這樣的話就可以將消費降下來，給經濟降溫。除此之外，還有其他辦法嗎？還可以加息，也就是通過緊縮的貨幣政策來降低政府開支上升帶來的過熱風險。需要注意的是，加息會導致名義匯率升值，從而對淨出口造成負面影響，因此如果淨出口原來就有很大的赤字，那麼加息可能不是一個好的選項。總之，在做政策組合選擇時政府需要考慮到多個方面的因素。

到目前為止，我們介紹了封閉型經濟體 IS-LM 短期模型、封閉型經濟體 IS-LM-PC 模型（中期模型）、區分政策利率和借貸利率的 IS-LM 短期模型、開放型經濟體 IS-LM（短期模型）。這些模型在各種教科書中的版本不盡相同，我們採用的是布蘭查德《宏觀經濟學》英文第七版中的，可以說是比較前沿的。即使這樣，大家可能也覺得這些模型沒有一個是完美無缺的，有很多的假設在其中。但我相信，如果大家了解了這些模型構建的邏輯，就會有能力在這些模型的基礎上做適當的改進，來處理需要分析的問題。舉例

而言，假如讓你來分析金融海嘯對全球經濟的影響，那你要怎樣進行呢？

在討論金融海嘯的時候我們需要區分政策利率和借貸利率（參見第五章內容）。你可以將借貸利率引入我們的開放型經濟體 IS-LM 模型中，並繼續假設投資是借貸利率的減函數。在金融海嘯期間，風險溢價升高推高借貸利率，於是投資降低，所以 IS 曲線向左移動，總產出減少。因為美國是一個大的經濟體，所以美國的總產出減少會影響到其他國家，比如英國。從英國的 IS-LM 模型角度去考慮，美國就是外國，美國的總產出的下跌相當於外國總收入 Y_f 的下跌。根據我們在「開放型經濟體物品市場均衡」這一節中的第二個結論：外國總收入 Y_f 的下跌會帶來本國的均衡總產出和本國的淨出口的減少。也就是說，美國總產出的下跌會導致英國總產出和淨出口的下跌。這只是國際貿易渠道，國際風險傳遞還有其他重要渠道。大家能想到哪些？

全球的金融機構和金融市場都是息息相關的。美國出現金融海嘯，金融市場暴跌，金融機構巨額損失不斷被曝光，金融機構倒閉，所有這些風險很快會傳遞到其他國家和地區。英國的金融機構在美國也有業務，而這些業務也會相繼出現虧損。當美國的銀行出現問題被政府接管的時候，英國的存戶可能會擔心他們本國銀行的穩健性，於是發生擠提，從而導致英國的金融機構進入困境。在這種氛圍當中，毫無疑問英國的風險溢價和借貸利率也會上升，從而打擊投資意願，造成經濟活動低迷。

消費者信心的下跌也是全球性的。在金融海嘯期間，位於香

港中環的國際金融中心的餐廳都無須預約，隨時都有座位。這些餐廳在市況正常時從來都是爆滿，需要排長隊的。消費者信心下跌的傳染是另一個國際風險傳遞的渠道。我們如果要通過模型來刻畫這一現象，就可以將消費者信心指數引入消費函數中去。

總之，如果他國出現重大經濟危機，我們也難以倖免。所以我常說：「人無遠慮，吾有近憂。」意思就是人家考慮不周，我們跟着受難。

除了這些渠道外，美國的危機處理政策也會對其他國家造成影響。美國國會批給保爾森 7,000 億美元處理「有毒資產」，這 7,000 億美元俗稱「火箭筒」。[2] 這一巨額資金給市場打了一針強心劑，從某種意義來講也緩和了全球的危機形勢。奧巴馬政府於 2009 年 2 月推出的《美國復興和再投資法案》為之後 3 年安排減稅和增加開支的金額共達 7,200 億美元。這一擴張性財政政策在我們的模型中意味着提振經濟，減少金融海嘯的負面影響。這也減弱了美國經濟衰退對其他國家的影響。

美聯儲在危機期間將政策利率降到了零。大家應該怎麼分析這一措施？

將政策利率降為零，也就是將 LM 曲線推到橫軸上，這同樣是為了刺激經濟，減少金融海嘯的負面衝擊。這顯然是擴張性貨幣政

2　保爾森在向國會請求 7,000 億美金「火箭筒」的關鍵時候，竟然當眾在眾議院議長南希・佩洛西（Nancy Pelosi）面前單腿下跪，「我求您……」想想保爾森是何等人，他在高盛任主席和首席執行官時，簡直就是神一樣的存在。在金融海嘯期間，面對百年不遇的危機，為了獲得國會支持，他真是豁出去了。

策。如果只是美國單獨減息，那麼這對其他國家有甚麼影響呢？

美國的擴張性貨幣政策對刺激其經濟有一定的作用，對於緩解其他國家的經濟形勢也有幫助。但如果只是美國單獨減息，那麼從「無拋補利率平價理論」的角度我們可以看到，美元的匯率會貶值。美元貶值也就意味着其他貨幣相應升值，而貨幣升值會打擊這些國家的淨出口和總產出。因此，其他國家也會採取減息和貨幣貶值的政策，這一現象叫作競爭性貶值。在危機期間，你可能已經注意到，各國央行都在紛紛減息。減息首先是提振經濟的需要，其次也是避免本國貨幣升值的措施。

在危機期間，中國央行將存款和貸款利率都大幅下調。政府債券收益率曲線在 2008 年 9 月雷曼兄弟宣佈破產之後整體下移，該曲線在 2008 年夏季之前基本上都還是處於上行的，換句話說，當時中國央行還在因為擔心通貨膨脹而收緊貨幣（見圖 6-3）。2008 年 9 月雷曼兄弟宣佈破產之後，中國央行才開始大幅減息。收益率曲線刻畫的是年化利率與債券期限之間的關係。年化利率也被稱為年化收益率或年化回報率。債券期限可以是 7 天、30 天、90 天、1 年、3 年、5 年等。正如前面所說的，中國的減息同樣不僅是為了防止經濟增長大幅下滑，也是為了避免人民幣升值。在 2005 年 7 月中國匯率機制改革之後，人民幣對美元的匯率從 1 美元 =8.28 元人民幣逐漸升值，但在危機最為深重的時期 —— 2008 年 9 月至 2010 年 6 月 —— 人民幣兌美元的匯率基本穩定在 1 美元 =6.8 元人民幣。

圖 6-3　2008—2009 年銀行間債券市場政府債券收益率曲線

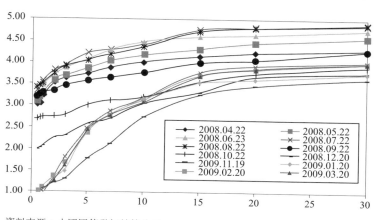

資料來源：中國國債登記結算公司。

　　中國在 2008 年底出台了 4 萬億人民幣財政刺激措施，從力度上講，可謂非常有魄力。因為我們面對的是百年不遇的金融海嘯，不確定性太大，溫和的財政刺激不足以有效抵禦這一外部衝擊。4萬億人民幣覆蓋的範圍也非常廣，涉及基建、教育、醫療、創新等 10 多個領域，很快就挽回了中國民眾的信心。不僅如此，中國的「4萬億計劃」對世界經濟逐步走出危機起到了非常正面的作用。就計劃設施是否太過倉促、是否造成了某些領域的產能過剩、是否導致了重複建設、是否推動了「國進民退」、是否過多地使用了槓桿以至於 10 年後我們仍艱難地行進在去槓桿的路上等問題而言，「4萬億計劃」肯定不是完美的，很多方面都可以受到質疑，但大家如果當時處於決策者的位置，能否做得更好？

　　在金融海嘯的過程中，美聯儲和其他央行採取了一系列非常

規措施，[3] 也可以說是「摸着石頭過河」。如果沒有這些措施，比如美聯儲的定量寬鬆和歐洲央行的直接貨幣交易（outright monetary transactions），世界經濟是否會跌入深淵？現在看起來這些措施是有效的，但下最後的結論還有點兒早。要等到美國、歐洲利率正常化之後才能看得更清楚。利率正常化的步伐稍嫌過快，股市立刻就如驚弓之鳥。2018 年 10 月 10 日，道瓊斯暴跌 800 多點就是一例（部分投資者認為這次暴跌是由於貿易摩擦的影響，但將之歸罪於美聯儲加息過快者也不在少數，特朗普總統公開表示「美聯儲瘋了」）。

思考題

　　請問，通過分析開放型經濟體的 IS-LM 模型，你認為如果政府採取降息政策放鬆銀根，產生的影響會有哪些呢？

3　傑弗里・斯奈德（Jeffrey P. Snider）記述，在 1999 年的某次美聯儲會議上，斯坦利・費希爾（Stanley Fischer）調侃道：「每個人對亞當和夏娃在伊甸園的行為都有自己的看法。蒙代爾的版本是：人類的原罪是夏娃將央行的秘密告訴了亞當，也就是怎樣大筆一揮就可以憑空創造財富。」當央行在市場購入政府債券時，就是在給賣出者在央行的存款賬戶上加記一筆資金。我經過閱讀發現，比較迷信「央行大筆一揮」作用的經濟學家，克魯明應該算一個。

本章要點總結

1. 本章在開放型經濟體的模型中，引入 E 表示名義匯率，即 1 個單位的本國貨幣可以換取多少個單位的外國貨幣；並用 e 表示實際匯率，即 1 個單位的本國物品可以換取多少個單位的外國物品。

2. 出口 X 隨着貿易夥伴國總收入的增加而增加，且隨着實際匯率的升值而減少。因為實際匯率升值意味着本國物品相對昂貴，出口缺乏競爭力，因此出口數量減少。進口 IM 隨着本國總收入的增加而增加，且隨着實際匯率的升值而增加。因為實際匯率升值意味着進口品相對便宜，進口數量會增加。

3. 定義淨出口 NX 為換算單位一致的公式為：$NX=X-IM/e$，淨出口 NX 是本國總收入的減函數。通過對總需求曲線 Z 的分析可知：政府開支增加會帶來均衡總產出增加，淨出口降低；外國總收入增加會帶來本國均衡總產出增加，淨出口增加。

4. 實際匯率貶值帶來淨出口上升的條件被稱為馬歇爾—勒納條件。實證研究證明該條件一般成立，因此我們可認為實際匯率貶值會帶來淨出口增加和本國均衡總產出增加。

5. 在考慮開放的短期均衡模型時，首先假設本國與外國物價指數相等，即實際匯率等於名義匯率；其次假設投資者只關心預期收益，而不關注風險。由此可得到表示本國與外國的利率、匯率間關係的公式，該公式被稱為「無拋補利率平價理論」。當用一年遠期匯率替代公式中的一年後名義匯率預期值時，該公式被稱為「拋補利率平價理論」。

6 利用「無拋補的利率平價理論」，可以將名義匯率（或實際匯率）表示成本國利率、外國利率和預期匯率的函數。進而，用該函數替換總需求 Z 曲線中的實際匯率，得到新的 Z 曲線。給定任意名義利率 i，Z 曲線與 45° 線相交得到短期均衡時本國物品總需求（或總產出，或總收入）水平。

7 通過給定不同的名義利率值，我們可利用上述方法得到相應的短期均衡時的總產出水平，並在坐標系中表示出來，從而得到向下傾斜的開放型經濟體中物品市場均衡條件——IS 曲線，結合 $i=\bar{i}$ 的 LM 曲線，就可進一步得到了開放型經濟體 IS-LM 模型，即變形的蒙代爾—弗萊明模型。

8 根據開放型經濟體的 IS-LM 模型可知：政府加息收緊銀根，會導致 LM 曲線上移，總產出下降，同時名義匯率升值，淨出口也下降。政府實施擴張財政政策，如提高政府支出，會使 IS 曲線右移，利率和匯率不變，總產出增加，淨出口會隨着進口的增加而下降。

9 通過分析金融海嘯對全球經濟的影響可知，國際風險傳遞渠道包括國際貿易渠道、國際金融渠道、消費者信心下跌的傳播，並且一國的危機處理政策也會對其他國家經濟造成影響。

10 為應對金融危機，很多國家都會實施擴張性貨幣政策，意在通過減息提振經濟。但假如美國單獨減息，那麼由「無拋補利率平價理論」可知美元匯率會貶值，其他國家貨幣升值，其他國家淨出口和總產出會受到打擊，這樣其他國家也會隨之採取降息和貶值政策，於是產生競爭性貶值現象。

11 中國為應對金融危機所出台的措施有：大幅下調存貸款利率的貨幣政策和推出 4 萬億人民幣財政刺激政策。

PART 2

成也貨幣，敗也貨幣

第七章
收益率曲線與其他關鍵指標

收益率曲線倒掛：此處「熊出沒」

貨幣政策的作用存在一定滯後性，且滯後期並不是一個常數，有時是半年，有時會長達一年半。因此，央行的政策需要有一定的提前量。問題是，市場上哪些經濟變量可以幫助央行做前瞻性判斷呢？

一般而言，央行關注的經濟變量包括信貸、貨幣總量、貨幣市場利率、大宗商品價格、消費者信心指數、採購經理指數、匯率、股票指數、勞工市場報告和收益率曲線。其最終目標是對經濟運行做一個整體判斷 —— 經濟是處於平穩狀態，還是偏於過熱狀態，還是即將或者已經進入衰退狀態。我們來先看收益率曲線和它在貨幣政策中的運用。

我們在討論 2008 年 9 月雷曼兄弟破產事件的時候，曾引入收益率曲線這一概念，並指出中國政府債券收益率曲線在危機期間出現整體下移。收益率曲線刻畫的是年化利率與債券期限之間的關係。年化利率也被稱為年化收益率或年化回報率。債券期限可以

是 7 天、30 天、90 天、1 年、3 年、5 年、10 年等，各國不盡相同。美國的一種期限長達 30 年的政府債券曾於 2002 年 2 月 18 日停止發行，但在 4 年後的 2006 年 2 月 18 日又重新登場。

如果以債券期限為橫軸、年化收益率為縱軸來畫一條收益率曲線，大家覺得它應該是向上傾斜的還是向下傾斜的呢？

從直覺來講，我們可能會認為它應該是向上傾斜的。如果有人去銀行存過定期或者買過理財產品的話，就會觀察到短期產品的年化利率低於相應的長期產品。這一規律是否在國債或其他債券市場上都成立呢？實際上，長期國債利率是有可能比短期國債利率更低的，這種情況我們稱為收益率曲線倒掛。收益率曲線倒掛雖然很少見，但在美國國債市場上還是出現過幾次的。圖 7-1 的左側顯示的就是 2006 年 11 月 14 日的美國國債收益率曲線出現倒掛的情形，右側顯示的是美國標準普爾 500 指數在 2000 年至 2018 年的走勢。

中國的國債收益率曲線是否也出現過倒掛的情形呢？局部倒掛是有的，比如 2017 年 5 月 17 日，國債 7 年期與 10 年期利率出現倒掛，3 年期與 5 年期也出現輕微倒掛，見圖 7-2。圖 7-2 中的曲線形狀有點像字母 M，其實 M 形（或者叫駝峰形）收益率曲線在美國國債市場上也時有出現。如果你看了美國的收益率曲線的動態圖，就會發現確實如此。至於是甚麼原因導致了這種奇特的曲線，我個人認為最有可能是投資者在某個時間段對某個期限的債券有特別的需求，或者是某些期限比如 10 年期的債券的流動性比較高，從而吸引了投資者，那麼 10 年期債券的競標價格就會較高，

圖 7-1　美國國債收益率曲線倒掛情形

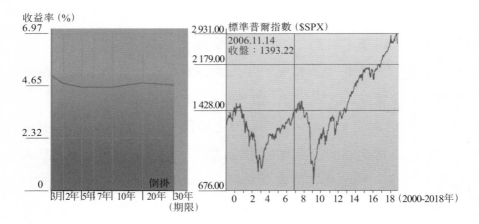

圖 7-2　中國國債收益率曲線倒掛情形

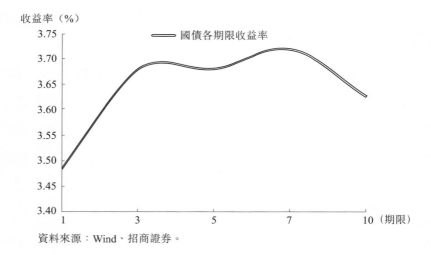

資料來源：Wind、招商證券。

投資者同意較高的購買價格也就等同於接受了該期限債券較低的收益率。

　　關於收益率曲線的形態有三種理論互為補充。第一種是預期理論，即遠期利率＝預期未來短期利率＋風險溢價。如果債券市場上的投資者多數為短期投資者，那麼為了促使他們投資長期債券，這個風險溢價就應該是正的。如果市場上的投資者多數為長期投資者（比如投資人壽基金、退休基金的人），那麼為了促使他們投資短期債券，這個風險溢價應該為負的。因此收益率曲線的形態取決於債券市場投資者構成的變化。第二種是流動性溢價理論，即借債的人總是希望債券期限較長而債券購買者更偏愛債券期限較短[1]。因此，一般來說，遠期利率＝預期未來短期利率＋正的流動性溢價。圖 7-3 顯示，在流動性溢價（1%）和預期未來短期利率（10%）都為常數時，收益率曲線是上升的。

　　而當流動性溢價不變、預期未來短期利率下跌時，收益率曲線呈駝峰形，見圖 7-4 實線部分。

　　第三種理論涉及債券價格是收益率的凸函數這一特性。這套理論主要用來解釋為甚麼長端利率常常漸漸變得平緩甚至是向下傾斜的。

　　那麼，為甚麼我們要關心收益率曲線呢？

　　國際期刊上有大量研究收益率曲線的變化與經濟周期的關係

1　相關討論參見滋維・博迪（Zvi Bodie）、亞歷克斯・凱恩（Alex Kane）以及艾倫 J. 馬庫斯（Alan J. Marcus）合著的《投資學》（Investments）。

圖 7-3　當流動性溢價和預期未來短期利率都為常數時，
收益率曲線呈上升情形

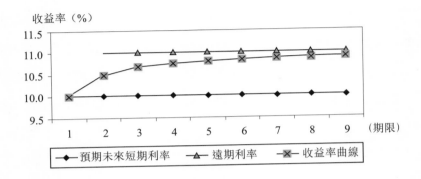

圖 7-4　當流動性溢價不變、預期未來短期利率下跌時，
收益率曲線呈駝峰形

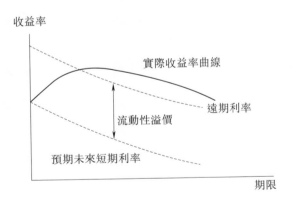

的文章，國內期刊上也有不少。我在這裏挑兩篇影響較大的分析
一下。

　　第一篇是洪崇理（Andrew Ang）、莫妮卡・皮亞澤西（Monika
Piazzesi）和魏敏（Min Wei）於 2006 年發表的一篇文章，題目為

〈收益率曲線給我們揭示了 GDP 增長的哪些動向？〉（*What does the Yield Curve Tell us about GDP Growth?*）。他們給我們提供了表 7-1，該表顯示從 1964 年至 2002 年，美國有 7 個時間段出現收益率曲線倒掛，其中有 6 次隨後出現了經濟衰退。經濟衰退，按照美國國家經濟研究局的定義，就是連續兩個季度的負增長。收益率曲線出現倒掛與其後出現經濟衰退的時間間隔每次不盡相同，間隔短可以短到兩個季度，長可以長到六個季度。

表 7-1　1964—2002 年美國收益率曲線出現倒掛的 7 個時間段

經濟衰退	收益率曲線出現倒掛的時間段	時間間隔
	1966:Q3—1966:Q4	
1969:Q4—1970:Q4	1968:Q2—1968:Q4，1969:Q4	6qtrs
1973:Q4—1975:Q1	1973:Q2—1974:Q1，1974:Q4	2qtrs
1980:Q1—1980:Q3	1978:Q4—1980:Q1	5qtrs
1981:Q3—1982:Q4	1980:Q3—1980:Q4，1981:Q2，1982:Q1	4qtrs
1990:Q3—1991:Q1	1989:Q2	5qtrs
2001:Q1—2002:Q1	2000:Q3—2000:Q4	2qtrs

qtrs= 季度

表 7-1 只給我們一個感性認識，要想證明二者之間的關係則需要嚴格的實證分析。他們通過仔細分析各種變量對 GDP 增長的預測效果得到如下幾個結論：第一，收益率曲線的斜率（最長年期債券年利率與短期債券年利率的差）與下一期 GDP 的增長率為正相關關係。換言之，如果收益率曲線出現倒掛，也就是斜率為負的，則下一期 GDP 增長率可能會下滑。當然下滑並不代表經濟立刻進

入衰退。第二，本期 GDP 增長率對預測下一期 GDP 增長率有幫助。這一點並不令人感到驚奇，因為我們知道經濟周期有一定的持續性。第三，短期利率越高，下一期 GDP 增長率越低。而且，比起收益率曲線的斜率，短期利率的高低對下一期 GDP 增長率的預測更有幫助。從這篇文章中我們可以看到關注收益率曲線斜率的重要性，尤其是當短期利率很高時，經濟出現衰退的概率將大幅增加。如果央行參考收益率曲線的形態和位置以及其他領先指標，判斷出經濟出現衰退的概率很高，那麼它極有可能採取比較積極的擴張性貨幣政策，比如降低政策利率或降低存款準備金率。

經濟衰退一般都伴隨着股市的暴跌，這也是為甚麼投資者非常關注收益率曲線的原因之一。收益率曲線倒掛通常會引起投資者擔心是否熊市即將來臨。前面我們提到在 2006 年 11 月美國國債收益率曲線出現倒掛（圖 7-1 左側），而美國股市踏入熊市大約在 2008 年年初（圖 7-1 右側）。[2] 有鑑於此，當收益率曲線出現倒掛時，央行會非常關注。收益率曲線的形態除了可以給貨幣政策的決策者提供參考，對證券市場的走勢提供警示，還可以幫助政府調整發債結構從而節省成本。對於政府債務龐大的美國，發債結構調整所省下的利息開支相當可觀。據約翰・坎貝爾（John Campbell）於 1995 年發表的文章介紹，1993 年克林頓政府估計，縮短債券期

2　2018 年 12 月 4 日，美國 3 年期和 5 年期政府債券利率出現倒掛，引發金融市場恐慌，市場擔心經濟不久後會出現衰退，加上投資者在兩國領導人會晤後對貿易爭端的最終解決仍有疑慮，導致道瓊斯指數暴跌 800 點。

限可以在 1994 年至 1998 年間省下高達 100 億美元的發債成本。坎克爾的實證研究認為政府只要根據直覺去做就可以節省成本，即當收益率曲線陡峭的時候發行短期債券，當收益率平坦的時候發行長期債券。[3] 上文提到的美國一種期限為 30 年的政府債券曾於 2002 年 2 月 18 日停止發行，但 4 年後於 2006 年 2 月 18 日重新登場，這一行為背後就有發債成本方面的考量：2002 年收益率曲線陡峭，2006 年它較為平緩。

第二篇是郭濤和宋德勇於 2008 年發表在《經濟研究》上的文章，他們研究了「中國利率期限結構的貨幣政策含義」。利率期限結構刻畫的就是收益率曲線的形態。由於中國的利率市場化在 2008 年還尚未完成，關於利率期限結構在貨幣政策制定和實施中的應用研究以定性分析居多，郭濤和宋德勇的這篇文章做了一些定量分析。他們先估計出利率期限結構曲線，通過對這些曲線隨時間的變化的研究得到如下結論：第一，中國的利率期限結構可作為央行預測市場短期利率的工具，未來短期利率的變化信息對央行進行公開市場操作、監測貨幣市場運行情況具有一定的參考價值；第二，利率期限結構曲線的變化，反映了央行的貨幣政策狀態和市場參與者的預期，央行可以根據利率曲線結構的變化特徵和長、短期

3　坎貝爾教授指出，當政府對未來利率走勢有更準確的信息時可以節省成本。他舉的例子是英國在 20 世紀 80 年代初是如何處理極高的短期利率和長期利率的。當時英國長期利率高企是因為 20 世紀 70 年代以來形成的高通脹預期，短期利率高企是因為央行加息對抗通脹。在這一背景下，英國果斷推出通脹掛鈎債券。這一決策是基於英國政府對治理通脹有着很強的信心，相信未來的通脹率會降下來。結果確實如此，英國政府因此省下一筆利息開支。

利率差來觀察貨幣政策措施的實施效果，判斷人們的預期。比如，他們注意到，在 2006 年以前每次存款準備金率的提高都會導致利率的上升，而在 2006 年則看不到這一聯動。不僅如此，即使央行兩次提高基準利率，也沒能引導 1 年或 1 年以上期限的市場利率上行。也就是說，「央行的緊縮政策並沒有立即導致資金成本的相應上升，說明銀行體系流動性過剩較為嚴重」。有鑑於此，他們認為央行應該在提高基準利率的同時加大公開市場操作力度以進一步回收流動性。總之，他們認為中國應該在條件成熟時定期公佈利率期限結構曲線，「發佈預期通貨膨脹率和長、短期利率差，並逐步將其納入經濟先行指標中，使我國的貨幣政策調控更為及時準確。」

思考題

　　如果央行參考收益率曲線的形態和位置以及其他領先指標判斷出經濟出現衰退的概率很高，請問央行極有可能採取的政策有哪些？

央行和市場關注的重要指標 [4]

　　對貨幣政策影響最大的直接指標是月度消費物價通脹率和季度 GDP 增長率，這容易理解。此外，還有哪些關係重大的數據發佈呢？

　　就美國而言，位列榜首的應該是勞工部的月度就業報告，於每個月第一個週五的上午 8 點半發佈。報告中包含很多數據，但大家關注的主要是失業率數據和新增就業數據以及它們的變化趨勢。比如，2019 年 1 月 4 日，美國失業率從 3.7% 輕微上升至 3.9%，但 2018 年 12 月美國新增非農就業人口為 31.2 萬人，遠高於預期的 18.4 萬人。強勁的新增就業數據與失業率的上升如何能並存呢？這要從失業率的定義來分析。失業率定義為勞動市場參與者中未能找到工作者，在整個勞動市場參與者中的佔比，而所謂勞動市場參與者指的是那些正在就業或正在積極尋求就業的人口。因此這次美國失業率的輕微上升被解釋為有更多人加入積極尋求就業的隊伍當中了，是利好的。

　　更為細心的投資者會從報告中尋找經濟未來將會走弱的蛛絲馬跡，比如他們會查看因經濟原因的非全職工作的數據（Part Time for Economic Reasons），也就是那些因企業不景氣而被迫從全職工

4　本節內容主要參考西蒙・康斯特勃（Simon Constable）等人著的《讀懂華爾街的 50 個經濟指標》（*Wall Street Journal: Guide to 50 Economic Indicators that Really Matter*）。我對這 50 個指標又做了一輪篩選，留下十幾個，並結合中國與美國的情況進行闡釋。

作變為非全職工作的人數,加上那些想找全職工作卻只能找到非全職工作的人數。如果這一數據有上升趨勢,這可能意味着經濟走弱,企業下一步很可能會開始裁員。2018 年 12 月,該數字在美國為 470 萬,與上月基本持平,全年則有所下降。

以上這些數據表明美國的失業率仍處於低位,一般而言投資者會認為這是好消息。但如果失業率過低,那麼美聯儲可能會因為擔心工資和通脹上揚而加快加息步伐。加息對股市而言一般是壞消息。

就中國而言,投資界認為我們的勞工市場數據質量還有待提高,因此,中國勞工市場數據目前還不大受人關注。

第二個引人矚目的月度指標是 PMI(Purchasing Managers' Index,採購經理指數),它之所以引人矚目主要是因為它有一定的前瞻性。美國 PMI 由美國供應管理協會於每個月第一個工作日上午 10 點發佈,是根據成員企業的採購經理們的問卷調查數據進行編制的。PMI 是一個綜合指數,綜合新訂單、生產、從業人員、供應商配送時間、原材料庫存 5 個分項指數,每個指數各佔 20% 的權重。採購經理就每個分項來回答當下情況與上個月相比是更好、同等還是更差。分項指數 =「更好」所佔百分比 +0.5×「同等」所佔百分比。我們來看一個具體的例子,假如新訂單的問卷調查結果為:「更好」佔比 30%、「同等」佔比 50%、「更差」佔比 20%,那麼該分項指數 =30+0.5×50=55。利用這種計算方法得到的指數被稱為擴散指數(Diffusion Index)。PMI 超過 50 說明「看好的」佔上風,如果製造業 PMI 超過 50,那就意味着製造業仍處於擴

張階段。市場人士不僅關注當月的 PMI 是否大於 50，還會分析該指數近幾個月的漲跌趨勢。2018 年 12 月，美國製造業 PMI 為 53.8，略低於 11 月的 53.9。

　　中國國家統計局官方統計的製造業 PMI 編制方式與上述類似，只是權重有所不同：新訂單（30%）、生產（25%）、從業人員（20%）、供應商配送時間（15%）、原材料庫存（10%）。自 2018 年 1 月起，國家統計局開始發佈月度中國綜合 PMI 產出指數。據國家統計局發言人解釋，推出該項指數的理由是：「隨着移動互聯網、智能終端、大數據和雲計算的廣泛應用，我國經濟結構由工業主導向服務業主導加快轉變，傳統意義上的製造業和服務業之間的邊界越來越模糊，相互融合發展日漸深入。」一個能夠反映當期全行業（製造業和非製造業）產出變化情況的綜合指數更便於我們監測經濟周期。需要注意的是，該綜合產出指數與經濟周期基本同步，而製造業 PMI 相對總體經濟的周期轉折點有 1 至 3 個月的提前量，這是一個重要的先行指標。2018 年 12 月，中國官方製造業 PMI[5] 為 49.4，已跌入收縮區間，見圖 7-5。

　　第三個重要的月度指標並不是某一個具體指標，而是指房地產類數據，包括新房價格指數、二手房價格指數以及房屋成交量。美國還發佈建房許可數據和新屋開工數據，這兩個數據都屬於先行

5　中國除了有官方製造業 PMI 之外，還有財新（Markit）製造業 PMI，二者問卷的採樣有所不同：官方採樣比較集中在大型企業，財新採樣偏向中小企業。二者問卷結果有時會出現背離。

圖 7-5　2018 年中國官方製造業 PMI

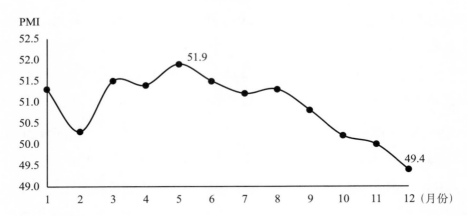

指標。房地產的健康影響到眾多上下游企業和部門，包括建材、裝修、銷售等，牽涉面很廣。

　　第四個重要的月度指標是汽車銷量數據，汽車銷量對經濟同樣有多方面的影響。同時，汽車銷量也是衡量消費者消費慾望的一個指標，銷量上漲表示消費者信心有所加強。中國汽車協會每個月都會發佈汽車銷量速報。2018 年 12 月，中國市場汽車銷量為 266 萬輛，與 2017 年同期相比下跌 13%。從 2018 年全年汽車銷量行情來看，上半年比 2017 年同比有所增長，但下半年行情突變，尤其是最後 4 個月汽車銷量大幅下滑，最終導致 2018 年全年汽車銷量為 2808 萬輛，比 2017 年下降 2.8%。這些數據顯示中國消費者消費慾望在 2018 年下半年大幅減退，消費者對經濟前景的看法非常不樂觀。

　　第五個重要的月度指標是新增社會信貸數據。中國的股票市

場發展還存在諸多問題，證券市場的融資功能還比較有限，企業融資相當依賴社會信貸。雖然新增社會信貸數據頗受關注，但其月度波動很大，不論從環比還是同比來看，市場都不容易解讀。在中國央行更傾向於價格型貨幣政策調控的大背景下，大家將來對新增社會信貸數據的關注度會逐漸減弱。

其他的諸如月度進出口、投資、零售、工業產值、消費者信心指數和企業家信心指數等數據，市場也會用心解讀。2018 年 12 月 14 日，中國宣佈暫停對美國汽車及零部件徵收關稅，我原本以為這會大為利好美國股市，沒想到道瓊斯指數卻大跌將近 500 點。究其原因，原來是中國當天發佈的零售數據和工業產值數據差過預期，引發美國投資者對全球經濟走緩的擔憂。市場非常關注貿易摩擦的實際影響，因此最近一段時間它會特別關注進出口數據。物品進出口數據顯然是焦點，但我本人更注意的是現代服務業進出口數據，因為我認為中國需要從過去利用廉價勞動力發展製造業出口的模式，向利用廉價人力資本發展現代服務業出口的模式轉變。

部分投資者也關注 VIX 指數，即市場波動指數，以衡量標準普爾 500 指數在未來 30 天的隱含波動性。VIX 指數對股票市場波動性的預測能力並不十分突出，但投資者可以考慮通過芝加哥期權交易所的 VIX 期權對沖部分市場風險。

斯科特・貝克（Scott Baker）、尼克拉斯・布盧姆（Nicholas Bloom）和史蒂文・戴維斯（Steven Davis）在 2006 年通過對美國大報的文本分析，構建了經濟政策不確定性指數，即 EPU 指數，也很有意思。圖 7-6 顯示的是 EPU 指數與 VIX 指數的對比。

圖 7-6　EPU 指數與 VIX 指數的對比

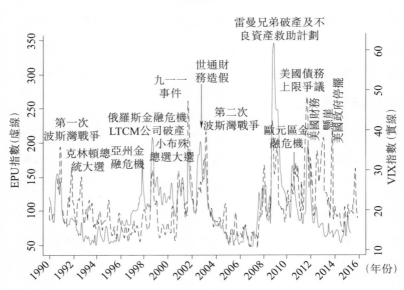

貝克等人將他們的 EPU 指數發佈到網上並不斷更新和擴展至其他主要國家。1995 年至 2018 年中國 EPU 月度指數見圖 7-7。全球 EPU 指數從 1997 年 1 月至 2016 年 8 月的變化見圖 7-8。

圖 7-7　1995 年至 2018 年中國 EPU 月度指數

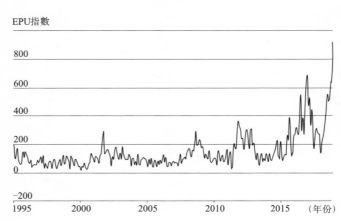

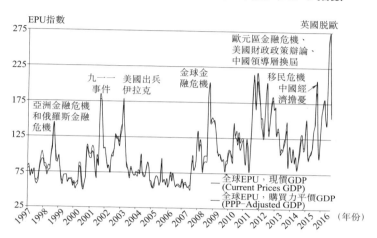

圖 7-8　1997 年 1 月至 2016 年 8 月全球 EPU 指數

　　除了以上這些需要關注的月度數據外，還有一些週度數據也值得關注，比如美國勞工部發佈的上週初次申請失業金人數，美國連鎖店單周銷量，中國的股票賬戶單週新增投資者數量[6]。

　　從貨幣政策的角度來看，如果各大指標都警示經濟過熱，那麼貨幣政策就有收緊的必要，政策利率需要上調。這就是為甚麼有時最新就業數據非常好，但股市卻暴跌的原因。股市和房地產市場對加息周期的出現或對加息步伐的加快的預期升溫都極為敏感。如果各大指標都顯示經濟增長放緩，比如前面提到的 2018 年 12 月的中國製造業 PMI、零售、工業產值、汽車銷量等數據都低於預期，

6　中國的股票賬戶單週新增投資者數量於 2015 年 5 月的第四週創下歷史峰值 164
　　萬。上海證券綜合指數於 2015 年 6 月 12 日高收 5178 點（當週新增開戶數為 99
　　萬）。2018 年 12 月平均每週新增開戶數 21 萬，處於近年低位，上海證券綜合指
　　數 2018 年終報 2493 點。

貨幣政策有必要更為積極。果然，在 2019 年 1 月 4 日中國央行宣佈將分別於 2019 年 1 月 15 日和 1 月 25 日下調存款準備金率 0.5 個百分點。

月度數據和週度數據之外還有高頻指數，比如大宗商品、股市、匯市、黃金的數據。貨幣政策與這些高頻市場數據的關係我們接下來介紹。

思考題

失業率為勞動市場參與者中，未能找到工作者在整體勞動市場參與者中的佔比，請問如果就業報告顯示失業率上升，可能的原因有哪些？

股市、大宗商品和匯率

先來看大宗商品，大宗商品包括能源商品、基礎原材料、農產品。本節挑三個具有代表性的品種來討論，即原油、銅和黃金。

我經常在課堂上和學生們討論高油價和高銅價分別給中國帶來的風險。中國在石油和銅這兩個方面均為淨進口國。在石油方面，中國在 1993 年成為淨進口國之後，對外石油依存度不斷攀升，目前依存度已超過 70%。在銅方面，中國銅精礦對外依存度

也已超過 70%。從用途上來看，石油可能涉及面更廣，銅主要用於電力設備、電纜、空調制冷、交通運輸等方面。

圖 7-9　1999 年 1 月至 2019 年 1 月的油價與銅價趨勢

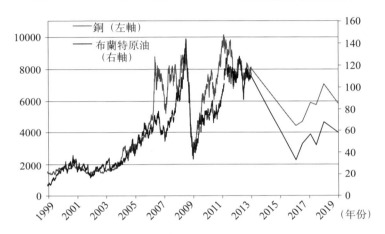

我們先看圖 7-9 中油價和銅價在 1999 年 1 月至 2019 年 1 月間的趨勢。

二者在大趨勢上比較同步，但在局部時間段上表現各異。比較明顯的差異是銅價在 2005 年至 2006 年間從每噸 3000 美元暴漲至每噸將近 9000 美元。據《華爾街日報》《經濟學人》（*The Economist*）等媒體報道，這一期間銅價暴漲的原因是代表中國國儲局的一位期貨交易員 —— 劉其兵，在 2002 年至 2004 年間做多銅市場大獲成功後，於 2005 年 4 月開始大量做空而被國際炒家逆襲。做空理由是基於中國在 2004 年之後的宏觀調控，貨幣政策開始收緊，經濟增速即將放緩，中國作為銅的進口大國在國際市場上的需求增速勢必放緩，因此銅價將處於下跌周期。這些分析與我們

之前介紹的內容是完全相符的，但劉其兵忽略了關鍵的一點，那就是國際炒家看准了中國對銅的長期需求，並判定中國不會拿出手上僅有的銅儲備去完成期貨交割，於是這些國際炒家聯手將銅價炒到每噸 9000 美元的天價，逼迫國儲局一路平倉止損。劉其兵於 2005 年 11 月失蹤，一年後被捕，於 2008 年被判刑 7 年。所以，僅僅知道宏觀經濟學還是不夠的，還要對市場參與者以及人羣心理學（crowd psychology）有充分了解。做空期貨期指或賣出認購期權給我們帶來的損失可能是無限的，即使方向完全正確，也許都熬不到勝利的那一天。

2008 年上半年油價接近 150 美元一桶，金融海嘯期間跌至每桶 40 美元以下，但當時全球經濟不確定性太大，中國也沒敢大手併購海外石油企業。2011 年油價再次突破每桶 100 美元，市場擔心油價會進一步上漲。我當時倒是覺得中國不需過分擔心，一般而言，依賴石油進口的西方國家會在油價暴漲時向石油輸出國組織施加影響。比如，2000 年油價從每桶 10 美元漲至每桶 30 美元以上時，美國總統克林頓就曾向沙特國王法赫德施壓，要求石油輸出國組織增加石油產出，將油價降至每桶 20 美元到 22 美元，這一目標於 2002 年實現。

但是，隨着美國近十多年頁岩油和頁岩氣的開發，其國內能源供給大幅增加。美國石油對外依存度已從 2006 年的 60% 下降到 2017 年的 19%。美國對高油價問題已經不那麼敏感，因此中國現在不能指望美國去幫助自己平抑油價。當然，從地緣政治角度看，西方國家擔心油價上漲會導致伊朗和俄羅斯勢力膨脹，也會想盡辦

法遏制油價持續上漲。

從銅價來看，2011 年銅價曾短暫地突破每噸 1 萬美元，2019 年 1 月初降到每噸 5800 美元，銅價下降的主因應該是中國的經濟已從高速增長轉向中高速增長，進入了注重發展質量的新常態，對銅的需求的增速有所放緩。但我們必須看清的是，中國對銅的需求仍然旺盛，在銅的對外依存度上仍看不到有下降的趨勢，「一帶一路」倡議的開展意味着全球對銅的需求會不斷上升，因此中國還是應當抓住時機擴大儲備。如果特朗普政府下一步加大美國基建投資的話，銅價勢必會被推高。

大宗商品價格上漲對股市和貨幣政策有甚麼影響呢？我們可以以石油價格為例進行分析。

石油價格上漲雖然利好石油股，但對整體經濟和股市指數而言都是壞消息。當然，我們需要分清油價上漲的原始動力是甚麼，這樣才能明瞭其具體影響會有多大。如果油價上漲是因為地緣政治關係，比如 20 世紀 70 年代的兩次石油危機，那麼這對經濟和股市的負面影響是很大的。而且，我們在前面還談到過，20 世紀 70 年代的兩次石油危機使美國經濟出現了滯脹，並給美國的貨幣政策帶來了兩難的局面。

油價上漲加大了絕大部分企業的能源成本，在宏觀經濟分析中這被解讀為一個純粹的生產率損失，又稱負面的供給衝擊。這一衝擊通過投資者和消費者的行為而放大，從而極有可能使經濟進入衰退，股市自然難逃厄運。

如果油價上漲只是油價對全球經濟逐漸復甦的反應，那麼這

對全球股市的負面影響就要小得多。我在第一章曾提到我在 2016
年對油價的判斷,「美國的經濟復甦應無懸念,全球的形勢也在趨
強。在此大背景下,油價從現在的每桶 35 美元到兩年後有可能會
衝上每桶 70 美元」。2018 年 3 月,油價達到每桶 70 美元邊緣,
那時我還對油價的前景給出了我認為是大概率的判斷,即除非出現
大規模貿易摩擦,油價在 2020 年之前極有可能達到每桶 75 美元,
但是大幅超出每桶 75 美元的可能性比較低,原因是頁岩油產量在
不斷增長,以及其他替代能源的開發。此外,從地緣政治的角度去
看,油價不大可能大幅且持續地超出每桶 75 美元。因為油價如果
持續高企,俄羅斯和伊朗等國的實力將會大增,會對美國、歐洲各
國和中東地區安全造成威脅。至少,這是西方策略人士的認知,而
特朗普政府也確實是依據這一認知制定對策的。2018 年 10 月,特
朗普宣佈退出美蘇於 1987 年簽訂的「中程導彈條約」,並於 11 月
重啟對伊朗的制裁。這一系列地緣政治危機原本會推高油價,但為
了防止高油價的出現,特朗普給沙特阿拉伯施壓以敦促其增加石油
產量,導致油價不升反跌(當然部分下跌原因也可以被認為是貿易
摩擦對全球經濟的拖累)。特朗普之所以不顧國際社會的指責而對
沙特阿拉伯王子追殺記者事件網開一面,不僅是因為他要保住美國
向沙特阿拉伯出售武器的大單,而且也是因為他需要沙特阿拉伯在
石油供應上的配合。

　　關於黃金的討論我曾於 2012 年寫過一篇博客,題目為「負利
率時期買黃金仍並非總能保值」,主要觀點是希望大家不要迷信黃
金。當時金價為每盎司 1600 美元左右,我的預判為金價即使到

2020 年仍將維持在 1500 美元以下。除非特朗普獨斷專行，迫使美聯儲大幅增加貨幣供應，否則金價不會有太大的變化。而實際上，美聯儲於 2019 年 7 月底的減息反映了美國利率正常化的步伐已受阻，而且地緣政治上的重大事件也層出不窮，包括美國單方面退出與伊朗的核協定等。金價於 2019 年 8 月 7 日升破每盎司 1500 美元。

下面我們簡單談談匯率與貨幣政策的關係。一國的幣值，毫無疑問會受制於貨幣供給與需求。寬鬆的貨幣政策，俗稱放水，如果大規模實行，勢必會使本幣貶值。如果只是輕微減息或者存款準備金率小幅下調，則未必會導致本幣貶值。為甚麼呢？因為略微寬鬆的貨幣政策會提振經濟，有利於資產升值，從而可能會吸引資本流入，而我們知道，資本流入增加意味着對本幣需求的上升，這將推動本幣升值。匯率市場是最難把握的市場，連凱恩斯都險些被這個市場弄得瀕臨破產。

如果本幣出於某種原因大幅貶值，那麼央行貨幣政策進一步寬鬆的空間會比較小。此時，如果經濟不景氣，那麼在貨幣政策受制的情況下，積極的財政政策在所難免。

思考題

除非出現大規模貿易摩擦或突發事件，油價到 2020 年大幅超出每桶 75 美元的可能性較低，請問你認為這一大概率判斷的依據有哪些？

本章要點總結

I 由於貨幣政策的作用存在滯後，所以央行政策需要一定的提前量。央行通常會關注市場上的一系列經濟變量如收益率曲線，以對經濟運行做出整體性、前瞻性判斷。

2 收益率曲線刻畫了年化利率與債券期限之間的關係。從直覺上看，收益率曲線通常被認為應當是向上傾斜的；但實際上，它也會存在倒掛的情況，即長期國債利率有可能比短期國債利率更低。

3 中國的國債收益率曲線曾出現局部倒掛的情形，曲線呈 M 形。導致了這種奇特曲線的原因最有可能是投資者在某個時間段對某個期限的債券有特別的需求，或者是某些期限的債券流動性比較高，從而吸引了投資者，使投資者購買價格更高而收益率更低的債券。

4 洪崇理等人（2006）研究發現，若收益率曲線倒掛或短期利率越高，則下一期 GDP 增長率可能就越低，並且經濟周期有一定的持續性。郭濤和宋德勇（2008）發現中國的利率期限結構（收益率曲線形態）可以作為央行預測市場短期利率、判斷市場參與者預期的工具。

5 在央行和市場關注的重要指標中，對貨幣政策影響最大的直接指標是月度消費物價通脹率和季度 GDP 增長率。而除此之外，對美國而言，最為重要的數據發佈是勞工部的月度就業報告，其中的失業率數據、新增就業數據及其變化趨勢是美國重點關注的。

6 央行和市場關注的第二個重要的月度指標是 PMI。PMI 是一個根

據採購經理們的問卷調查數據進行編制的綜合指數，可以反映出當期行業處於擴張階段還是收縮階段。中國國家統計局官方製造業 PMI 編制方式與美國的類似，但權重有所不同。

7　央行和市場關注的第三個重要的月度指標不是某一個具體指標，而是指房地產類數據，包括新房價格指數、二手房價格指數以及房屋成交量。第四個重要的月度指標是汽車銷量數據；第五個重要的月度指標是新增社會信貸數據。

8　市場會用心解讀的其他月度數據還包括進出口數據、投資數據、零售數據、工業產值數據、消費者信心指數和企業家信心指數等。另外，一些週度數據同樣值得關注。

9　大宗商品包括能源商品、基礎原材料、農產品，其中具有代表性的有原油、銅和黃金。中國在石油和銅這兩個方面均為淨進口國，不僅對外石油依存度高，而且對銅的需求仍然旺盛。

10　石油價格上漲會提高絕大部分企業的能源成本，這被稱作負面的供給衝擊。因為地緣政治因素的油價上漲，對經濟和股市的負面影響很大；而因為全球經濟復甦反應的油價上漲，對全球股市的負面影響則較小。

11　大規模實行寬鬆的貨幣政策會使本幣貶值，但若只是輕微減息或存款準備金率小幅下調，未必會導致本幣貶值。其原因在於略微寬鬆的貨幣政策會提振經濟，有利於資產升值，從而吸引資本流入，推動本幣升值。

第八章
美國及中國貨幣政策報告解讀

美聯儲貨幣政策報告

　　本章我們談談如何解讀貨幣政策報告，先從美聯儲政策報告講起。美聯儲政策報告應該是全球市場參與者最關注的貨幣政策報告，它能幫助我們了解美聯儲對美國經濟乃至全球經濟形勢的看法。更為重要的是，美聯儲聯邦公開市場委員會每次議息會議的結果和發佈的聲明都對全球的資金成本和資金流動產生深遠的影響。不了解美國的經濟形勢，就不可能準確地了解中國的經濟形勢。當然，隨着中國經濟的日益強大，我們往後也可以說，不了解中國的經濟形勢，就不可能準確地了解美國的經濟形勢。

　　由於美聯儲的政策執行過程非常透明，所以跟蹤起來相對比較容易。美聯儲理事會每年提交兩份貨幣政策報告，二月份一次，七月份一次，每份報告 40 至 70 頁。報告提交之後，參議院和眾議院的兩個特別委員會將分別舉行聽證會，這可以說是對美聯儲主席的定期問責，會後國會可能會就討論的金融穩定等政策議題出台相應的法律。以 2018 年為例，二月份的那份報告於 2 月 23 日提交，

眾議院金融服務委員會聽證會於 2 月 27 日舉行，耗時 3 小時，參議院銀行委員會聽證會於 3 月 1 日舉行，耗時 2 小時。在兩次聽證會中，美聯儲主席鮑威爾先有機會做一簡短陳述，然後就得面對眾多委員的輪番提問，有些提問比較刁鑽且提問者很不客氣。鮑威爾既要給出明確的回答，又不能刺激提問者的神經，所以這並不完全是技術活。在這兩次聽證會上，國會議員們和鮑威爾一起探討經濟形勢和各種監管規則，比如是否應該對小型社區銀行豁免伏爾克法則、利率正常化的步伐、弱勢羣體的工資增長問題、教育和培訓。這次最為嚴厲的批評來自參議員伊麗莎白·沃倫（Elizabeth Warren），她認為美聯儲對富國銀行（Wells Fargo Bank）欺詐客戶的行為的處罰不到位，希望美聯儲一定要對富國銀行嚴加處罰，並且只有在富國銀行真正採取切實行動改正錯誤後方可取消對其業務增長的限制。

在 2018 年上半年的聽證會後，美國國會通過了《經濟增長、監管減負和消費者保護法》。出台這項法律的主要目的是有針對性地改善社區銀行、信貸社、中型銀行和區域銀行的監管環境，減輕它們應對監管合規的負擔，從而促進經濟增長。

美聯儲貨幣政策報告在形式上歷年有所變化，但內容一般涉及三個部分：近期經濟和金融形勢、貨幣政策、經濟展望。

第一部分「近期經濟和金融形勢」包括美國勞工市場、通貨膨脹、經濟活動和金融形勢等內容。

勞工市場的討論涉及多個方面，比如失業率、就業人數變動、工資上漲的壓力、勞動參與率等。2018 年 7 月的美聯儲貨幣政策

報告指出，美國就業非常強勁，失業率在 6 月降至 4%，比美聯儲聯邦公開市場委員會委員們預測的長遠均衡水平的中位數低大約 0.5 個百分點，預示着勞工市場過熱。儘管如此，工資上漲的壓力仍然比較溫和。報告認為，這種現象可能與近些年生產率增長步伐趨緩有關。

通貨膨脹可以從供給和需求這兩個方面的壓力來分析。企業供給的成本主要包括原材料成本、能源成本、資金成本和工資成本。工資成本已在勞工市場部分有所論及。能源成本主要涉及石油價格，分析石油價格也需要從石油的供給和需求這兩個方面去考慮，比如中東地區和俄羅斯是否出現地緣政治危機？石油輸出國組織目前的限產提價政策處於哪一階段？美國頁岩油的產出狀況如何？全球經濟處於繁榮期還是衰退期？而原材料成本的討論集中在鐵礦石和銅的價格上。資金成本關注的是企業債券的息率高低。生產成本的增加對通貨膨脹有一個推動作用（the push effect）。需求的分析可以從家庭收入變化、消費者信心、企業投資需求、利率高低等方面展開。低利率有助於提振人們對投資、房產和耐用消費品的需求。需求的增加會對通貨膨脹有一個拉動作用（the pull effect）。

經濟活動的討論基本上是沿着我們提到的對本國物品的總需求公式進行，即：$Z=C+I+G+NX$。

美聯儲這時一般會重點討論房地產市場、汽車產業、政府稅收、開支政策以及外貿。報告中使用大量圖表展示各種趨勢與變化。我們來看看其中的兩張圖。圖 8-1 顯示的是 2006 年至 2018 年

美國新房和二手房年成交量，顯示美國房地產成交量從 2006 年起逐步下跌，於 2010 年觸底反彈後進入上升軌道，目前上升勢頭仍在持續。

　　圖 8-2 顯示的是 1968 年至 2018 年美國聯邦政府債務佔 GDP 的比重。大家可以看到美國政府債務負擔在克林頓總統的治理下大幅改善，但奧巴馬總統在執政期間由於需要解決其前任留下的金融危機問題，不得不增加政府債務。於是美國聯邦政府債務佔 GDP 的比重從 2009 年的 40% 上升至 2017 年的 70%。我預計該趨勢在特朗普政府大幅減稅和增加基建開支的大背景下仍將繼續惡化。

圖 8-1　2006 年至 2018 年美國新房和二手房年成交量

圖 8-2　1968 年至 2018 年美國聯邦政府債務佔 GDP 的比重

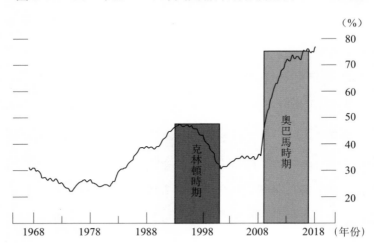

金融形勢的討論主要圍繞債券市場、外匯市場和股票市場這三個方面展開。報告先討論政策利率預期，然後談收益率曲線的升降、分析機構按揭抵押債券的利率走勢以及與政府債券的利差。接着，對美元的匯率走勢做一個評判。最後討論股票市場的走勢。關於金融形勢的討論時常會涉及主要發達國家的經濟金融形勢以及新興市場國家的發展狀況。在 2008 年金融危機之後，報告有時會對金融穩定性進行專門論述。

美聯儲貨幣政策報告的第二部分為「貨幣政策」。過去報告一般只討論政策利率，現在則增加了一項，即討論美聯儲的資產負債表。這是因為在金融危機期間美聯儲在利率基本為零的形勢下推出了定量寬鬆政策，導致央行的資產負債表極速膨脹。在危機之後的經濟復甦階段，資產負債表的縮表進程受到市場參與者的普遍關注，因此需在報告中加以討論。

　　報告的第三部分「經濟展望」則常常照搬最近一次聯邦公開市場委員會會議紀要的附錄，其中包括參會委員們所做的對未來聯邦基金目標利率的前瞻點陣圖。[1]前瞻點陣圖中縱軸為聯邦基金利率，圓圈的大小代表人數的多寡，讓人一眼就能看清美聯儲聯邦公開市場委員會的委員們對未來加息步伐的立場。圖 8-3 中折線上的點對應的是本輪參會委員們對未來利率的預測中位數。該圖還能告訴市場參與者委員們本輪預測與上輪預測的差別。從圖 8-3 中我們能看到，委員們的加息態度與上輪相比略有軟化。

圖 8-3　2018 年聯邦公開市場委員會與會委員們所做的
對未來聯邦基金目標、利率的前瞻陣點圖

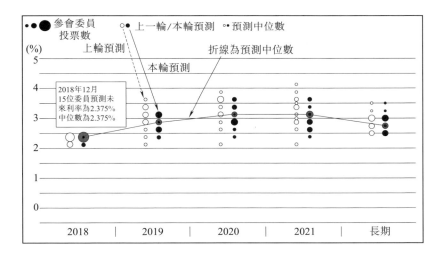

1　從美聯儲貨幣政策報告的形式和內容來看，美國貨幣政策制定的透明度和前瞻性是在不斷提升的。發佈前瞻點陣圖這一做法很值得推廣。

　　2018 年 7 月的美聯儲貨幣政策報告長達 70 頁。本節只介紹了報告涵蓋的一些標準內容，其實它還包括一些專題內容，來幫助大家加深對美聯儲貨幣政策的理解。比如，2018 年 7 月的這次報告就設專題討論「存款準備金率及其在貨幣政策中的重要性」。設立該專題的背景是，定量寬鬆政策使央行資產負債表極速膨脹，其資產端是從市場購買的各種債券和給金融機構的支持貸款，負債端中的絕大部分為金融機構在央行的存款準備金。該存款準備金在金融危機發生前夕（2007 年 8 月）只有 150 億美元，而到 2014 年 10 月就增加至 2.5 萬億美元。於是央行給這些存款準備金設定的利息水平對聯邦儲備基金的市場利率就產生很大的影響，如此就便於央行將市場利率維持在宣佈的目標區間中。[2] 當經濟形勢逐步改善，央行希望提高聯邦基金目標利率時，其最直接的手段當然是縮表，即賣出所持有的債券回收貨幣，但如果大幅賣出這些資產可能會引起相應市場的動盪而打擊投資者信心。在這種情形下，央行可以在逐步減持這些債券的同時提高存款準備金利率來吸引金融機構增持存款準備金，於是聯邦儲備基金市場的流動性自然降低而聯邦儲備基金利率也就上升了。

　　大家可以看到，美聯儲的貨幣政策報告是一本很好且實用的

2　存款準備金率的上升必然意味着央行維護資產負債表成本的提高。但美聯儲持有的債券回報率平均高於存款準備金利率，因此只是央行盈利高低的問題。美聯儲的目的自然不是盈利，而是維持適合經濟發展的貨幣政策。國內有些書籍將美聯儲描述成被私人銀行集團控制的營利機構，實屬誤導。美聯儲的運作如果產生淨利潤則需上繳美國財政部。2017 年，美聯儲上繳財政部的利潤超過 800 億美元（見 2018 年 7 月美聯儲貨幣政策報告第 45 頁）。

宏觀經濟學教科書，我們雖然看不到它背後作為研究支撐的模型，但可以嘗試着漸漸地去理解報告中的邏輯。

思考題

　　美聯儲貨幣政策報告中對金融形勢的討論包括債券、外匯和股票市場這三個方面。請問，其中對股票市場走勢的討論只涉及主要發達國家的經濟金融形勢嗎？

中國貨幣政策執行報告

　　《中國貨幣政策執行報告》由中國人民銀行發佈，英文版名為 China Monetary Policy Report，但中文版加上了「執行」二字，為甚麼呢？因為中國的貨幣政策決策權在國務院，不在央行。中國人民銀行作為央行只負責執行，因此央行發佈的報告只能稱為「執行報告」。報告中時常出現「按照黨中央、國務院的統一部署……」或「經國務院批准……」等字句，這些都反映了中國人民銀行還不具備貨幣政策的操作獨立性。由於具體操作程序和工具已不斷創新、優化和專業化，我們可以說在操作層面上央行的獨立性比過去有所提高。

　　報告包括五個部分，歷年標題大同小異。2018 年第三季度報

告的五個部分為：貨幣信貸概況、貨幣政策操作、金融市場運行、宏觀經濟形勢以及貨幣政策趨勢，此外還包括一些專欄。總體而言，報告的內容與美聯儲貨幣政策報告所涵蓋的內容差不多，篇幅也大致相當。如果說有甚麼區別，那就是中國的貨幣政策執行報告中對貨幣量有所關注，比如 M0、M1、M2 的大小和年增長率，而美聯儲則將關注重點放在利率上，基本不提 M2。根據美聯儲在網上發佈的政策會議記錄，伏爾克在任的 20 世紀 80 年代和格林斯潘接手的初期，會議當中有專門關於 M1 和 M2 的討論，但格林斯潘在後期則完全不再提這些數量型指標，伯南克主持的政策會議也不再提。鮑威爾因為剛接手，他主持的政策會議詳細記錄要在 5 年後才公開，所以我無法查證，但從會議發佈的報告來看，估計這些數量型指標 —— 除了央行資產負債表中涉及的之外 —— 都被撇在了一邊。從數量型政策到價格型政策的轉變是大趨勢，我們在介紹國際貨幣基金組織與中國第四條款磋商中也提到中國正在逐步完成同樣的轉變。未來中國的貨幣政策執行報告也許會逐步淡化對數量型指標的關注。

第一部分「貨幣信貸概況」除了彙報貨幣總量的增長之外，也會談到社會融資規模的增長和市場利率水平的趨勢。人民幣匯率走勢與跨境人民幣業務的發展也會涉及。歷年報告中出現頻次較高的表述為「人民幣雙向浮動彈性明顯增強」。

第二部分「貨幣政策操作」首先討論的是公開市場操作，報告中最常用的表述為「靈活開展公開市場操作」，其次介紹各種借貸便利的操作情況、存款準備金率的升降、基準利率的變化、利率

市場化進程、宏觀審慎政策框架的完善以及窗口指導等內容。支持小微企業和民營企業等重點領域和薄弱環節也是一個長久的話題。對這一部分我們最需要關注的是央行貨幣政策的取向，即央行貨幣政策的取向是寬鬆、適度寬鬆、穩健中性、適度收緊，還是收緊。拿到剛出爐的報告，大家應當要做的第一件事就是搜索這些相關關鍵詞。在 2004 年之前連續 6 年的報告中央行使用的都是「穩健貨幣政策」這一表達，而在 2004 年第一季度的報告中則提出貨幣政策將適度收緊，隨後很快又轉回到「穩健」。在 2007 年的報告中央行則明確表明貨幣政策進入「收緊」階段，當年央行加息五次。在 2008 年全球金融危機之後，中國貨幣政策經歷了「寬鬆—收緊—寬鬆」的循環，並在 2018 年第三季度處於「穩健中性」的階段。在「穩健中性」的背景下，基準利率較少調整，但利用存款準備金率的變化進行微調這一做法並不少見。

　　建議大家拿到報告先搜索「政策取向」這一關鍵詞，我並非暗示第二部分的其他內容都不重要，而是覺得報告發佈的時間一般滯後相應季度一個半月，官方和市場上已有更多新的數據值得關注。

　　第三部分「金融市場運行」首先分析貨幣市場利率走勢。如果貨幣市場利率下行，則意味着銀行體系流動性合理充裕。然後分析債券市場利率走勢和收益率曲線。此外，這部分對股市、保險業、外匯以及黃金市場也有所論及。這些概況性的文字只能起到記錄在案的作用，對市場參與者的啟示不大。我一般會關注一下本季度收益率曲線的移動。除了金融市場概況之外，第三部分還包括對金融市場制度建設比如監管新規的討論。

第四部分「宏觀經濟形勢」值得細讀一下。雖然媒體上也有很多金融機構發佈的宏觀分析報告，但央行的報告體現的是央行的判斷，對國務院貨幣政策的制定有一定的影響。與美聯儲的報告類似，這部分又細分為國際和國內兩個部分。國際部分先談美國、歐元區、英國、日本、印度、巴西、俄羅斯和南非的經濟形勢，着重點放在 GDP 增長率、通脹率、勞工市場和 PMI 等指標上。接着分析國際金融市場，諸如股市、債市和外匯市場等方面。在對發達經濟體和新興市場國家的貨幣政策進行討論之後，國際部分會更新「國際經濟展望」並點明值得關注的問題。國內部分先談「三駕馬車」── 消費、投資、進出口，再談產業結構，即第一、第二和第三產業的此消彼長，最後討論財政、就業和物價的現狀。除此之外，通常該部分還含有行業報告，着重分析房地產行業和選擇性地分析汽車行業、現代農業、電子行業和網上零售以及快遞業等行業。

第五部分「貨幣政策趨勢」是閱讀重點。這部分細分為中國宏觀經濟展望和下一階段主要政策思路兩個方面。中國宏觀經濟展望如果以「平穩」為主，而且政策思路突出「穩健」二字，那麼我們一般可以認為下季度貨幣政策只會進行微調或者減息，而不會突然加息。央行加息通常會給民眾一些時間做好思想準備，比如在報告的展望部分強調「偏快」和「過熱」，且政策思路部分使用「加大調控力度」等表達，這樣的話，下季度央行加息的可能性會很大。

除了利率政策之外，第五部分還會談到宏觀審慎政策，比如「充分發揮宏觀審慎評估的逆周期調節作用的同時，適當發揮其結

構引導作用」，以及「用好結構性貨幣政策工具，定向滴灌，在激發微觀主體活力方面精準發力」。如果某些表述在不同場合下重複出現，大家應當加以重視。以下為中國貨幣政策執行報告第五部分的節選內容以及我的個人分析。

第五部分　貨幣政策趨勢

一、我國宏觀經濟展望

2006 年以來，我國國民經濟呈現平穩快速的發展態勢，尤其是二季度 GDP 增長率達到了本輪經濟周期新的高點。在繼續加強宏觀調控各項政策措施的綜合作用下，下半年經濟增長可望略有放緩，但總體上仍將保持平穩較快的發展勢頭。（經濟增長總體較快）

從投資需求看，近期國家出台了一系列加強土地和信貸調控的措施，從嚴控制新開工項目，其政策效應會逐步顯現，但較高的居民儲蓄率、企業大量自有資金的積聚、外資繼續流入以及「十一五」規劃項目逐步啟動等因素，將繼續推動投資較快增長。從消費需求看，國內消費將繼續趨旺。2005 年我國城市居民人均可支配收入實際增長 9.6%，農民人均純收入實際增長 6.2%，前者為近五年來的最快增長，後者連續兩年增速達到 6% 以上。今年上半年城鄉居民收入繼續較快增長，汽車、通信產品、住房等將繼續拉動消費結構升級，城市居民提高最低工資

標準、公務員增加工資、低保水平改善、收入分配制度深入改革等措施，將繼續改善居民收支預期，預計下半年消費將延續目前較為旺盛的態勢。從進出口看，2006 年世界經濟出現了加快增長的趨勢，美、日、歐等我國主要貿易夥伴經濟增長前景良好，有利於我國出口保持較快增長。（近 5 年來的最快增長）

從價格走勢看，未來我國價格走勢雖然存在不確定因素，但上行風險大於下行風險，通貨膨脹壓力有所加大。從下行風險看，主要是部分行業生產資料與消費品的產能過剩會抑制相關產品價格上升，糧食有望繼續增產，糧價有一定的下降壓力，可能會成為影響 CPI（宏觀經濟指標）下行的因素。從上行風險看，一是投資與出口快速增長，對生產資料、投資品的需求會持續旺盛，未來生產資料價格仍然存在上漲壓力；二是資源性產品價格改革將繼續推動未來價格水平上升；三是貨幣信貸增長偏快會對未來價格上漲造成一定壓力；四是隨着對企業環境保護、職工勞動保障、安全生產等方面要求的不斷提高，企業成本將有所增加。考慮到二季度我國經濟增速進一步提高，全球經濟繼續保持平穩增長，一定時期內價格總水平出現下跌的可能性相對較小，價格水平特別是服務價格、資產價格膨脹壓力加大。中國人民銀行 2006 年第二季度全國城鎮儲戶問卷調查顯示，居民對「物價過高」判斷的佔比升至 24.4%，比上季提高 2.3 個百分點，未來物價預期指數比上季提升 12.3 個百分點，居民對未來物價預期不樂觀。（通脹壓力）

　　總體判斷：國民經濟將保持平穩較快增長，但要高度關注固定資產投資增長過快、貨幣信貸投放過多、國際收支不平衡、能源消耗過多、環境壓力加大以及潛在通脹壓力上升可能對我國經濟帶來的風險。

二、下一階段主要政策思路

　　當前，供給條件對我國經濟運行的約束較輕，各方面加快發展的積極性較高，而資源環境成本又難以構成比較有效的硬約束。在結構矛盾突出、國際收支繼續雙順差的背景下，控制貨幣信貸過快增長的任務仍然比較艱巨。中國人民銀行將繼續認真貫徹落實國務院對經濟工作的決策和部署，協調運用多種貨幣政策工具，加強流動性控制，合理控制貨幣信貸增長，維護總量平衡。同時，從多方面採取着眼於中長期的綜合性措施，加快落實擴大內需等各項政策，加快經濟結構性調整，促進國際收支趨於基本平衡，實現向以內需為主導，內外需並重的經濟發展戰略轉型。（加強流動性管理，控制貨幣信貸增長）

　　總體判斷：加息已提上議事日程。

　　中國人民銀行貨幣政策委員會每年季度例會後，相應的政策執行報告要過一個半月或更長時間之後才會在網上發佈，但例會召開後的翌日委員會會發佈一份簡要報告，約 700 字。歷次會議後發佈的簡要報告內容相近，我們通過分析其中的細微變化，可以更準

確地判斷央行的政策傾向性。

除了央行季度會議之外，中國還有很多其他的重要會議都會談到貨幣政策，如每年 3 月的全國兩會、12 月的中央經濟工作會議以及中央政治局會議，我們需要一併關注。中央政治局會議在 2018 年召開了 13 次，其中 4 月、7 月、10 月和 12 月的會議重點為分析、研究當前經濟形勢和經濟工作。我們也可以把歷次會議之後的新聞稿拿出來做前後對比，可以找出細微差別。

從中美兩國的歷次經濟決策會議的透明度來看，美國明顯地更注重問責和向市場傳遞會議精神。國會對美聯儲高管的聽證會以及公開會議錄像等措施，以及美聯儲主席的新聞發佈會和詳盡的會議記錄等措施可以讓市場有充分的信息去判斷美聯儲的下一步舉措。你如果有興趣，可以查一下在全球金融危機期間美聯儲聯邦公開市場委員會於 2009 年 1 月 27 日至 28 日的詳細會議記錄，欣賞一下委員們是如何據理力爭的。我最敬佩的是時任列治文聯邦儲備銀行主席萊克先生，儘管我認為他的判斷是錯誤的。萊克先生對美聯儲主席的「定量寬鬆」議案提出異議，並指出可能產生的副作用。他在發言告一段落時聲稱：「What I would like to do is respectfully register a negative vote on this.」（我想做的就是對此議案尊敬地投出反對的一票）。這讓我想起宋太祖與一位堅持己見的大臣之間的對話。

> 宋太祖嘗彈雀於後園，或稱有急事請見，太祖亟見之，其所奏乃常事耳。帝怒，詰之，對曰：「臣以尚急於彈雀。」帝愈

怒，舉斧柄撞其口，墮兩齒，其人徐俯拾齒置懷中，帝罵曰：
「汝懷齒，欲訟我乎！」對曰：「臣不能訟陛下，自當有史官書
之。」帝悅，賜金帛慰勞之。

我們對不同的意見要寬容，並向對方致以敬意，只要對方本
着專業的態度和真誠的精神行事。多年前，美聯儲前副主席、普
林斯頓大學經濟學教授艾倫・布蘭德（Alan Blinder）寫了一本關
於央行改革的書，名為《無聲革命：央行走向現代化》（*The Quiet
Revolution:Central Banking Goes Modern*）。書中最主要的內容是，
一些央行採取了開放式溝通和更加透明的舉措，摒棄了長期以來保
密和出其不意的傳統。借用布蘭德這本書的副標題，當央行開始不
保密，轉而公開說話時，它就「走向了現代化」。對此，國家外匯
管理局中央外匯業務中心首席經濟學家、中國金融四十人論壇特
邀研究員繆延亮有很好的解讀。

美聯儲在世紀之交緩慢地朝着這個方向前進。它終於在 1994
年開始宣佈利率決定，並在 2000 年開始定期發佈新聞稿（儘管直
到 2011 年才舉行定期新聞發佈會）。這些變化反映出，央行官員
認識到，短期政策利率的變化是如何通過預期和市場定價影響經
濟的。

今天，中國人民銀行正在經歷一場悄無聲息的革命。與之前
的美聯儲一樣，中國央行正變得更加善於溝通。但中國政府真正的
改革涉及匯率政策，中國央行正日益允許市場力量決定人民幣的價
值。這兩個發展都是受歡迎的。

　　中國央行與市場的有效溝通與 2018 年 3 月任命的新行長易綱有很大關係。上個月，央行舉行會議，解釋最新的經濟和貨幣數據。易綱本人也主動解釋了政策決定，特別是他支持中小企業融資的「三支箭」。儘管這種干預可能會讓央行的傳統人士感到驚訝，管理層偶爾也會插手股市的波動。

　　另一項重大舉措出現在 1 月份，中國央行推出了其英文網站的新版本。此前，該網站只有大約 2% 的內容是英文的，這使得外國投資者抱怨不公平的競爭環境。新英文網站幾乎涵蓋了政策的所有主要方面，從公開市場操作和決策，到行長的講話和活動。例如，網站展示了易綱去年 12 月在清華大學就中國貨幣政策框架發表的演講，以及他最初幻燈片的英文版，而幻燈片的中文版本並沒有出現在官網。

　　這種公開溝通無疑很重要，同時中國央行日益靈活的匯率政策更具變革性。2015 年至 2016 年，中國央行動用了大約 1 萬億美元的外匯儲備來支撐不斷貶值的人民幣。如今，中國央行不再定期干預外匯市場，也不設匯率目標。

　　自 2018 年初以來，這種靈活性日益顯著。

　　……

　　布蘭德在 2004 年描述的「無聲革命」正在中國上演。誠然，中國央行在溝通和匯率政策方面還有很大的改進空間。但迄今為止的進展對中國和國際政策制定者來說都是好消息。

思考題

　　中國央行發佈的《中國貨幣政策執行報告》中關於央行貨幣政策取向的關鍵詞值得我們尤為關注。請問，在「穩健中性」的背景下，你認為央行通常會採取提高基準利率、降低基準利率、進行公開市場購買以及微調存款準備金率這四種貨幣政策操作中的哪一種呢？

如何精讀貨幣政策報告

　　讀美聯儲貨幣政策報告，先讀摘要，再留意其與上一份報告摘要之間的細微區別。比較 2018 年 2 月和 7 月的兩份報告，我們發現 2 月的報告聲稱通脹率維持在聯邦公開市場委員會的較為長遠的 2% 的目標之下，而 7 月的報告指出通脹率已略微越過 2% 這一目標。需要注意的是，7 月報告中的這句話並沒有就此結束，而是多出「受到能源價格大幅上漲的推動」這一表達。這個表達可不是在畫蛇添足，它一方面說明了通脹上漲的原因，另一方面也暗示了如果將來能源價格大幅下跌，通脹率也許可以降低，那麼美聯儲加息步驟也就不用那麼緊。事實上，在 2 月的報告發佈之後，聯邦公開市場委員會於 3 月還是決定加息 25 個基點，也就是 0.25%。加息理由是就業仍很強勁，通脹接近 2% 的目標，委員會認為這一輪

加息有利於經濟的平穩運行。其後，美聯儲於 6 月繼續加息 25 個基點。在 7 月的報告發佈之後，9 月的議息會議開始前，由於石油價格仍然高企，市場認為美聯儲會議繼續加息為大概率事件，事實證明果不其然。

　　市場不僅關注美聯儲議息會議是否決定加息，還關注美聯儲對利率的前瞻性表述。美聯儲在 2018 年 3 月加息時對未來息口的表述為：委員會預計經濟狀況的發展將促使聯邦基金利率進一步逐漸上升；聯邦基金利率可能在一段時間內維持在長期合理水平之下。然而，聯邦基金利率的實際路徑將取決於未來數據所揭示的經濟前景。換句話說，美聯儲會走一步看一步，但當時的利率水平離長期合理水平還有一段距離，隨後還將進一步加息。其後的發展是：美聯儲於 6 月加息，7 月底 8 月初暫停了一次，9 月繼續加息。美聯儲在 9 月的前瞻性表述中沒有再暗示「離長期合理水平還有一段距離」。

　　2018 年 12 月 19 日，美聯儲聯邦公開市場委員會結束了一次議息會議。在鮑威爾主席召開新聞發佈會之前，道瓊斯指數早段上升 360 點，市場憧憬着美聯儲雖然很可能會決定加息，但也有可能會宣佈降低 2019 年繼續加息的概率。畢竟，2018 年第四季度金融市場波幅較大，投資者對中美貿易摩擦、英國脫歐以及法國政治動盪等不確定性情況非常擔憂。鮑威爾於美國東部時間下午 2:30 召開的新聞發佈會中主要談了以下內容：

　　勞工市場繼續增強，失業率仍然很低。家庭支出繼續強勁增長，而商業固定投資在經歷 2018 年早些時候的快速增長後有所放

緩。總體通貨膨脹率和核心通貨膨脹率都接近 2%。鑑於已實現的和預期的勞工市場狀況與通貨膨脹,委員會決定將聯邦基金利率的目標上下限各提高 25 個基點。委員們對 2019 年所面臨的各種風險都有充分的認識,已將原有的加息三次的預期改為加息兩次,並且強調這一預期並非板上釘釘,美聯儲將會繼續監測全球經濟和金融的發展,並評估它們對美國經濟前景的影響,從而出台適當的貨幣政策。

鮑威爾的講話雖然比 9 月的要溫和得多,但投資者仍然擔心美聯儲對前景過於樂觀,2019 年預期的加息步伐過於進取。下午 2:40 道瓊斯指數掉頭向下,收市時倒跌 351 點。我個人認為美聯儲的處理還是比較專業和理性的。美聯儲確實處於一個尷尬的境地,假設美聯儲如投資者所願,表示明年加息機會不大,市場也許會短暫地舒一口氣,但繼而也許會猜想:美聯儲這麼做是否因為它所掌握的情況表明經濟形勢比想像的更為糟糕?如果是這樣的話,那麼市場的拋售情緒或許更誇張。

美聯儲在 2019 年 1 月聯邦公開市場委員會會議之後發佈的信息則更加溫和,這一次美聯儲指出,鑑於全球經濟和金融的一系列不確定性以及美國國內趨緩的通脹壓力,委員會對未來的加息步驟可以更有耐心。隨後,道瓊斯指數大漲 435 點。道瓊斯指數自 2018 年聖誕夜當天大跌 653 點至收市 21792 點,其後在中美貿易談判取得實質性進展以及美聯儲加息態度變得更為溫和的大背景下大幅上揚,兩個月內上漲 4300 點,上漲幅度將近 20%。2018 年第三季度至 2019 年第一季度,中美貿易摩擦、美國股市和美聯

儲這三者之間有着十分戲劇化的聯繫。2018 年第三季度，也即中美貿易摩擦初期，因此華爾街比較樂觀，股市上揚，美聯儲關注通脹和資產價格泡沫而繼續加息。其後，中美貿易摩擦進入膠着狀態，華爾街失去耐心，加之美聯儲繼續關注通脹壓力，因此華爾街以 2018 年底的暴跌向特朗普政府施加壓力，希望儘量結束貿易摩擦。隨着貿易摩擦對全球實體經濟的負面影響逐漸顯現，美聯儲變得更為溫和，中美結束貿易摩擦的意願有所加強，美股強烈反彈。

下面我們舉例來看如何細讀中國人民銀行的簡要報告。我們讀報告最重要的是判斷未來貨幣政策的傾向性，最普遍的做法是比較前後兩次會議後所發佈的簡要報告在措辭上的細微差別。央行在 2018 年第三季度和第四季度政策會議之後所發佈的簡要報告的對比如下方所示。畫線部分是修改和增刪過的，顯示出這兩次簡要報告之間的細微差別。第三季度簡要報告共 687 個字符，第四季度簡要報告改動了 88 個字，約佔整體字符的 13%。改動分為四類：刪去，小改，大改，增添。

2018 年第三季度和第四季度中國人民銀行政策會議簡要報告對比

會議分析了國內外經濟金融形勢。會議認為，當前我國經濟保持平穩發展，經濟增長保持韌性，總供求基本平衡，增長動力加快轉換，內需對經濟的拉動不斷上升，人民幣匯率及市場預期總體穩定，應對外部衝擊的能力增強。穩健中性的貨幣政策取得了較好成效，宏觀槓桿率趨於穩定，金融風險防控成效顯現，金融對實體經濟的支持力度較為穩固進一步增強。國內經濟金融領域的結構調整出現積極變化，但仍存在一些深層次問題和突出矛盾，國際經濟金融形勢更加錯綜複雜，面臨更加嚴峻的挑戰。

會議指出，要繼續密切關注國際國內經濟金融走勢和環境的新變化、形勢的邊際變化，高度重視逆周期調節，加強形勢預判和前瞻性預調微調，增強憂患意識，加大逆周期調節的力度，提高貨幣政策前瞻性、靈活性和針對性。穩健的貨幣政策保持中性，要鬆緊適度，管好貨幣供給總開閘要更加注重鬆緊適度，保持流動性合理充裕，引導保持貨幣信貸及社會融資規模合理增長。繼續深化金融體制改革，健全貨幣政策和宏觀審慎政策雙支柱調控

框架，進一步疏通貨幣政策傳導管道。按照深化供給側結構性改革的要求，優化融資結構和信貸結構，努力做到金融對民營企業的支持與民營企業對經濟社會發展的貢獻相適應，~~綜合施策提升金融服務實體經濟能力。推動形成經濟金融良性循環。~~推動穩健貨幣政策、增強微觀主體活力和發揮資本市場功能之間形成三角良性循環，促進國民經濟整體良性循環。~~主動有序~~進一步擴大金融對外開放，增強金融業發展活力和韌性。

會議強調，要以習近平新時代中國特色社會主義思想為指導，認真貫徹落實黨的十九大和中央經濟工作會議精神，繼續按照黨中央國務院的決策部署，堅持穩中求進工作總基調，堅持穩就業、穩金融、穩外貿、穩外資、穩投資、穩預期，<u>創新和完善宏觀調控</u>，綜合運用多種貨幣政策工具，~~把握好結構性去槓桿的力度和節奏~~<u>保持人民幣匯率在合理均衡水準上的基本穩定</u>，在利率、匯率和國際收支等之間保持平衡，促進經濟平穩健康發展，穩定市場預期，打好防範化解金融風險攻堅戰，守住不發生系統性金融風險的底線。

　　我們先看刪去了哪些部分。第一段將「內需對經濟的拉動不斷上升」刪去，這一做法還是實事求是的。2018 年第四季度在貿易摩擦的大背景下經濟形勢確實不盡如人意。第三段將「把握好結構性去槓桿的力度和節奏」刪去，這一做法相當重要，刪去並不是指這句話講錯了，去槓桿確實需要把握好力度和節奏，刪去這句只是為了避免出現「去槓桿」這一敏感詞。實際上，我們在 2017 年至 2018 年前三個季度的去槓桿力度和節奏是有些問題的，沒有注意到風險疊加。2019 年 3 月的政府工作報告在沒有提到「去槓桿」一詞的情況下表達了同樣的意思，「在當前經濟下行壓力加大的情況下，出台政策和工作舉措要有利於穩預期、穩增長、調結構，防控風險要把握好節奏和力度，防止緊縮效應疊加放大，決不能讓經濟運行滑出合理區間」。

　　第三段增添了兩句，第一句是「創新和完善宏觀調控」，結合上文談到的貨幣政策報告中的內容，這裏可能是指窗口指導、定向降准等精準滴灌方面的創新，為了更好地解決中小企業融資難、融資貴的問題。第二句是「保持人民幣匯率在合理均衡水平上的基本

穩定」，這一句過去也時常出現，這次重新強調「基本穩定」意在緩和貿易摩擦期間人民幣的貶值預期。

「小改」的部分一般是加重語氣。第一段談近期貨幣政策時將「金融對實體經濟的支持力度較為穩固」中的「較為穩固」改為「進一步加強」。第二段在談下一階段貨幣政策時將「引導貨幣信貸及社會融資規模合理增長」中的「引導」改為「保持」，將「主動有序擴大金融對外開放」中的「主動有序」改為「進一步」。我認為這些小的改動只是在顯示政策的連續性。

「大改」的部分更需要關注。第二段中將「穩健的貨幣政策保持中性，要鬆緊適度，管好貨幣供給總閘門」簡化為「穩健的貨幣政策要更加註重鬆緊適度」，不再強調「保持中性」，也不再強調「總閘門」。這一系列措辭上的變化在 2018 年 12 月的中央經濟工作會議報告與 2017 年的中央經濟會議報告的比較中也有體現，這預示着下一階段央行根據需要會適度釋放流動性。第二段結尾處將「推動形成經濟金融良性循環」作了延伸，變為「推動穩健貨幣政策、增強微觀主體活力和發揮資本市場功能之間形成三角良性循環，促進國民經濟整體良性循環」，我認為這裏有讓「貨幣政策」擔當更大責任的意思。

如果小結一下上面的對比，那就是「經濟形勢不盡如人意，去槓桿暫時擱置，維持人民幣匯率基本穩定，下一階段適度釋放流動性，央行要準備擔當更大責任」。

以上談了我關於解讀貨幣政策報告的體會，但我更鼓勵大家利用自己所學的宏觀經濟學知識和對實體經濟的了解去對宏觀形

勢做出獨立的判斷。我們不排除央行的行為和看法可能是錯的，比如 2000 年 8 月的日本央行加息以及 2011 年 4 月的歐洲央行加息，兩者均為時過早。雷費特・居爾卡伊納克（Refet S. Gürkaynak）、布賴恩・薩克（Brian Sack）和埃里克・斯旺林（Eric Swanson）在其文章中討論了央行是否「行勝於言」，下面簡要意譯一下他們文章中引言的第一段：美聯儲在 2004 年 1 月 28 日政策會議後發佈的公告，導致了美國國債市場有史以來最大的反應之一，其中 2 年期和 5 年期的國債收益率在公告發佈前後的半小時內分別上漲 20 個和 25 個基點，這是我們蒐集的 14 年的數據所涵蓋的聯邦公開市場委員會公告引起的最大的變動。更為顯著的是，這種大規模的反應不是由美聯儲的行動引發的，而是由美聯儲的言論引發的。實際上，金融市場已完全料到美聯儲維持聯邦基金利率不變的決定，但聯邦公開市場委員會決定在公告中刪掉「寬鬆政策可以維持相當長的一段時間」，而代之以「委員會認為它可以耐心地逐步退出寬鬆政策」，這被金融市場解讀為美聯儲將比預期更早地重啟收緊政策。因此，如果學者僅從美聯儲維持息率不變這一行為來推斷當天沒有出現「意外」則顯然是錯過整個故事的關鍵。看來，細讀央行公告確實很重要。

　　大家要關注世界上和身邊發生的事情。當中國人民銀行的報告還在堅持「穩中向好」的時候，也許我們已親身體會到周邊的「困難重重」了。如此，未來的降准甚至減息便是大概率事件，中國人民銀行也是會適時轉向的。

思考題

　　鮑威爾在 2018 年 12 月 19 日的新聞發佈會中宣佈，美聯儲聯邦公開市場委員會決定將聯邦基金利率的目標上下限各提高 25 個基點，請問你認為他們做出該決策的原因有哪些？

本章要點總結

1　美聯儲貨幣政策報告反映了美聯儲對美國經濟乃至全球經濟形勢的看法，對全球的資金成本和資金流動都有着深遠的影響。

2　美聯儲政策執行過程比較透明，且每年提交兩份貨幣政策報告。報告雖在形式上有變化，但內容一般涉及三個部分：近期經濟和金融形勢、貨幣政策、經濟展望。

3　美聯儲貨幣政策報告第一部分「近期經濟和金融形勢」包括美國勞工市場、通貨膨脹、經濟活動和金融形勢等內容。勞工市場的討論涉及失業率等多個方面；通貨膨脹可以從供給和需求這兩個方面的壓力來分析；經濟活動的討論一般會突出房地產市場、汽車產業等方面；金融形勢的討論則圍繞債券市場、外匯市場和股票市場這三個方面展開。

4　美聯儲貨幣政策報告第二部分「貨幣政策」包括對政策利率和美聯儲資產負債表的討論，第三部分「經濟展望」即為最近一次的美聯儲聯邦公開市場委員會會議紀要附錄，包括對未來聯邦基金目標利率的預測。

5　《中國貨幣政策執行報告》由中國人民銀行發佈，包括五個部分，分別為貨幣信貸概況、貨幣政策操作、金融市場運行、宏觀經濟形勢以及貨幣政策趨勢。

6　中國人民銀行的貨幣政策執行報告與美聯儲的貨幣政策報告相比，在內容和篇幅上大致相當，區別在於：中國關注數量型指標，而美聯儲關注價格型指標。而從數量型政策到價格型政策的轉變

是未來的趨勢，中國也在逐步完成該轉變。

7　中國的貨幣政策執行報告的第二部分包括公開市場操作、存款準備金率和基準利率的變化等內容。對該部分我們最需要關注的是央行貨幣政策的取向。

8　中國的貨幣政策執行報告的第三部分包括貨幣、債券等金融市場的利率走勢和收益率曲線分析，以及關於制度建設的討論。報告的第四部分包括對國際經濟形勢、國際金融市場的分析，以及對國內產出動力、產業結構和行業分析。

9　中國的貨幣政策執行報告的第五部分包括中國宏觀經濟展望和下一階段主要政策思路，其中值得重視的是不同場合下重複出現的表述。同時，我們可以通過分析報告中的細微變化，來更精準地判斷央行的政策傾向性。

10　我們在精讀美聯儲貨幣政策報告時可以先讀摘要，並留意它與上一份報告摘要之間的細微區別。市場可以從美聯儲對當前通脹率的描述和解釋及對利率的前瞻性表述中判斷美聯儲的加息步伐。

11　除了精讀美聯儲貨幣政策報告，解讀美聯儲主席的公開講話內容也十分重要。2018 年 12 月 19 日，鮑威爾在新聞發佈會中談及美國勞工市場、家庭支出、商業固定投資和通脹率的現狀，溫和地表明加息預期。

12　細讀中國人民銀行的貨幣政策執行報告，最重要的是通過比較前後兩次政策會議後所發佈的報告在措辭上的細微差別，以此來判斷未來貨幣政策的傾向性，這些細微差別包括刪去、增添、小改和大改的內容。

13　通過簡要對比 2018 年第三季度和第四季度的央行政策會議的簡
　　要報告，我們可以解讀出：當前中國「經濟形勢不盡如人意，去
　　槓桿暫時擱置，維持人民幣匯率基本穩定，下一階段適度釋放流
　　動性，央行要準備擔當更大責任」。

PART 3

財政失控，危機四伏

第九章

稅收體制變遷

主要稅收體制

　　雖然貨幣政策是媒體的寵兒，且理解貨幣政策是學習宏觀經濟學的一大要務，但財政政策是一個國家長遠發展和繁榮穩定的基石。財政政策涵蓋一系列問題，比如政府收入水平和結構、政府支出水平和結構、中央政府與地方政府之間的收入分配與支出義務、財政政策對經濟周期的影響、財政政策與長期增長之間的關係以及財政失控的原因等。我們將結合中國的實際情況開展討論，當然也會涉及跨國比較和歷史回顧。

　　我們先介紹政府收入水平和結構。雖然 20 世紀社會主義國家的政府收入在計劃經濟體制下主要來源於國企利潤，但當今世界上絕大多數國家均以稅收為政府收入的主要來源。某些石油輸出國是例外，比如沙特阿拉伯。沙特阿拉伯政府 2018 年的政府預算中，有 63% 的政府收入來自石油出口收入，在連續數年財政赤字的大背景下，沙特阿拉伯於 2018 年 1 月出台增值稅，增值稅率為 5%。國際貨幣基金組織在與沙特阿拉伯的第四條款磋商中提出，

如果將來油價持續偏軟，那麼沙特阿拉伯應考慮將增值稅率提高到10%。

　　既然稅收是絕大多數國家政府收入的主要來源，我們就來分析一下政府稅收的結構。先介紹一點稅收的歷史沿革。

　　世界上最早和最普遍的稅收形式是絲役，也就是強制為國家出苦力。絲役這一形式一直延續到近代，到 18 世紀甚至 19 世紀仍有歐洲國家盛行絲役。此外，由於土地是財富的主要存在形式，基於土地的稅收自古也很普遍。在中東地區的兩河流域，人民需繳納某個比例的穀物稅，後來甚至發展出了牛頭稅。在埃及古墓中出土的藝術品顯示，大約在公元前 2400 年就有穀物稅了，而最早有文字記載的穀物稅是中國春秋戰國時代的「初稅畝」。所以說稅收是一個十分古老的現象。[1]

　　在很長一段時間內，絲役和穀物稅是稅收的主要形式，也是直接稅的代表性稅種。直接稅就是直接向個人或機構收取的稅。現代社會的直接稅包括所得稅、物業稅、遺產稅等。間接稅是指在交易環節當中徵收的稅，比如增值稅、消費稅、印花稅和關稅等。關稅是特朗普最喜歡的稅，或者說是他最喜歡的工具，他自稱「I am a tariff man」（我是關稅大師）。如果大家讀他的推文，就會

1　1696 年，英國國王威廉三世出台「窗戶稅」，因為窗戶個數容易量度且與房屋價值成正比。「窗戶稅」非常成功並被西班牙、法國等國家借鑑（法國直到 1926 年才將其取消）。當然，大家應該都能預計事情會怎樣發展……如果你在英國、法國、西班牙發現一些古老的房子窗戶很少時千萬不要吃驚，如果你在荷蘭發現某些房子大門很窄時也不要吃驚，那是因為荷蘭曾有根據門框尺寸徵稅的歷史。

覺得關稅大棒能讓美國國庫「財源滾滾」，實際上，當下關稅在政府稅收中所佔份額已經很小了，比如 2018 年美國聯邦政府財政收入為 3.33 萬億美元，而關稅收入為 410 億美元，僅佔聯邦政府財政總收入的 1.23%。 2017 年中國關稅佔政府財政總收入的比重為 1.74%，中國在加入世界貿易組織之前這一佔比一般在 5% 以上。關稅比較容易徵收，只要在主要港口設立海關即可，因此在歷史上它曾經是各國重要的稅收來源。當然，這也引起走私盛行。《基督山伯爵》這部小說中的主角愛德蒙・唐戴斯（Edmond Dantès）在逃出監獄後流落海上時，就被一艘走私船搭救了。大仲馬出版該書是在 1844 年，寫的走私是在 1815 年前後的事。其實，關於走私的記載可以一直追溯到 13 世紀，而走私行為在 18 世紀達到頂峰。在過去 25 年裏，各國關稅在全球化的大背景下大幅下降。世界銀行數據顯示，全球關稅稅率的加權平均值從 1994 年的 8.57% 下降至 2017 年的 2.59%。

　　古代稅收常出現稅收累退現象，即有勢力的羣體甚至整個城市能爭取到稅收豁免，因此稅收負擔壓在弱勢羣體身上。古埃及的僧侶階層在勢力變強大之後便迫使王室免除他們的納稅義務。另外，據公元前 5 世紀希羅多德撰寫的《歷史》這本名著記載，在大流士一世的波斯帝國時代，波斯人作為帝國的主宰民族基本上是不用納稅的。現代社會的稅收設計，尤其是所得稅，一般都是累進制的，也就是說收入越高者面對的納稅稅率也越高。當然，高收入人羣利用稅收體制漏洞大幅降低納稅額的也不在少數。

　　合法避稅與非法逃稅的存在是對稅收體制設計的挑戰，各國的

稅收部門投入大量人力物力提升徵收效率。美國稅務總局（Internal Revenue Service）經過多年的經驗積累建成了一套效率頗高的所得稅稽查徵收系統，這也是為甚麼美國一直沒有出台聯邦增值稅制度，因為轉換成以增值稅為主的新體系又得需要多年後才能達到高效率徵收。美國是經濟合作與發展組織的 36 個成員國中唯一一個沒有增值稅的國家。

現代意義上的增值稅是在 1954 年由法國在其當時的殖民地象牙海岸推出的，1958 年在法國本土實行，其後逐漸在歐洲地區盛行並被其他國家廣泛採用。全球目前有 166 個國家和地區設有增值稅，可見增值稅的普及程度。平均而言，增值稅收入約佔政府收入的 20%，而在法國增值稅收入則佔到政府收入的 50%。中國於 1979 年引入增值稅並於 1984 年和 1993 年做過兩次重大改革，後於 2016 年 5 月將營業稅全面改為增值稅，2017 年國內增值稅收入約佔政府收入的三分之一。

增值稅這一稅種被認為是稅收方面最為高效的稅種，其中的關鍵在於增值稅的繳納會留下一串印記（papertrail）。因為增值稅對每一生產和交換環節徵收，後一環節稅負主體在繳納增值稅時可以將在前一環節中支付給供貨商的增值稅部分抵扣掉，這樣也會使前一供貨商難以逃稅。

間接稅中除了增值稅外，另一重要的稅種為消費稅。消費稅只對特殊商品徵收，如煙、酒、化妝品、首飾及珠寶、汽油、汽車等。消費稅稅率採用比例稅率和定額稅率，比例稅率可以低至 3% 而高至 45%。某些商品會被同時徵收消費稅和增值稅。2017 年，

中國國內消費稅收入約佔財政總收入 6%。

直接稅中的重要稅種為企業所得稅與個人所得稅。個人所得稅的歷史不算太長，到 19 世紀中葉才出現，在一戰時大約 80% 的國家設有個人所得稅，當今只有屈指可數的幾個國家沒有引入。2017 年，中國個人所得稅收入佔財政總收入的 7%，而企業所得稅收入佔 19%。中國實行的其他稅種包括契稅、城市維護建設稅、印花稅以及前面提到的關稅等。

我們再來看看美國的情況。2017 年，從美國聯邦政府稅收構成來看，個人所得稅收入佔 47.9%，企業所得稅收入佔 9%，社保收入佔 35% 等。從 2018 年的全口徑收入，即包括聯邦政府、州政府和地方政府的收入來看，個人與企業所得稅收入佔 36%，社保收入佔 23%，財產稅和銷售稅收入佔 24%。中美稅收結構口徑不一致，不大容易比較，比較清晰的結論是美國比較依賴直接稅，而中國則更依賴間接稅。兩種稅收體制的優劣難以下結論。任澤平團隊的一篇關於中美稅負比較的分析文章指出，[2] 中國的勞動者報酬比重在過去 20 年內於 50% 左右徘徊，甚至在 2003 年至 2007 年間連續 5 年低於 48%。當然，中美企業成本負擔問題要想徹底釐清，還需更為細緻的比較。我個人認為，粗略估算，中美企業的負擔是不相上下的。至少可以肯定地說，國內學者中的下述兩種聲音是矛

2　關於美國勞動者報酬比重的研究，見美國勞工統計局（Bureau of Labor Statistics）於 2017 年發佈的〈評估美國勞動者報酬比重〉（Estimating the U.S. Labor Share）一文。

盾的：一種認為中國企業負擔過重，另一種認為中國應該設法提高勞動者報酬比重[3]。

　　稅收設計到底應該以直接稅為主還是以間接稅為主，這與信息採集和徵收效率有很大關係。稅收設計的其他原則包括盡可能減少市場扭曲以及兼顧公平。

思考題

　　任澤平團隊的一篇關於中美稅負比較的分析文章指出中國企業負擔過重。這一對比有失公允，請問你認為原因在於文章在比較中忽略了中美稅收體制、勞動者報酬、政府效率和產業政策這四個方面中的哪方面的差異？

3　關於中國勞動者報酬比重的研究，見白重恩、錢震傑的文章〈國民收入的要素分配：統計數據背後的故事〉。另一篇相關文章為劉亞琳、茅銳、姚洋所發表的〈結構轉型、金融危機與中國勞動收入份額的變化〉。

中國稅制改革 [4]

改革開放之前,中國處於計劃經濟時代,稅制相對簡單,國家財政收入的一半來自國有企業上繳的利潤。1983 年至 1984 年,中國把有 30 多年歷史的國有企業利潤上繳制度改為納稅制度,即「利改稅」。其後,集體企業所得稅、私營企業所得稅等稅種也都進一步被規範化,到 1993 年底,中國共設有 37 個稅種。

1994 年的稅制改革意義重大。第一,這次改革推出以增值稅為主體,以消費稅和營業稅為輔助的貨物和勞務稅制;第二,將過去分別徵收的國營、集體和私營企業的企業所得稅合併、統一;第三,將過去分別徵收的不同的個人所得稅和個人收入調節稅等稅種合併為統一的個人所得稅。第四,擴大資源稅的徵收範圍,開徵土地增值稅,以及對其他稅種進行了比較細微的調整。

1994 年的稅制改革方案是在積極借鑑發達國家稅制建設成功經驗的基礎上,結合中國的具體國情而制訂的。1995 年可以看作是這一改革的轉型期,政府收入佔 GDP 的比重滑到自 1980 年以來的最低點,只有 10.7%。但此後,這一佔比持續穩步上升至 2015 年的 22%。近些年在營業稅改為增值稅和減稅降負的大背景下,

---

4 就中國財政政策研究而言,我曾參考過的一本書是馬駿於 1997 年著的《政府間關係與中國經濟管理》(Intergovernmental Relations and Economic Management in China)。馬駿當時在世界銀行工作。這本書是基於他的博士論文形成的。其後,他還就公共財政政策寫了不少文章。馬駿於 2000 年加入投行,先後活躍在體制外、體制內以及學術圈。這位金融界的成功人士早年是不折不扣的財政專家。

該佔比有輕微下降。

我們來看一下 1980 年至 2017 年中國政府收入佔 GDP 百分比的趨勢圖（圖 9-1），1995 年很顯然是一個轉折點。問題是，是甚麼原因導致了 1980 年至 1994 年間政府收入佔 GDP 比重的下跌呢？1994 年的改革又是如何使這一佔比穩步回升的呢？

圖 9-1　1980 年至 2017 年中國政府收入佔 GDP 百分比

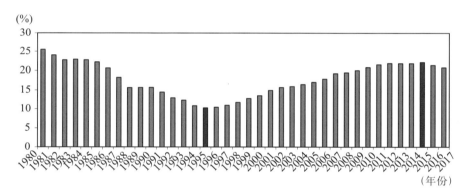

1980 年至 1994 年間政府收入佔 GDP 比重下跌的主因有兩點：第一，這一階段正是改革開放的第一階段，中國正處在從計劃經濟體制向社會主義市場經濟體制轉型的過程中，舊的體制逐漸退出，而新的體制尚未健全，因此政府徵收的效率偏低；第二，這一階段中國實行的是中央與地方收入分享制，且地方和中央就收入承包和分享有各種討價還價。很自然地，地方政府有隱瞞收入的動機，將應納入預算內的收入轉移到預算外，設立小金庫。因此，有記錄的政府收入佔 GDP 比重連年下降。此外，包幹部分通常固定 5 年，5 年後再調整，因此隨着經濟增長，地方政府收入增長幅度

快過中央政府，即中央政府收入佔總的政府收入比重在這一階段也是在不斷下降的。換句話說，在這一階段的財政承包制下，中央政府的財權不斷弱化。

1994 年的改革引入分稅制來取代此前的財政承包制。除了前面提到的稅種方面的改革，比如向增值稅等間接稅傾斜的設計之外，分稅制還就中央和地方各自稅收徵收的範圍問題確定了中央稅、地方稅以及中央和地方共享稅的劃分。分稅制改革還包括分設中央和地方兩套稅務機構分別徵管稅收。地區間平衡問題通過中央對地方的轉移支付來解決。[5]

這一改革大大增強了中央政府的財權，這也是為甚麼在推出此項改革的過程中中央和地方有過多輪的博弈和討價還價。實行分稅制後，中央政府收入佔全部政府財政收入的比重從 1993 年的 22% 跳升至 1994 年 55.7%。此後，該比例維持在 50% 左右。

1994 年的稅制改革大幅提高了徵收效率，一方面增值稅本身就增加了逃稅的難度，另一方面中央和地方的兩套獨立的徵管體制也有利於提高政府稅收的徵收能力。國稅局的建立確保了中央財政收入不會被地方政府侵蝕，因此地方政府一方面會想辦法提高自己管轄範圍內的徵管效率，另一方面會將注意力集中在經濟發展以提高稅基上。比如，各地方政府都紛紛注意到，利用財政收入來改

5　2004 年，我在香港科大講解「China in the Global Economy」(全球經濟中的中國) 這一課程時曾參考過吳敬璉教授的《當代中國經濟改革》。該書專門有一章討論中國財政改革歷程，對中國從財政承包制轉向分稅制的全過程有一個非常清晰的概括。

善基礎設施和加強公共服務對招商引資很有幫助,並能因此而給地方稅基帶來進一步擴大。可以說,分稅制改革激勵了地方政府大力發展經濟的意願。

總之,1994 年的稅制改革通過改善地方政府激勵機制和提高中央及地方的稅收徵管效率從而促使了政府財政收入相對於 GDP 的穩步增長。在這之後,中國的稅制仍有需要完善的地方,但基本框架沒有大的改變。比較重要的改變是於 2016 年 5 月完成的營業稅改增值稅。這一改變意在減少重複納稅和促進企業經營規範化,但對於單個企業是否因此而得以減輕稅負的問題則不能一概而論。確實存在有些企業稅負不減反增的現象。2016 年,謝獲寶、李從文就營業稅改增值稅的實際效果進行了理論和實證方面的探討。他們經過推演得出如下結論:每個行業都存在一個臨界值,如該行業中某家企業的毛利率高於該臨界值,則營業稅改增值稅後流轉稅負會不減反增。他們通過測算發現,建築行業的毛利率臨界值為 24%,而房地產業的毛利率臨界值為 40%。隨後,他們通過對上市公司的實際毛利率的觀察,發現營業稅改增值稅十分有利於降低建築業的稅負,但對降低房地產業的稅負而言只是輕微有利。

稅收徵管方面的重大改變是政府自 2018 年 4 月開始逐步推行的國稅與地稅的合併。這一合併徵收模式一方面簡化了納稅流程,另一方面也消除了不同部門間的信息壁壘。這一改革的成效和副作用都需要相關部門及時進行評估。

中國的稅制目前是否還存在大的問題呢？[6] 中國社會科學院財貿物資經濟研究所（現為財經戰略研究院）的楊之剛教授認為目前的稅收體制存在兩大問題：一是基層財政困難，二是地區間差距日益擴大。他對中國基層逐步陷入財政困境的軌跡做了以下刻畫：劃分稅種後基層政府收入結構改變→基層政府更依賴自有的農業稅收→規範的農業各稅數量不足，且轉移支付制度不規範→基層政府不得已採取非規範的籌資行為→解決農民負擔的稅費改革堵住了基層政府的亂收費渠道→取消農業稅後基層政府收入來源更少。其中轉移支付制度的不規範則是導致地區間差距拉大的因素之一。

楊教授對基層財政困境的上述刻畫發表在分稅制改革後的第10年，即 2004 年。2014 年，也就是又一個 10 年後，基層財政困境仍然不見好轉，武內宏樹（Hiroki Takeuchi）教授在他的專著《中國農村稅務改革》（*Tax Reform in Rural China*）中對此進行了詳細的描寫。武內宏樹教授走訪了中國 8 個省，集中採訪了縣城和鄉村一級的幹部和羣眾，採訪的樣本不算大，共 108 人，其中基層幹部 61 人。採訪除了包含標準化的提問之外，武內教授還儘量想辦法與這些採訪對象在比較寬鬆的環境下，比如一起就餐和休息的當口，展開自由對話。這種非正式場合下的交流過去被有些人稱

6　在公共財政研究領域中最具國際影響力的中國學者是鄒恆甫教授。他和張濤發表於 1998 年的文章《財政分權、公共支出與中國經濟增長》（Fiscal Decentralization，Public Spending，and Economic Growth in China）被引用 1200 多次（谷歌學術）。他們得出的結論「財政分權拖累經濟增長」引起眾多經濟學家的興趣和廣泛的討論。張濤現任國際貨幣基金組織副總裁。

為「游擊式採訪」（Guerrilla Interview）。武內宏樹教授認為通過游擊式採訪所獲取的信息可能更具含金量，尤其是那些幹部，在正式採訪時對是否存在亂收費等敏感問題要麼用標準、正統的否認來回答，要麼支支吾吾。而在游擊式採訪的環境下，這些幹部才開始吐露心聲，對基層財政困境表示無奈，對濫收費的現象表示實在迫不得已。一方面，中央政府要堵住基層政府的濫收費渠道來緩解民眾的抱怨，但另一方面基層政府又確實沒有足夠的經費，有時別說是提供公共服務和建設了，連負擔基層政府日常開支的經費都籌不齊。

像美國這樣的西方國家，其基層經費主要來自三個渠道，即房產稅、地方收入稅和地方銷售稅，但各個州以及州下面的縣市採用的渠道組合都不盡相同。有的地方不設地方收入稅，有的不設地方銷售稅。房產稅應該是這三個渠道中應用最普遍的，對地方財政的貢獻也是最大的，但這一財政貢獻佔比從 1930 年的 97% 逐漸下降到 20 世紀 80 年代的 75%。地方銷售稅貢獻佔比從幾乎為零上升到 16%，地方收入稅貢獻佔比則上升到 6%。

與美國相比，中國在房產稅方面較為落後。我們習慣將房產稅看作是平抑房產價格的工具，但這是不對的。是否應當開徵收房產稅要從理論上來探討。理論上來說，房產稅一向被認為是支持地方公共服務與建設的最公平的稅目，因為房主是這些公共建設的直接受益人，他們理當承擔稅負。

思考題

　　1994 年的中國稅制改革意義重大，請問具體改革內容包括哪些？

▣本章要點總結▣

1　財政政策是一個國家長遠發展和繁榮穩定的基石。當今世界絕大多數國家均以稅收為政府收入主要來源，除了某些石油輸出國家之外。

2　世界上最早和最普遍的稅收形式是繇役，此外穀物稅、牛頭稅也很普遍。稅收可分為直接稅和間接稅，直接稅是指直接向個人或機構收取的稅；間接稅是指在交易環節當中徵收的稅。

3　古代稅收常出現稅收累退現象。現代社會的稅收設計，尤其是所得稅，一般都是累進制的。合法避稅與非法逃稅的存在對稅收體制設計是一大挑戰。

4　增值稅是對每一生產和交換環節徵收的，因此其繳納會留下一串印記，這一稅種被認為是稅收方面最高效的。就各國平均而言，增值稅約佔政府收入的 20%。

5　從政府的稅收結構來看，美國比較依賴直接稅，而中國則更依賴間接稅。兩種稅收體制的優劣難下結論，本章認為中美企業的負擔是不相上下的。稅收設計與信息採集和徵收效率有很大關係，此外它還應盡可能減少市場扭曲以及兼顧公平。

6　1994 年的中國稅制改革意義重大，這一改革方案是在積極借鑑發達國家稅制建設成功經驗的基礎上結合中國具體國情而制訂的。

7　1980 年至 1994 年，中國政府收入佔 GDP 的百分比持續下跌，原因在於體制改革初期政府徵收效率偏低以及地方政府有隱瞞收入的動機。在這一階段的財政承包制下，中央政府的財權不斷弱化。

8 1994 年中國分稅制改革大大增強了中央政府的財權，大幅提高了中央及地方的稅收徵管效率，激勵了地方政府大力發展經濟的意願，從而促使政府財政收入相對於 GDP 的穩步增長。

9 中國於 2016 年 5 月完成營業稅改增值稅，此舉意在減少重複納稅和促進企業經營規範化，但對於單個企業是否因此而得以減輕稅負則不能一概而論。

10 我國稅制目前存在兩個大的問題，一是基層財政困難，二是地區間差距日益擴大。與美國相比，中國在房產稅方面較為落後，健全和規範土地財政並全面推出更規範的房產稅將是未來的改革方向。

第十章

財政支出變遷

中國財政支出模式

我們先簡單回顧一下中國財政體制的改革歷程。第一階段，也就是從 1978 年至 1993 年，中國逐漸以財政包幹體制取代改革開放前的統收統支體制。統收統支體制有利於調動全國資源，因此在新中國成立之初百廢待興的困難時期發揮過一定的作用，但其造成的資源配置扭曲問題隨着經濟發展也越來越明顯。中央政府的決策常常難以與地方民眾的需求相符。財政包幹體制的出台，其導向為行政分權，即給予地方政府更多的事權。這一階段的改革初衷是好的，也激發了地方政府的積極性，但其後續的發展是存在問題的：在財政包幹這一制度下，地方政府可以利用稅收減免這一手段，一方面擠出中央政府的財政收入，另一方面將資金轉移到預算外。這些問題催生了第二階段的改革，即 1994 年的分稅制改革。

分稅制改革產生了兩個結果：第一，財政總收入更為透明，預算外資金逐步納入規範化預算內管理，財政總收入佔 GDP 的比值進入了上升軌道，由 1995 年的 10.7% 逐步上升到 2015 年的高

位 —— 22%；第二，中央財政收入在財政總收入中的佔比由改革前的 22% 跳升至 50% 左右並多年保持穩定，支出方面雖幾經反覆，但大方向仍是進一步的分權，即：地方政府支出佔政府總支出的比重從 1994 年的 70% 逐步上升到 2017 年的 85%，如圖 10-1 所示。

圖 10-1　1978 年至 2017 年地方政府佔政府總支出的百分比

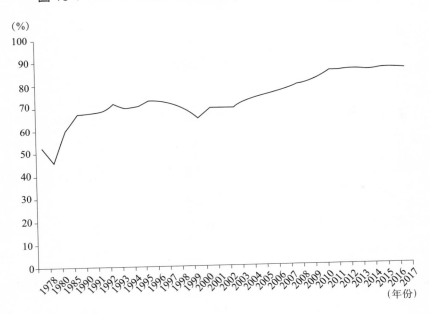

地方政府本級收入只佔總財政收入的約 50%，卻需要擔負 85% 的支付責任，這一定意味着中央財政必須給地方財政提供支持。其支持方式可以概括為兩類：稅收返還和轉移支付。轉移支付又可以分為一般轉移支付和專項轉移支付。專項轉移支付必須專款專用，一般轉移支付可以被地方政府靈活支配。以 2018 年的財政預算執行數據為例，地方政府一般公共預算收入為 16.8 萬億

元，其中本級收入為 9.8 萬億元，其他部分來自中央政府對地方政府的稅收返還（8000 億元）和轉移支付（6.2 萬億元）。加上地方財政從地方預算穩定調節基金、政府性基金預算、國有資本經營預算調入資金及使用結轉結餘中獲得的收入 1.2 萬億元，地方收入總量達到 18 萬億元。地方政府一般公共預算支出 18.8 萬億元。收支總量相抵，地方財政赤字約 8000 億元。

　　中央政府一般公共預算的情形又如何呢？中央政府一般公共預算收入為 8.55 萬億元，加上從中央預算穩定調節基金調入 2100億元，從中央政府性基金預算、中央國有資本經營預算調入 300 億元，中央政府收入總量達到 8.8 萬億元。本級支出 3.3 萬億元，對地方政府的稅收返還和轉移支付共 7 萬億元，另補充中央預算穩定調節基金 1000 億元，中央政府支出總量為 10.3 萬億元。收支總量相抵，中央財政赤字 1.5 萬億元。

　　大家可以看到，中央政府先將資金收了上來，然後通過稅收返還和轉移支付的形式發放給地方政府。這種做法在理論上有兩個優點：第一，它避免了 20 世紀 80 年代稅收資金被地方政府挪至預算外和私設小金庫的風險；第二，它使中央政府可以將部分收入轉移到不發達地區，從而改善地區間財力不均的局面。這種做法在實施過程中暴露出的缺點也不少：一是地方政府時常向中央政府哭窮、打報告，請求更多的中央政府資助；二是不少地方政府因為沒有自身的財力而無法保持財政支出上的獨立性。

　　那中國學術界對分稅制後的一系列改革持何種態度呢？分稅制是否有效地改善了地區間因經濟發展不平衡而帶來的地區差

異？分稅制之後基層政府有沒有出現困境？地方政府的支出效率有沒有改善？分稅制改革、財政分權與經濟增長的關係又如何？我們下面引述部分中國學者的研究成果來回答這些問題。

北京大學周飛舟教授在其 2006 年發表的文章中認為，分稅制可以看作是財政收入的集權和財政支出的分權，地方政府的收支缺口由中央政府通過再分配來解決。從總量上來看，這一再分配機制的運行還是有效的。從周教授提供的數據中我們可以看出，縣鄉政府在獲得稅收返還和轉移支付後的收支缺口佔其支出的百分比在分稅制改革後呈現下降的趨勢，這一佔比由 1993 年的 5.7% 下降到 2002 年的 1.7%。但是，周教授指出，總量分析並不能完全說明問題。由於地區間經濟發展的不平衡，某些地區鄉縣財政仍存在困難。他舉例說，中部地區人口稠密，大部分是農業區，農村的公共服務支出任務繁重，縣鄉兩級所供養的財政人口也多。但是相比之下，中部地區得到的中央轉移支付的水平在東部、中部、西部三個地區當中卻是最低的。因此中部地區的縣鄉政府只能另謀出路，設立各種名目收費來維持收支平衡。按照陳抗等人在《財政集權與地方政府行為變化》（2002）一文中的說法，那就是地方政府被迫伸出「攫取之手」。

周飛舟教授的總體判斷是，雖然分稅制有效地提高了財政總收入佔 GDP 的比重，也同時提高了中央政府的財力，但地區間公共服務水平不均的問題不但沒有得到解決，反而在一定程度上更加嚴重了，尤其是中部地區，其教育、醫療、水利、交通的服務水平每況愈下，地方政府連維持日常運轉都有困難。造成這一現象的主

要原因是東部地區靠工業化，西部地區靠中央補助，這兩個地區的人均財力在分稅制改革後的 10 年中都有明顯而迅速地增長，唯有中部地區基層政府由於兩頭都靠不着而人均財力增長緩慢，從而與東部地區和西部地區的差距越來越大。

　　關於基層政府的財政困難，我們介紹過中國社會科學院楊之剛教授的類似觀點以及武內宏樹教授的採訪所給出的印證，周飛舟教授的文章則強調了地區間財力上的差異。為了應對失去的財權，地方政府在分稅制改革後開始從土地徵收中為自己聚集財力，「城市化」成為地方政府的新增長點。我們從《中國國土資源年鑑》的數據中可以看出，土地出讓淨收益佔地方政府本級收入的比重在 2003 年至 2008 年間平均約為 17%，但《中國國土資源年鑑》於 2009 年終止了土地出讓淨收益這一數據的發佈。實際上，如今我們能夠肯定的是土地出讓毛收入仍在逐年上升，但淨收益數字可能已經失去意義。這是因為如果地方政府將地皮周邊綠化和修建市政道路等公共財政開支都納入土地出讓成本，土地出讓淨收益額很容易被調低，甚至為負。我個人認為土地出讓收支管理上還有很多細節上和重要的工作要做。

　　中央政府為了解決基層政府的財政困難，也推出了一系列政府治理結構改革，包括撤鄉並鎮改革和省直管縣體制創新等。據賈俊雪、郭慶旺和寧靜在 2011 年做的縣級面板數據分析顯示，這些改革在增強縣級財力自給能力和改善財政狀況方面並沒有取得明顯成效，其中省直管縣體制創新反而不利於縣級財政自給能力的增強。

　　賈康、白景明在《縣鄉財政解困與財政體制創新》一文中指出，中國的地方財政困難主要源於制度缺陷。第一，財政劃分模式與職責劃分模式不對稱；第二，政府層級過多；第三，地方政府缺乏「因地制宜」的財政彈性空間。因此，解困的治本之策在於相應的制度創新，比如減少政府層級、給予地方政府稅率調整權甚至一定條件下的設稅權等。

　　陳詩一和張軍於 2008 年在《中國社會科學》期刊上發文，就中國地方政府財政支出效率問題進行了討論。他們的研究結果顯示，中國大部分省級政府的支出都不是很有效率的，但比較而言，東部地區和中部地區的政府支出效率相對較高，西部地區的政府支出效率則低得多。從趨勢來看，東部地區和西部地區的政府支出效率在分稅制改革後有了顯著改善，中部地區的政府支出效率只是略有改善。陳詩一和張軍將這些效率差異歸結於初始條件的差異。他們發現，人口密度較大、居民受教育水平較高的地區，其政府支出效率的初始評估得分也相對較高。地區收入水平則起着相反的作用，開放程度和外商直接投資對政府支出效率的影響則不確定。

　　分稅制改革、財政分權與中國經濟增長之間的關係又如何呢？張晏和龔六堂（2005）就這一問題曾發表了詳盡的論述。財政分權與經濟增長的關係是一個很有爭議的課題。張濤和鄒恆甫（1998）通過對中國經濟的研究發現財政分權不利於經濟增長。我、鄒恆甫和哈米德・達烏迪（Hamid Davoodi）（1999）通過對美國經濟的研究得出了相同的結論。林毅夫和劉志強（2000）利用中國省級面板數據，發現自 20 世紀 80 年代中期以來的財政分權促進了經濟增

長。張晏和龔六堂發現中國經濟發達地區的財政分權比不發達地區的更有利於經濟增長，這一結論也意味着財政分權不利於縮小地區差距。

郭慶旺、賈俊雪在《地方政府間策略互動行為、財政支出競爭與地區經濟增長》一文中指出，1994 年分稅制改革明顯改變了地方政府間策略互動行為模式，有效遏制了地區間過度競爭態勢，對地區經濟增長產生積極的促進作用，但同時也過度削弱了地方政府在經濟性支出方面的競爭性行為，加劇了經濟性支出對地區經濟增長的不利影響。

最後，我再次提出一個大家需要關注的問題，即中國的財政負擔到底算不算重。我們繼續以 2018 年的數據為例進行說明。如果我們只看一般公共預算支出，那麼該支出數字為 22.2 萬億元，只佔 90 萬億元 GDP 的 25%，很低。可惜這只是表面現象，我們必須注意到這一數字沒有包含政府性基金支出、國有資本經營支出和社會保險支出。這些全都算上的話，中國的財政負擔會重到甚麼地步？中國財政體制是否需要改革？朝甚麼方向改革？

思考題

在衡量中國的財政負擔大小時我們不能只看一般公共預算支出。請問，你認為還有哪些支出需要被注意到？

中國財政體制改革方向

在了解中國的稅收體制、政府支出模式、政府支出效率等內容之後，本節內容可以看作是一個總結和對未來財政體制改革的一些探討。我們將討論三個問題：第一，中國的財政負擔到底算不算重，如果重的話如何減負；第二，怎樣解決基層財政困難；第三，在減稅的大背景下如何保持財政政策的可持續性。

先談中國的財政負擔。在上節結尾處我們指出，2018 年中國政府一般公共預算支出為 22.2 萬億元，只佔 90 萬億元 GDP 的 25%，很低。但除了一般公共預算支出外，還有政府性基金支出 8 萬億元、國有資本經營支出 2000 億元和社會保險支出 6.5 萬億元。如果將這些數字簡單相加，那麼你會發現政府總支出為 36.9 萬億元，佔 GDP 的 41%，已經接近 42.2%，即處於經濟合作與發展組織國家中位數的水平，可以說是相當高的了。問題是，我們是否應該簡單相加這些其他支出呢？我認為簡單相加是不妥的，需要更為細緻的分析。比如在政府性基金支出的 8 萬億元當中，國有土地使用權出讓收入安排的支出為 7 萬億元，其中徵地補償和拆遷費為多少似乎沒有公佈。

2011 年中央政府公佈的預算執行情況中涉及政府性基金收入和支出的部分，「地方政府性基金本級收入 38233.7 億元，增長 13.8%。其中：國有土地使用權出讓收入 33166.24 億元，城市基礎設施配套費收入 857.26 億元，彩票公益金收入 311.6 億元，地方教育附加收入 688.13 億元。加上中央政府性基金對地方轉移支付 946.62

億元，地方政府性基金收入為 39180.32 億元。地方政府性基金支出 37485.56 億元，增長 18.4%。其中：國有土地使用權出讓收入安排的支出 32931.99 億元，包括徵地拆遷補償等成本性支出 23629.97 億元、農業土地開發整理和農村基礎設施建設以及補助農民等支出 2351.06 億元、用於教育支出 197.46 億元、用於農田水利建設支出 120.35 億元、用於保障性安居工程支出 668.58 億元、按城市房地產管理法規定用於城市建設支出 5964.57 億元；彩票公益金用於社會福利、體育、教育等社會公益事業支出 301.4 億元；城市基礎設施配套支出 741.04 億元；地方教育附加安排的教育支出 386.51 億元。地方政府性基金收入大於支出部分結轉下年使用」。可見，徵地拆遷補償等成本性支出佔國有土地使用權出讓收入安排支出的 72%。

2015 年全國土地出讓收支情況為：「2015 年，全國土地出讓支出 33727.78 億元……在成本性支出中，用於徵地拆遷補償和補助被徵地農民支出 17935.82 億元……」可見，用於徵地拆遷補償和補助被徵地農民支出佔全國土地出讓支出的 53%。

我們按照上面的 2011 年與 2015 年中央政府公佈的數據來做一個保守估算，2018 年這 7 萬億元中徵地補償和拆遷費大約佔到 3 萬億元。我的直覺是，這 3 萬億元更像是資產和資產增值的轉移，而不是政府花去了 GDP 中的一部分，因此我們在計算政府支出佔 GDP 的比值時似乎不應納入這 3 萬億。此外，社會保險支出是否應該百分之百地認為是財政負擔也很難說，因為社會保險當中有些部分近似於強制儲蓄，社會保險的繳納者也是最終的受益者，很難說是被政府拿走了。中國的財政負擔到底算不算重要看如何

解答上面這兩個問題。需要申明的是，我考察這些問題也沒有很久，想法還不成熟，在這裏分享是為了引發大家的思考和討論。

大家可能會問，討論財政負擔為甚麼是討論政府支出，而不是討論政府收入，即政府從經濟活動當中抽走了多少資金呢？其原因是，首先，絕大部分經濟體中的政府支出高於政府收入；其次，雖然政府可以通過借貸來使其當期的支出低於收入，但政府遲早需要靠提高稅收去償還這些借貸。因此，政府支出能更準確地反映民眾所背負的財政負擔。當然，你可以說，將來的稅收是未來人的負擔，不是你現在的負擔。話這麼說沒錯，不過，如果大家在乎後代未來的負擔，那麼我們還是會關注政府支出，而不僅僅是關注自己向政府納了多少稅。其實，這裏已經涉及李嘉圖等價定理的一些思想，李嘉圖等價定理是指在一定條件下，無論政府是發行公債還是徵稅，這兩種籌資方式對當期消費的影響是等價的。[1]

關於第二個問題，如何解決基層財政困難，我同意全面推出房

1　2017 年在香港科技大學經濟系的博士錄取面試環節，我曾就李嘉圖等價定理進行過提問，比如李嘉圖等價定理理論上成立的條件是甚麼，在現實當中是否成立等。回答比較到位的申請人不到 50%。20 世紀 80 年代中期，我在羅徹斯特大學攻讀博士的時候，羅伯特·巴羅給我們開講宏觀經濟學，不久後他就讓我們研讀他的名為《Are government bonds net wealth?》的著名文章，該文的觀點是：如果政府採用舉債而不是現時徵稅，那麼消費者會利用從稅上節省下來的收入相應地增加儲蓄以支付未來甚至後代的稅收負擔，因此消費需求不會上升。換句話說，減稅並不能起到刺激消費的作用。20 世紀 90 年代中期，我在香港科技大學工作期間，讀到薩繆爾森對這一觀點的不屑。當薩繆爾森從一位青年才俊那裏聽到這一觀點時大笑起來，問：「你不會相信這個邏輯吧？」對方毫不退讓，答：「我確實相信，而且所有 40 歲以下的優秀經濟學家都信。」薩繆爾森懷疑究竟是自己真的老了，還是年輕一代對現實世界太缺乏了解。

產稅的建議。發達國家的地方政府收入主要依靠房產稅，且房產稅一向被認為是支持地方公共服務與建設的最公平的稅目。華夏新供給經濟學研究院首席經濟學家賈康以及其他財政專家多年來不斷呼籲出台房產稅。賈康強調，房地產稅的稅基需每隔若干年進行重新評估，從而政府可以獲得公共服務和基礎建設帶來的房地產升值的好處。這樣，房產稅就會逐漸隨着市場經濟發展而成為地方政府的一個支柱性的重要稅源。同時，面積和造價差不多的一處不動產，坐落於繁華鬧市區還是坐落於邊遠的郊區，其在稅基的體現上可以相差數倍甚至數十倍。在市場經濟條件下，地方政府應該看重的是優化投資和周邊環境，使轄區的繁榮程度提升，房地產不斷升值，從而形成穩定的、大宗的財政收入來源。

目前地方政府依賴土地出讓收入只是權宜之計。畢竟，出讓地皮年度的管理與土地出讓收入使用方面的管理都難以規範化，因此地方政府收入和支出行為都存在相當程度上的任意性。《2015年全國土地出讓收支情況報告》中談及這些收支管理問題時明確指出，「土地違法案件未得到徹底遏制，大多數違法用地未繳納土地出讓收入，造成土地出讓收入流失；土地市場化配置比例偏低，工業用地和基礎設施等其他用地存在粗放利用現象，導致土地價值難以完全實現；一些地方仍存在減免或變相減免土地出讓收入、通過空轉等方式虛增土地出讓收入和違規安排支出等問題，違規現象時有發生」。推出房產稅可以減少地方政府對土地出讓收入的依賴。當然，房產稅具體推出時間，還是需要斟酌的。由於房產稅的推出必然引發房地產市場上的拋售，打擊投資者信心和影響投資情

緒，在經濟下行期間不宜貿然推出。

下面我們來討論最後一個問題，即在減稅的大背景下如何保持財政政策的可持續性。減稅一般基於兩種考慮，一種是為了緩和經濟衰退，刺激經濟復，效果如何取決於李嘉圖等價定理是否成立。如果該定理成立，那麼減稅並不能改變總體消費，因此也不能刺激經濟。絕大部分政策制定者和經濟學家傾向於認為減稅還是有一定刺激效果的。另一種是為了促進投資和創新以及提高國際競爭力，着眼點在長遠的經濟增長。中國最近幾年的減稅是基於哪一種考慮呢？

答案是兩種考慮都有。一方面我國經濟由於去槓桿而處於下行周期，同時還經受貿易摩擦等負面因素的困擾，諸如減稅這樣的積極財政政策是有必要的。另一方面，國內的供給側結構性改革需要一個比較寬鬆的稅收政策。國際競爭的大環境，包括美國推出的大幅降低企業所得稅的措施，也迫使中國在減稅降負方面有所回應。

我認為特朗普政府的大幅減稅是不可持續的，美國政府債務會不斷攀升。美國國會屆時只有兩種選擇，要麼修改稅法，提高稅率，要麼削減政府開支。這二者都將是痛苦的選擇。中國的減稅方案，比如增值稅率的降低，也意味着政府稅收的減少，因為我深信稅改前的增值稅率的位置已經處於拉弗曲線峰值的左邊。中國的地方政府債務負擔勢必進一步加劇。那麼中國將面臨哪些選擇呢？怎樣保持財政政策的可持續呢？

哥倫比亞大學魏尚進教授在 2019 年 4 月指出，「中國最新的

減稅政策是應對經濟下行壓力的有力一招。未來債務危機的風險應通過幾項配套措施來化解——明確增值稅減稅政策的暫時性，擴大針對溫室氣體排放和其他污染的稅收，並縮減政府規模。這些改革措施能使中國變得更高效而持續繁榮」。這裏我們看到，魏尚進把中國這一輪的減稅當作短期刺激政策來解讀，同時他希望明確增值稅減稅政策的暫時性。我則認為中國這一輪減稅也包含着對長遠增長的考慮。儘管如此，我仍然同意為增值稅率的降低設定時限的主張，至少讓它看上去是暫時的。為甚麼呢？第一，這種看起來是暫時的減稅反而會產生更強烈的效果，因為企業希望抓住這一時間窗口；第二，這既給了時限到期後繼續延期的選擇（延期總是受到人們歡迎的），又可以在債務不可持續的判斷下到期自然結束降稅，而不用重新修改稅法。

魏尚進的另一建議是擴大針對溫室氣體排放和其他污染的稅收，這種做法英文叫作「Taxing the Bads」，也就是「對壞的東西征稅」，是一舉兩得的做法，既產生了稅收又推動了清潔能源的開發和改善了環境保護。當然，這種做法也有副作用，那些沒有能力採用環境友好技術的企業只有削減生產，減少就業崗位。

我們前面提到，在適當時候的推出房產稅也可以緩解降低增值稅率所帶來的政府收入缺口。

最後就是縮減政府規模。縮減政府規模通常涉及多個利益方的博弈，一般是個漫長的過程。從中國改革開放的歷史來看，尤其是通過考察深圳等城市的成功經驗，我認為政府可以儘量對民營企業放開准入。在民營企業擔當得了的領域政府可以放心退出。政

府應將精力和稅收資源放在市場維護、體制建設、公共服務、社會保障、宏觀調控以及事關國家安全和社會穩定的敏感領域中。即便像具有正外部性的基建領域，政府也不必自主經營，只需給民營企業提供適當的補助即可達到社會最優。總之，縮減政府規模在中國還是有相當大的空間的。

思考題

縮減政府規模有助於保持財政政策的可持續性，請問你認為政府應該將精力和稅收資源放在哪些方面？

本章要點總結

1　中國財政體制的改革歷程分為兩個階段。第一階段是 1978 年至 1993 年，中國逐漸以財政包幹體制取代統收統支體制；第二階段是 1994 年的分稅制改革。

2　1994 年的分稅制改革一方面使財政總收入更為透明，讓其佔 GDP 的比重進入上升軌道，另一方面通過進一步分權使地方政府支出佔政府總支出的比重逐步上升。

3　中央財政通過稅收返還和轉移支付的方式給地方財政提供支持。轉移支付又可以分為一般轉移支付和專項轉移支付兩種。

4　北京大學的周飛舟教授認為雖然分稅制有效地提高了財政總收入佔 GDP 的比重，並提高了中央政府的財力，但其在一定程度上也加劇了地區間公共服務水平不均的問題。

5　中國政府為了解決基層政府的財政困難，推出了一系列政府治理結構改革，包括撤鄉並鎮改革和省直管縣體制創新，但有實證研究顯示改革並沒有取得明顯成效。陳詩一和張軍（2008）發現中國東、西部地區的省級政府財政支出效率在分稅制後有了顯著改善，但中部地區的政府財政支出效率只是略有改善。

6　衡量中國的財政負擔時，不應將一般公共預算支出、政府性基金支出、國有資本經營支出和社會保險支出進行簡單相加，而是需要更為仔細的分析。

7　在解決基層財政困難的問題上，建議全面推出房產稅。房產稅一向被認為是支持地方公共服務與建設最公平的稅目，推出房產稅

可以減少地方政府對土地出讓收入的依賴，但其具體推出時間尚需斟酌。

8　減稅一般有兩種考慮：一種是為了緩和經濟衰退，着眼於短期刺激；另一種是為了促進投資和創新、提高國際競爭力，着眼於長遠增長。中國當前的減稅基於以上兩種考慮，但增值稅率的降低意味着政府稅收的減少，中國地方政府債務負擔勢必進一步加重。

9　在保持財政政策可持續性的問題上，魏尚進教授提出了幾項配套措施，包括明確增值稅減稅政策的暫時性，擴大針對溫室氣體排放和其他污染的稅收，並縮減政府規模。

第十一章

財政可持續性

拉美債務危機 [1]

前幾章我們介紹了政府財政收支的一些規律，也提到了主權債務的可持續性。下面我們舉一些不可持續的例子，以探討政府債務危機為甚麼會出現以及如何解決。這些討論對中國的地方政府債務問題的處理可能會有些啟發。

政府債務危機有着久遠的歷史，許多國家在爭取獨立的過程中和經濟發展初期都有過大量舉債的階段，美國政府也不例外，其在 1775 年、1782 年和 1790 年出現債務危機時最終都是通過超發紙幣來解決的。這種解決辦法帶來的後果是惡性通貨膨脹。

戰爭時期政府舉債是容易理解的，但在經濟發展初期政府為甚麼通常也需要舉債呢？阿貝爾和伯南克在他們的《宏觀經濟學》

1　美國聯邦存款保險公司於 1997 年出版了《20 世紀 80 年代的歷史，未來的教訓》（History of the Eighties，Lessons for the Future，兩卷本）。第一卷第五章專門論述 20 世紀 80 年代的欠發達國家債務危機，比較權威。

一書中指出，經濟體在經濟發展初期資本匱乏，但此時資本回報率相應較高，因此投資需求旺盛。但發展初期的經濟體自身儲蓄有限，通常以向他國舉債來滿足這些投資需求，求取快速發展。這就解釋了為甚麼拉美國家和一些亞洲國家，包括墨西哥、巴西、阿根廷、韓國、菲律賓等，都在 20 世紀 70 年代借了不少外債。

　　既然這些借債是正當和有理論依據的，那麼 20 世紀 80 年代的欠發達國家的債務危機，尤其是拉丁美洲的墨西哥、巴西、阿根廷這三個國家的，又是甚麼原因導致的呢？

　　起因是 20 世紀 70 年代的兩次石油危機。1973 年和 1979 年的石油價格暴漲引發了全球的經濟衰退，欠發達國家的出口市場萎縮。而我們知道，欠發達國家從美、日、德、英等國的銀行所獲得的貸款都是強勢貨幣，絕大部分是美元。它們要想償還這些債務，就需要通過出口來賺取足夠的外匯。出口市場的萎縮意味着債務償還出現困難，欠發達國家只得借新還舊，因此債務負擔日益沉重。以拉丁美洲為例，拉丁美洲國家外債總額由 1970 年的 280 億美元上升至 1978 年的 1590 億美元，這一發展趨勢令人擔憂。一方面，債務國感覺這筆債越還越多，似乎永遠都無法還清。另一方面，債權人，那些西方的銀行和財團，也在擔心有那麼一天債務國不堪重負而宣佈破產。銀行家們其實已經漸漸不大願意繼續對債務進行展期，但除了提高利息外似乎也別無更好的辦法。令人啼笑皆非的是，布魯金斯學會，美國著名智庫之一，曾在 1977 年發佈一篇其研究員羅伯特‧所羅門（Robert Solomon）撰寫的會議論文，該文認為這些銀行家的擔心是多餘的。文章認為拉美這些國家

出口表現良好，經濟增長穩健，債務可持續性沒有問題。格林斯潘從 1974 年 9 月至 1977 年 1 月任美國經濟顧問委員會主席，是該篇論文的主要評論員。格林斯潘比較客氣，一方面對所羅門的主要結論表示同意，但同時也表明他比所羅門更為保守，沒那麼樂觀。他強調，所羅門那一套基於歷史數據所得出來的各種債務可持續性的量度對於銀行家們而言是沒有價值的。銀行家們關注的是未來，即這些國家能否經得住未來的衝擊。格林斯潘擔心將來這些國家難以對即將到期的短期債務進行展期。該文的另外兩位評論員就不像格林斯潘那麼客氣了。約翰・卡雷肯（John Kareken）覺得所羅門有點脫離實際。他認為《華爾街日報》和《經濟學家》週刊上的關於秘魯和土耳其的文章足以讓人提心弔膽，經濟前景遠非所羅門所假設的那般理想。戈拉・奧林（Goran Ohlin）則提到了連鎖反應的可能性。如果某一國家出現債務違約的情況，那麼銀行家們可能會擔心其他國家也會出現類似問題，從而拒絕它們的新的貸款請求，以至引發更多的違約事件。羅伯特・索洛（Robert Solow）也參與了討論，他認為欠發達國家的債務風險不可被低估，尤其是當將來的實際利率開始攀升時更是如此。

令人擔心的事情果然發生了！1982 年 8 月 20 日，墨西哥財務部部長赫蘇斯・席爾瓦・埃爾索格（Jesús Silva-Herzog）宣佈單方面暫停還款並要求啟動債務重組談判，這引起整個國際金融市場的震動。就在一年前，也即 1981 年，上面提到的那位布魯金斯學會的研究員羅伯特・所羅門再次撰文，表示他繼續看好欠發達國家的信用。通過對歷史數據的分析，他判斷在債務負擔較重的 5 個拉

美國家和 3 個亞洲國家當中只有巴西和墨西哥需要密切關注。墨西哥的石油出口以及其經濟持續快速增長的前景是其維持信用的重要保證。巴西的出口表現及其壓縮進口的能力為其預防債務失控提供了很好的保證。從長遠來看，巴西的「奇跡」應該可以繼續下去。總的來說，他認為這 8 個國家都是有信用的。他對發展中國家債務前景的判斷還是較為樂觀的。

羅伯特・所羅門在這篇文章中的分析比他在 1977 年的文章中的分析略為謹慎，比如他談到第二次石油危機對全球經濟以及債務國的負面影響，並且在該文的結尾處給自己留了一點退路。他表示文中較為樂觀的結論是基於實際利率將從 1981 年的高點下降並保持下降趨勢這一假設之上的。如果該假設未能實現，不僅是這些發展中國家，整個世界經濟都將陷入嚴重的困境。

加入討論的其他經濟學家雖然有持不同意見者，但似乎沒有任何一位站出來大聲疾呼，對即將到來的債務危機加以預警。要知道，布魯金斯學會每年舉行兩次討論會，能夠參會的都是重量級經濟學家和政府要員，比如哈佛大學的傑弗里・薩克斯和格林斯潘。截至 2019 年 9 月，共有 23 位諾獎得主多次參會。1981 年的這次會議判斷可以說是布魯金斯學會與會人員的一次集體誤判，是非常令人遺憾的。

墨西哥宣佈單方面暫停還款後，連鎖反應出現了，此後約有 40 個國家相繼發生違約事件。如何解決這一威脅到全球經濟安全的危機便成了大家的當務之急。經濟學家和政商界有識之士紛紛出謀劃策，提出各種拯救計劃。

　　我們知道，債務違約事件出現後，債務方和債權人必然會經歷各種訴訟、談判和債務重組。據世界銀行估計，拉美債務的 80%以上為主權債務，即債務方為各國政府、政府機構以及擁有政府擔保的私營企業。債權方為商業銀行，其中美國的銀行在拉美債務中風險敞口最大。從傑弗里・薩克斯和哈里・赫依津哈（Harry Huizinga）的文章提供的數據來看，拉丁美洲外債的 38% 來自美國銀行，20% 來自英國銀行，15% 來自日本銀行等。債務危機如果不能有序地解決，則勢必會對這些發達國家的金融體系造成重創。因此，談判和重組必然要在政府層面展開。美國政府更是必須要牽頭設計和推出拯救方案。

　　在解決方案出台之前，拉美借新還舊在所難免，外債利率當然是越來越高，借債條款越來越苛刻。截至 1987 年，拉美各國外債總額已從 1978 年的 1590 億美元上升至約 4800 億美元。如果不繼續放貸，那麼拉美債務國只能宣佈破產，銀行貸款血本無歸，銀行股票會出現暴跌而且銀行本身甚至也可能面臨破產。如果繼續放貸，那麼風險敞口越來越大，銀行最後能收回多少債務實難預料。

　　發達國家政府能不能為此買單呢？答案是發達國家即使有能力，其納稅人也不會答應，更何況很多發達國家政府本身就負債累累。美國政府債務受列根總統的減稅影響，其佔 GDP 的比重從 1981 年的 31% 上升至 1987 年的 48%。因此，這條路難以走通。

　　那能否藉助世界銀行和國際貨幣基金組織的力量來進行救助呢？在這兩大機構中美國作為最大出資國佔有相當份額的投票權。美、歐、日聯手即可左右這兩大機構的決策。如果違約只出現在

個別國家，那我們可以相信這兩大機構能夠幫助它們解決問題，可是面對如此可怕的連鎖反應，世界銀行和國際貨幣基金組織的財力也難以應付了。

多方經過協商，最終於 1989 年出台解決方案「佈雷迪計劃」（Brady Plan），該方案以美國財政部部長尼古拉斯·佈雷迪的名字命名。羅斯·巴克利（Ross Buckley）在他的一篇文章中 [2] 總結美國財政部部長尼古拉斯·佈雷迪的建議為：第一，一系列基於市場的處置；第二，邀請債權人自願參與；第三，將債務減免與發行有抵押的置換債券相捆綁；第四，允許債務國在二級市場上以市場折扣價回購自己的債務；第五，鼓勵債轉股。該方案包括如下幾個關鍵元素：減免債務勢在必行，各大銀行必須為自己所犯下的錯誤承擔損失。簡單的債務重組不可能解決問題，減免債務是唯一的辦法。債權人之間取得這一共識是困難的，但每位債權人也清楚問題只會越拖越嚴重。據估計，通過「佈雷迪計劃」中的協議，拉美債務國在 1989 年至 1994 年期間處理掉 1910 億美元貸款，各國銀行共為 18 個債務國提供了 610 億美元的債務減免，減免幅度平均高達 32%。貸款銀行的股東承擔了主要的損失。

即便在如此大幅減免的條件之下，剩下的債務如何重組仍然很費周章，其內容也很複雜，其中最著名的部分就是用佈雷迪債券

2　羅斯·巴克利的文章中還給出了用於擔保的美國國庫券的資金來源：墨西哥出資 13 億美元，日本出資 20 億美元，國際貨幣基金組織和世界銀行共出資 37 億美元。美國雖然沒有直接出資，但因為它是國際貨幣基金組織和世界銀行的最大出資國，所以從間接意義上講，還是動用了美國納稅人的錢。

置換市場價值大幅縮水的銀行貸款。舉例而言，假設某銀行對巴西貸款 10 億美元，這筆貸款的市場價值只剩下 5 億美元，也就是說二級市場投資者認為這筆貸款最終只能收回一半。在「佈雷迪計劃」的安排下，巴西發行 6 億美元 30 年期的主權債券置換那 10 億美元貸款，也就是說銀行承擔了 40% 的損失，這樣做比在市場中出售這筆貸款少損失 10%。如何保證這 6 億美元主權債券將來的回報呢？在「佈雷迪計劃」下，這批新發行的主權債券的本金和首 18 個月的利息由美國國債來擔保。這批美國國債一部分由巴西購買，剩下的部分由美國政府、日本政府、世界銀行和國際貨幣基金組織出資購買，然後全部存放在一個托管賬戶下。如果將來巴西再次違約，則該銀行可向這個托管賬戶提出賠償。我在這裏只是舉例說明，真實案例可以看一下墨西哥「佈雷迪計劃」。墨西哥是嘗試「佈雷迪計劃」的首個國家，債權銀行可以有三個選擇：（1）銀行可以在將貸款置換為減值 35% 之後的「平價債券」的利率固定為 6.25%。本金擔保和 18 個月利息的滾動保證以存放在托管賬戶中的美國國庫券來承擔；（2）銀行可以將其貸款轉換為新發行的 30 年期債券，利息為 Libor（倫敦同業拆借利率）加上 0.8125%，本金減值 35%。擔保安排同上；（3）銀行可以選擇在未來 4 年向墨西哥新增貸款，新增幅度不超過其對墨西哥中長期貸款額度的 25%。從事後來看，美國、法國、英國的銀行中分別有 19%、12% 和 6% 選擇了第三項，其他國家的銀行都選擇了前兩項。各國銀行的選擇具體見表 11-1。

表 11-1　拉美債務危機中各國債權銀行的選擇

國家	平價債券	折價債券	新增貸款
法國	79%	9%	12%
美國	58%	24%	19%
日本	18%	81%	0%
加拿大	48%	52%	0%
德國	80%	20%	0%
英國	48%	45%	6%

雖然「佈雷迪計劃」在 20 世紀 90 年代就結束了，但此方案引入的許多創新都保留在後來的主權債務重組中，例如在俄羅斯和厄瓜多爾的相似案例中。厄瓜多爾在 1999 年成為第一個布拉迪債券遭到違約的國家。「佈雷迪計劃」在化解發展中國家債務危機方面起到了積極作用，但也引發了諸多道德風險，比如，債務國可以通過單方面宣佈暫停還款從而引發市場拋售其貸款，然後通過第三方在市場上以打折價進行回購來降低舉債成本。在討論 2008 年金融海嘯時我們也提起過潛在的道德風險，危機處置和道德風險這兩者之間應如何取捨確實是一大永恆的難題。

思考題

我們知道，戰爭時期政府舉債是容易理解的，那麼請問，你認為在經濟發展初期政府為甚麼通常也需要舉債呢？

中國地方政府債務風險

　　中國地方政府債務分為顯性債務和隱性債務。顯性債務即反映到地方政府資產負債表中的債務，由財政部預算司進行統計披露。比如，從財政部的網站上我們可以查到預算司於 2019 年 5 月 17 日發佈的公告。公告顯示：全國地方政府（顯性）債務餘額為 19.7 萬億元，其中一般債務 11.6 萬億元，專項債務 8.1 萬億元。這些債務的絕大部分為政府債券，約 19.4 萬億元，也就是說 98.5% 的地方政府顯性債務均是以政府債券形式存在的。可以看出，中國地方政府顯性債務的管理已經非常規範[3]。下面我們簡單回顧一下我國地方政府發債的歷史，從而明瞭這部分就是多麼來之不易。

　　新中國成立初期，地方政府就曾發行過債券。但到了 20 世紀 70 年代，政府債務作為融資工具的一種已被拋棄。記得當時《人民日報》「元旦社論」中時常出現的句子就是「革命形勢一片大好」、「我國既無內債也無外債」。1981 年國債恢復發行。1981 年至 1985 年，有 28 個省級政府開始舉債。20 世紀 80 年代末和 90 年代初，不少地方政府上馬基建項目，都曾經發行過地方債券來進行融資，後由於擔心失控而於 1993 年被國務院叫停。1994 年頒布的《預算法》明確規定，除法律和國務院另有規定外，地方政府不得

---

[3]　中國財政科學研究院宏觀經濟研究中心研究員王志剛在《中國財政政策可持續性分析》一文中認為，由於中國政府近年債務多是生產性支出帶來的，故其有利於長期增長，所以總體上看中國財政相對穩健。

發行地方政府債券。

1998 年，為了應對亞洲金融危機，中央財政為地方政府發行了 550 億元國債，交由地方政府用於刺激經濟，將來由地方政府還款給中央財政，再由中央財政支付給投資者。類似地，2009 年，為應對全球金融危機，財政部經國務院批准同意，以地方政府為發行和償還主體，按照記賬式國債發行方式，採用荷蘭式招標，通過「財政部國債發行招投標系統」面向承銷機構進行招標，由承銷機構代理發行 2000 億元可流通記賬式債券。這 2000 億元地方債被分配至各省，其中四川省由於受汶川大地震影響，獲得的發行額度最大，達到 180 億元。

這種由中央財政代發地方政府債券的做法，除了能幫助中央政府控制地方政府債務規模外，也規避了違反 1994 年《預算法》中禁止地方政府發債的條款。隨着時間的推移，學界和社會上支持地方政府獨立發債的呼聲越來越高。[4] 這主要基於以下幾個原因：

第一，如果由中央政府代發，那麼儘管發行時債券會以地方政府命名，比如 2009 年四川省政府債券（一期），面值 90 億元，但因為其由財政部代發，所以實際上是中央財政為各地方政府債券提供了隱性擔保。這樣做的好處是可以降低地方政府發債成本，壞處是加大了中央政府的隱性債務。試想，如果四川省政府到期無力支付，那麼中央政府勢必會替其兌付給投資者，而中央政府的隱性債

4　沈炳熙在〈關於規範地方政府發債方式的思考〉一文中建議制訂相關法律法規，承認地方政府發行債券的合法性和合理性。

務也就突然變為顯性的了。

第二，地方政府獨立發債有利於債券市場建設。如果是地方政府自主發債，那麼地方政府對資金的使用會更加謹慎、負責，同時也會接受更為嚴格的市場監督。債券市場投資者也會根據風險來決定債券利息的高低。萬一某地方政府出現資不抵債的情形，投資者也只有面對債務重組的現實。

第三，分稅制後的財政困難以及城市化發展的需要，再加上金融上的創新，這些都使得地方政府的財務狀況難以釐清。通過允許各地方政府自主發債來對其財務狀況做一清理，更便於中央政府掌握各地風險敞口的頭寸，並有針對性地加以處理。

為了確保地方政府債務規模得到控制[5]，《新預算法》[6] 加入了這一條款：「經國務院批准的省、自治區、直轄市的預算中必需的建設投資的部分資金，可以在國務院確定的限額內，通過發行地方政府債券舉借債務的方式籌措……舉借的債務應當有償還計劃和穩

5　如果政府債務負擔過高會導致經濟金融危機，那麼是否應當立法限制政府債務規模呢？世界各國為此有不同程度的努力，這類立法統稱為「預算平衡修正案」。其實很少法案能真正平衡預算，大多數是對債務佔 GDP 的比重設定某個上限，比如 60%。德國、法國、意大利、奧地利以及美國都有立法。即便如此，這些立法通常也允許破例的情形，比如發生戰爭、國家緊急狀況或經濟衰退時。一般而言，由於「累進所得稅」和「失業救濟金」這兩種傳統的「自動穩定器」（automatic stabilizer）的存在，政府在經濟衰退期稅收收入減少且支出增加，這必然導致政府赤字增加和政府債務攀升。如果立法強行要求政府平衡預算，則政府必須加稅或減少開支，如此反而抵消了「自動穩定器」的作用。美國通過國會設定國債上限來限制政府借貸規模，中國則通過全國人民代表大會來設定政府債務限額。

6　此處的《新預算法》指 2014 年十二屆全國人大常委會通過的 2014 年修正版《預算法》。——編者注

定的償還資金來源，只能用於公益性資本支出，不得用於經常性支出。」注意這裏提到的「限額」和「資本支出」，此外《新預算法》還強調「除前款規定外，地方政府及其所屬部門不得以任何方式舉借債務」以及「除法律另有規定外，地方政府及其所屬部門不得為任何單位和個人的債務以任何方式提供擔保」。

我認為這些條款都是非常必要的，否則中國難免重蹈阿根廷的覆轍。發生在 2001 年前後的阿根廷債務危機，就是由於地方政府開支失控而導致的 —— 地方政府除了發行債券外，還發行花花綠綠的各種東西替代貨幣，最終中央政府不得不出面拯救，從而使自身的債務負擔激增而難以償還。阿根廷經濟於 2001 年至 2002 年陷入嚴重衰退，其政府債券於 2005 年減值達 70%。

中國政府憑藉上面的條款對地方政府的顯性債務實現了相當規範的管理，但問題遠沒有解決，因為地方政府的隱性債務負擔仍然難以摸清，爆發地方政府債務危機的風險仍然存在。中國地方政府債務對實體經濟的影響如何？從理論上來講，政府借貸要麼會直接擠出私有部門借貸，要麼會導致利率上升，從而使私有部門借貸成本高昂，進而導致借貸萎縮，投資下降，經濟下滑。這就是所謂政府債務的「擠出效應」。馬爾科・帕加諾（Marco Pagano）等人對中國地方政府債務的「擠出效應」做了實證研究，研究發現私有企業受擠出影響較大，而國企和外資製造業企業所受影響不大。為此，2014 年國務院 43 號文出台關於加強地方政府性債務管理的意見。其中引人注目的有三點：第一，剝離融資平台公司政府融資職能，融資平台公司不得新增政府債務；第二，地方政府舉債採取

政府債券方式。沒有收益的公益性事業發展確需政府舉借一般債
務的，由地方政府發行一般債券融資，主要以一般公共預算收入償
還。有一定收益的公益性事業發展確需政府舉借專項債務的，由地
方政府通過發行專項債券融資，以對應的政府性基金或專項收入償
還；第三，對甄別後納入預算管理的地方政府存量債務，各地區可
申請發行地方政府債券置換[7]，以降低利息負擔，優化期限結構，騰
出更多資金用於重點項目建設。

　　這三點中的前兩點意在阻止地方政府產生新的隱性債務，第
三點在於化解舊的隱性債務，將過去的隱性債務通過地方政府發行
債券來將之顯性化，同時降低利息負擔。利息之所以能降下來是因
為新的債券明確了地方政府的償債義務，而舊的借貸中地方政府只
有擔保責任或救助責任。從降低利息負擔的角度來看，第三點中的
債券置換與布拉迪債券類似，但布拉迪債券涉及本金的減免，而中
國的債券置換計劃似乎還沒這麼進取。實際上，某些省份的債務餘
額已經超過其綜合財力，即債務率已高於全國人民代表大會常務委
員會確定的 100% 的警戒線，或許減免本金才能真正解困，但困難
在於如何避免此舉帶來的道德風險。

　　2015 年至 2018 年這 4 年中國地方政府共發行置換債券 12.77
萬億元，在如此顯性化之後，至 2018 年底全國地方政府顯性債務

7　中國財政科學研究院金融研究中心研究員封北麟在《中國地方政府債務歷史、現
　　狀、成因、預測與風險研判》這篇文章的結尾和摘要中強調：債券置換這一做法
　　所帶來的隱藏的道德風險不可忽視。

餘額約 18 萬億元。目前中國地方政府隱性債務規模還剩下多少仍是眾說紛紜。國際貨幣基金組織、國際結算銀行、標普、穆迪以及中國本土券商在過去幾年和最近對中國地方政府隱性債務都有過一些估算，粗略而言，地方政府債務在顯性化後至 2018 年底剩下的隱性債務大約 30 萬億元左右。地方政府顯性和隱性債務相加得 48 萬億元，佔 2018 年 90 萬億元 GDP 的 53%。中央政府債務約 15 萬億元，佔 2018 年 GDP 的 17%。地方政府與中央政府的債務相加得全口徑政府債務，約 63 萬億元，佔 2018 年 GDP 的 70%，比 60% 這一歐盟中長期目標高出 10 個百分點。

要想得到比較有意義和準確的估計，需要國家對具有代表性的省市的隱性債務進行排查，然後得出規律從而幫助推算整體的隱性債務規模。我認為國際機構和本土券商的估算當中有相當多的任意性。但不管最終的中國政府總體負債佔 GDP 的比重是 60%、70%，還是 80%，關鍵是政府要着手解決問題。我認為中國政府最近這些年在管理地方政府債務方面還是有進步的，至少在立法和出台執行意見等方面是這樣的。但中國政府必須注意的是，解決地方政府債務問題需要時間，正如歐盟要求其成員國向 60% 這一中長期負債率目標邁進一樣，中國降低負債率也必須有一個中長期的着眼點，切忌剎車過猛。降低政府負債率這一中長期的方向一旦明確，即使短期內由於貿易摩擦、科技摩擦而不得不對債務的增加網開一面，即使房產稅不得不押後推出，但假以時日問題總能解決，關鍵是要保持健康的經濟增速。

思考題

地方政府為化解舊的隱性債務，可將過去的隱性債務通過地方政府發行債券將之顯性化，同時降低利息負擔。請問，你認為利息之所以能降低是由哪些原因導致的？

本章要點總結

1　許多國家在爭取獨立的過程中和經濟發展初期都有過大量舉債的階段，如拉美的墨西哥、巴西、阿根廷以及亞洲的韓國、菲律賓。

2　20 世紀 80 年代欠發達國家債務危機的起因是 20 世紀 70 年代的兩次石油危機。石油價格暴漲引發全球經濟的衰退，欠發達國家的出口市場萎縮，導致其償還債務困難而只能借新還舊。然而，美國著名智庫布魯金斯學會對拉美國家債務的可持續性有所誤判，沒有意識到危機即將到來。

3　1982 年 8 月，墨西哥宣佈單方面暫停還款並要求啟動債務重組談判，這在整個國際金融市場引起震動並出現連鎖反應，此後約有 40 個國家相繼發生違約事件。

4　美國的銀行在拉美債務中風險敞口最大，美國財政部於 1989 年出台「佈雷迪計劃」以解決債務危機。

5　「佈雷迪計劃」旨在減免債務，並對剩下的債務進行重組，比如用佈雷迪債券置換市場價值大幅縮水的銀行貸款等。「佈雷迪計劃」在化解發展中國家債務危機方面起到了積極作用，但也引發了諸多道德風險。

6　中國地方政府債務分為顯性債務和隱性債務。顯性債務即反映到地方政府資產負債表中的債務，由財政部預算司進行統計披露，並且絕大部分以政府債券形式存在。

7　我國於 1994 年頒布《預算法》，禁止地方政府發債，所以在應對 1998 年和 2009 年的金融危機時我國採取的是中央財政代發地方

政府債券的做法。

8　　隨着時間的推移，學界和社會上支持地方政府獨立發債的呼聲越來越高。《新預算法》增加條款允許地方政府在特定條件下發行債券並對這一行為加以嚴格限定，這體現出中央政府對地方政府的顯性債務實現了相當規範的管理。

9　　中國地方政府的隱性債務負擔仍然難以摸清。2014 年國務院出台加強地方政府性債務管理的意見，這樣做一方面是為了阻止地方產生新的隱性債務，另一方面是通過債券置換計劃來將舊的隱性債務顯性化。

10　中國地方政府債務問題的解決需要時間。中國在降低負債率時必須有一個中長期的着眼點，切忌刹車過猛，關鍵是要保持健康的經濟增速。

PART 4

經濟增長，從長計議

第十二章
開放與經濟增長

追趕與趨同

　　首先，從現象上來講，日本在二戰之後的經濟崛起是一大奇跡，尤其是其在 1969 年至 1989 年長達近 30 年的時間內的快速追趕，引起世人矚目。早在 1979 年，哈佛大學傅高義教授出版了專著《日本第一：對美國的啟示》。他在書中對日本的組織架構、政策方案以及有意識的規劃大加讚賞。韓國、新加坡以及中國香港和台灣地區借鑑日本的出口導向模式也取得了巨大的成功。美國主流媒體於 20 世紀 80 年代後期開始對「亞洲四小龍」的經濟騰飛進行報道。世界銀行也於 1993 年以「東亞奇跡」為題發佈了報告。總之，追趕這一現象已相當普遍，值得研究。

　　其次，從理論上來講，追趕也一度被認為是鑑別經濟增長模型的一塊試金石。從著名的新古典索洛增長模型中我們可以推出落後的經濟體會比先進的經濟體資本積累更快，其經濟增長也就更快，從而經濟體之間會形成追趕。究其原因，是在索洛模型中，不論一個經濟體的現有資本存量的多寡，資本存量都將趨於同樣水平

的一個穩定點。因此，如果經濟體 A 已經達到了穩定點，其增長率勢必為零；而經濟體 B 如果處於落後的位置，其增長率勢必為正。換句話說，B 在追趕 A。而且，所有落後於 A 的經濟體都會不斷地追趕 A，最終這些經濟體間會出現趨同現象。索洛模型的數學形式如下：

假設人均生產函數為 $y=A \cdot f(k)$，其中 y 為人均產出，k 為人均資本存量，A 是全要素生產率，$f(k)$ 滿足資本收益遞減。如果 A 為常數，資本折舊率為常數 δ，人口增長率為常數 n，儲蓄率為常數 s，那麼資本積累方程可以寫成差分方程：

$$\Delta k = s \cdot A \cdot f(k) - (n+\delta)k$$

其中 Δk 為資本增量，在時刻 t 下 $\Delta k = k(t+1) - k(t)$。給定參數 s，A，n，δ，令 $s \cdot A \cdot f(k) - (n+\delta)k = 0$，即可求得其解 k^*。在資本收益遞減這一假設下，可以看出 k^* 是上述差分方程的穩定點，即不論起始點的資本存量 $k(0)$ 為何值，資本存量最終會逼近 k^*。經濟體間趨同這一結論主要來自生產函數中資本收益遞減的這一假設。

前面我們提到的亞洲國家及地區集體追趕發達經濟體的現象只能說是與新古典索洛增長模型的結論相符，還不能說新古典索洛增長模型的正確性已被證明。趨同是否真的成立有待更為精細地實證分析。下面我們借鑑納茲魯‧伊斯拉姆（Nazrul Islam）教授

於 2003 年發表的一篇綜述性文章 [1] 來介紹經濟學界在趨同這一課題上採取了哪些分析方法，得到了哪些結論。

經濟學界針對趨同這一課題所採取的分析方法可以分為 4 類：截面數據分析（跨國比較）、時間序列分析（單個經濟體跨時間比較，看這個經濟體是否在逼近自己的穩定點）、面板數據分析（前兩者的結合）以及經濟體收入水平的分布狀況隨時間的變化。

截面數據分析本身可以通過兩種形式來實現。我們先介紹直觀上很容易理解的粗淺形式，然後再講解更為正規的嚴格形式。

粗淺的、比較直觀的形式可以這麼去思考：如果我們用橫軸表示初始年份的經濟情況，比如 1960 年的實際人均 GDP，用縱軸表示 1960 年之後的年均人均 GDP 增長率，那麼在將所有國家的數據都在坐標軸上標示出來後，我們就應該能判斷經濟體間是否存在追趕和趨同。追趕和趨同如果存在，那就說明在初始年份較窮的國家其隨後的增長率相對較高。換句話說，追趕和趨同如果存在，就代表所有國家的這些點聚在一起，應該呈現出向下傾斜的趨勢。這一情形被我們稱為「無條件趨同或絕對趨同」。「絕對」這個詞表明我們考察的樣本包括了所有數據齊全的國家。此外，用截面數據得到的「趨同」有時也被稱作「β 趨同」，這是因為在回歸方程右邊的初始實際人均 GDP 前的系數大家習慣以「β」來表示。β 顯著為

1　伊斯拉姆教授的文章談了很多的細節，比如「Convergence Within」和「Convergence Across」的區別、「Convergence in terms of growth rate」與「Convergence in terms of income level」之間的爭論等。

負說明存在「趨同」。用經濟體收入分布隨時間的變化而得到的「趨同」有時被稱作「σ趨同」，這是因為我們習慣用「σ」來描述分布的標準差。經濟體收入分布的「σ」隨時間變長而縮小，則意味着存在「趨同」。

　　這方面的研究相當多，且研究結論否定了絕對趨同的存在，我們在此引用羅伯特・巴羅（Robert Barro）和薩拉伊馬丁教授的總結性專著《經濟增長》（Economic Growth）中的一個插圖（圖 12-1）來說明其中緣由。圖 12-1 中包含了 114 個國家齊全的數據，數據起始年度為 1960 年。橫軸為取對數的 1960 年人均 GDP，縱軸為 1960 年至 2000 年的年均人均 GDP 增長率。顯然，我們看不到向下傾斜的趨勢，也就是說絕對趨同並不存在。

圖 12-1　絕對趨同並不存在的情形

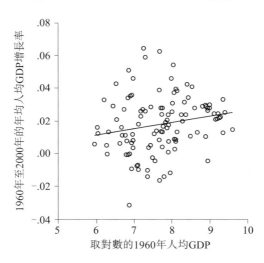

更為正規和嚴格的分析也有不少，其中影響最大的是曼昆與

戴維・羅默和戴維・韋爾（David Weil）合作發表的一篇文章[2]。他們通過回歸分析發現絕對趨同確實不存在，但更重要的是他們發現有條件趨同是存在的。他們先在標準的索洛增長模型中推導出一條可以判定有條件趨同的回歸方程式。這一方程式的左邊為各國人均 GDP 增長率，即被解釋變量，右邊為常數項、取對數的 1960 年人均 GDP、儲蓄率的對數值以及「人口增長率 +TFP 增長率 + 資本折舊率」的對數值。這時他們發現 1960 年人均 GDP 這一變量前的系數顯著為負。這就說明在加入了儲蓄率、人口增長率、TFP 增長率、資本折舊率等控制變量的條件後，各國經濟確實存在趨同。美中不足的是，他們的截面數據所估計出的標準索洛模型導出了一個與事實出入較大的結果，即資本收益佔 GDP 的比值高達 0.59，顯著高於 0.36（在「全要素生產率」這一節中我們曾提到的美國資本收益佔 GDP 的比的實際值）。為了彌補這一缺憾，他們將人力資本引入索洛模型，從而得到擴展版索洛模型。擴展版索洛模型不僅彌補了前面提到的缺憾，也進一步確認了有條件趨同的結論。並且，他們得出趨同的速度在包含 75 個中等收入國家的樣本中為 1.82%，運用「70 法則」，這意味着一個國家人均收入的對數值與其穩定點人均收入的對數值之間的距離需要 38.5 年方可縮減一半（70 ÷ 1.82 = 38.5）。

2　曼昆、戴維・羅默和戴維・韋爾於 1992 年發表文章《經濟增長的經驗》（A Contribution to the Empirics of Economic Growth），谷歌學術網上顯示被引用 18104 次（2019 年 7 月 11 日）。該文開篇第一句就是「This paper takes Robert Solow seriously」，這句話已成為經典，其後不乏效仿者。

　　有條件趨同還在下面的一系列研究中得到印證。鮑莫爾
（Baumol）教授於 1986 年揭示了 16 個經濟合作與發展組織國家之
間的趨同如圖 12-2 所示。雖然他將這一趨同稱為無條件趨同，但
其後的學者認為這其實屬於有條件趨同的範疇，畢竟這些國家的體
制機制都有很多共性，且互相之間的國際貿易和文化交流都比較充
分。甚至有學者認為使用經濟合作與發展組織國家作為樣本這一
做法本身就涉嫌選擇性偏差。

圖 12-2　16 個經濟合作與發展組織國家之間的趨同現象

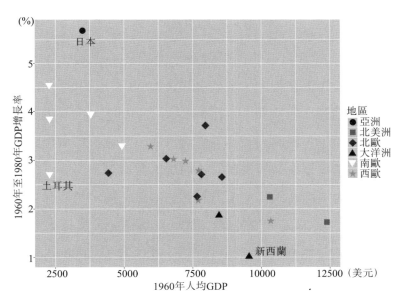

　　巴羅和薩拉伊馬丁發現美國各州之間存在趨同現象（圖 12-
3），日本各縣之間也存在。

圖 12-3　美國各州之間存在趨同現象

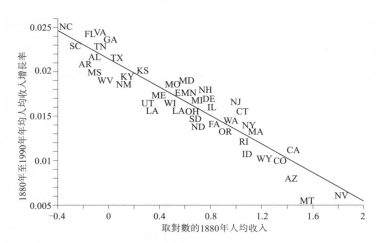

國際貨幣基金組織的人曾做過一個關於中國的研究，分析中國各省之間是否存在趨同。他們發現，1978 年至 1989 年間，中國各省之間的趨同比較明顯，而在 1989 年至 1997 年間，趨同現象消失了。究其原因，我個人認為是經濟特區的設立。經濟特區的設立使沿海城市獲得眾多政策優勢，沿海地區經濟迅速發展，且發展得越來越快，內陸地區的經濟相對而言則增長較慢。徐現祥和李郇以中國地級以上城市為單位對趨同問題展開研究，並得到了不同的結論。通過對 216 個地級以上城市在 1989 年至 2000 年間的數據的分析，他們發現中國城市經濟增長存在「σ 趨同」和「絕對 β 趨同」，這與上面提到的中國省際收入趨同於 20 世紀 90 年代出現停滯形成對比。他們認為，「沿海、內地城市間的差距不大，也沒有呈現出不斷拉大的態勢。這意味着把我國省區差距的重新擴大歸因於沿海與內地省區間差距的不斷拉大，可能有失偏頗」。這一結

論非常值得關注。

時間序列的分析方法涉及比較複雜的單位根檢驗和協整檢驗，這一方法的結論基本上是支持有條件趨同的。

面板數據分析方法更為複雜，涉及的潛在問題也更多。伊斯拉姆教授列出了諸如內生性偏差、小樣本偏差等問題。面板數據分析的一大優點就是它能通過引入個體固定效應來補救變量遺漏偏差（Omitted Variable Bias）。通過這類方法得到的結論相當繁雜，伊斯拉姆教授認為面板數據分析比較突出的成果是揭示了這樣一個事實：各國間收入差別的主要原因來自技術水平的持久差別。

第四類分析方法是考察經濟體收入水平的分布狀況隨時間的變化。就這一領域，我想主要介紹一下柯成興（Danny Quah）教授的工作。柯成興於 20 世紀 90 年代發表了一系列文章，給出了幾個重要的結論：首先，經濟體收入水平的差異具有一定的持續性，也就是說追趕並非理所當然，差異不會自然消失；其次，經濟體收入水平的分布越來越凸顯「雙峰」[3] 的特性（圖 12-4），形成落後國家俱樂部和發達國家俱樂部。經濟合作與發展組織國家就是典型的發達國家俱樂部。他發現，一個經濟體要想加入發達國家俱樂部就必須同這個俱樂部的成員國開展國際貿易。

前面我們提到過，研究趨同現象的初衷之一是為了判定哪一

3　柯成興教授於 20 世紀 90 年代寫了一系列與趨同現象相關的論文，其中討論「雙峰」的文章是《雙峰：分布動力學模型的增長和趨同》（Twin peaks: Growth and Convergence in Models of Distribution Dynamics）。

類增長模型有更多的實證支持。新古典索洛增長模型認為經濟體的收入會出現趨同，而內生經濟增長模型，尤其是那些基於收益遞增的模型則認為趨同並非必然，一個經濟體的增長率取決於其人力資本、教育體制、法制法規以及效率，不見得經濟落後的國家一定就能進行追趕。在一系列有關趨同課題的實證研究湧現之後，新古典索洛增長模型和內生經濟增長模型各自出現變化，都變得既可解釋趨同又可解釋差異。

圖 12-4　經濟體收入水平的分布凸顯「雙峰」特點

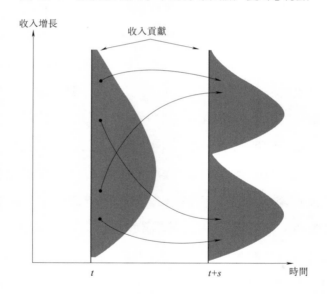

　　如果要總結一下，那麼我們可以說實證研究對有條件趨同這一結論的支持比較充分。新古典索洛增長模型將趨同歸因於落後國家相對較快的資本積累，而內生經濟增長理論則認為趨同是落後國家從發達國家引進技術和複製發達國家體制機制的結果。

思考題

日本在二戰之後經濟的快速崛起引世人矚目，亞洲其他國家和地區借鑑日本的出口導向模式也取得了巨大的成功，這被稱為「東亞奇跡」。請問，這些國家或地區包括哪些？

開放是追趕的前提

從理論上來講，開放可以帶來哪些好處，又存在哪些弊端呢？

開放可以帶來的好處有如下幾點：第一，國外先進技術得以引進；第二，本國可以利用外資；第三，國外巨大的市場促使國內產業進一步專業化；第四，國際市場的競爭迫使本國企業提升效率；第五，先進觀念和思想得以引進。第五點是保羅·羅默教授極其強調的，他寫過多篇文章闡述 Economics of Ideas（創意經濟學）。他認為，一種觀念、思想或想法具有某種特殊屬性，即它可供不同的人在不同的地點同時使用。這一特殊屬性使得觀念、思想或想法的引進可以產生極為廣泛的影響。我們這裏所談的想法不僅僅局限於硬件技術上，也可以涉及管理方面甚至國家政策的制定層面。

開放存在的弊端包括：首先，在開放的環境下，本土企業有可能無法面對進口品的競爭而導致自身破產，進而對本國就業造成壓力；其次，在海外資本和熱錢的左右下，本土金融風險可能會顯著

上升，國際金融危機更容易傳播到本國。最後，開放還有可能使國內資源過度開發，環境污染進一步惡化。

開放的利弊在兩相權衡後最終對經濟增長產生甚麼樣的影響呢？這個問題需要實證研究來予以回答。總體上，認為開放對經濟增長有正面作用的文章佔主導地位，我在下面將介紹幾個比較典型的研究，同時也着重介紹一篇批評性文章──《貿易政策和經濟增長：跨國證據的懷疑指南》(*Trade Policy and Economic Growth: A Skeptic's Guide to the Cross-National Evidence*)，該文對我下面介紹的結論逐個提出質疑，非常值得一讀。我之所以將正反兩方面的證據都擺出來就是想告訴大家實證分析之不易，它需要對細節有切實的把握。

要對開放做實證分析，首先就要明確怎樣量度開放。就量度問題，學者們各自提出了好幾種見解。世界銀行的杜大偉(David Dollar)在他於 1992 年發表的文章中提出了兩種量度指標，兩種都與實際匯率有關。第一種是實際匯率扭曲度，簡稱扭曲度。第二種是實際匯率波幅，簡稱波幅。杜大偉認為，扭曲度或波幅越大，說明貿易政策上的限制越大，也就是開放度越小。他對 95 個發展中國家 1976 年至 1985 年間的數據進行分析後得出結論，越開放的國家經濟增長率越高。羅德里格斯(Rodriguez)和羅德里克(2000)批評杜大偉對開放的量度。他們認為以實際匯率扭曲度作為開放的量度是有問題的，比如，在這一量度下，那些在限制進口同時對出口徵稅的撒哈拉以南的非洲國家的開放程度要比那些只限制進口的國家的更高。此外，依據這一量度，亞洲發展中經濟體內最不

開放的居然是韓國和中國台灣地區，這一結論顯然與我們的認知不符。以實際匯率波幅來量度開放度也是存在問題的。他們認為實際匯率波幅更多的是量度了經濟的不穩定性，而與貿易開放度並沒有甚麼特別的聯繫。

　　第二篇影響較大的相關文章為傑弗里・薩克斯和安德魯・瓦爾納（Andrew Warner）於 1995 年發表的〈經濟改革與全球一體化進程〉（*Economic Reform and the Process of Global Integration*）。他們將一個經濟體的開放程度定義為取值 0 或 1。如果一個經濟體出現下面 5 種情況中的任何一種，那麼它的開放程度取值便為 0，也就是不開放。這 5 種情況分別是：平均關稅高於 40%；非關稅壁壘覆蓋 40% 的進口品；社會主義經濟體制；主要出口部門的國家壟斷；黑市匯率溢價超過 20%。他們發現，那些取值為 1 的開放型經濟體的經濟增長率比那些不開放的經濟體的經濟增長率平均高出 2.44%。羅德里格斯和羅德里克（2000）在對傑弗里・薩克斯和瓦爾納（1995）的文章進行仔細分析後發現，這 5 種情況中最關鍵的是主要出口部門的國家壟斷和黑市匯率溢價超過 20% 這兩種。國家壟斷從世界銀行的數據庫來看幾乎與撒哈拉以南非洲啞變量等同，使用國家壟斷來判定開放與否會造成選擇性偏差，高估開放對經濟增長的影響。另外，他們還發現，黑市匯率溢價如果不是以 20% 來切分，而是以連續變量形式納入回歸方程的話，則會失去其統計顯著性。

　　第三篇文章是塞巴斯蒂安・愛德華茲（Sebastian Edwards）於 1998 年發表的〈開放、生產率與增長：我們到底弄懂了甚麼？〉

（*Openness, Productivity and Growth: What do We Really Know?*）。愛德華茲蒐羅了相關文獻中使用的 9 種量度開放的指標，包括上面介紹的兩篇文章中的指標以及其他一些學者提出的指標，再加上諸如世界銀行或聯合國等機構開發的指標。然後他分別利用這些指標去做了加權最小二乘法以及工具變量加權最小二乘法回歸分析，另加上主元素法的回歸分析，共計 19 次。19 個估計中系數符號與設想相違背的情況只出現了一次，也就是說結論幾乎全部都是「開放促進經濟增長」，而且絕大多數情況下這些系數都具有統計顯著性。羅德里格斯和羅德里克（2000）對愛德華茲的批評是他使用了加權最小二乘法。加權雖然有一定的理由，比如發達國家與發展中國家的數據質量不一致，因此誤差項存在異方差現象，但愛德華茲用的權重是人均 GDP。由於發達國家與發展中國家人均 GDP 差距巨大，這一權重安排容易導出很誇張的結論。如果用更為合理的取對數的人均 GDP 來做權重，那麼愛德華茲的結論擺出來就不是那麼理直氣壯的了。他們發現 18 個方程的系數中有 6 個符號與設想相違背。統計顯著性也大為降低。18 個系數中有 7 個不顯著。第 19 個方程，也就是用主元素法的方程，系數也不顯著。

我們在介紹薩拉伊馬丁教授的〈我剛做了四百萬個回歸分析〉這篇文章時也提到了他的一個結論：如果以經濟開放的年數作為對開放的量度的話，那麼開放對經濟增長起正面作用。

另外一個比較直觀的佐證來自盧卡斯於 2009 年發表的一篇文章。這篇文章研究了趨同的問題，我們先看源自該文的圖 12-5。

圖 12-5　1960 年至 2000 年 112 個國家（或地區）的趨同現象

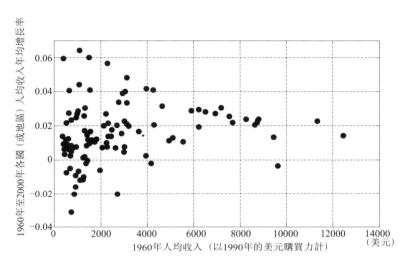

圖 12-5 涉及 112 個國家（或地區），橫軸是各國（或地區）1960 年的初始人均收入，縱軸是各國（或地區）1960 年至 2000 年間的人均收入的年均增長率。那麼，在隨後的 40 年內，1960 年相對貧窮的國家（或地區）的經濟增速是否快過富有國家（或地區）的，以形成追趕的局面呢？也就是說，「趨同假說」是否成立呢？由於圖中的點看上去是雜亂無章的而不是呈現出向下傾斜的規律的，因此將這 112 個國家（或地區）當作一個羣體時「趨同假說」是不成立的。

可是，當盧卡斯將這 112 個國家（或地區）中那些被認為是開放的經濟體（實心點）與非開放的經濟體（空心點）分開時，則得到了圖 12-6。

圖 12-6　開放型經濟體與非開放型經濟體的不同趨同現象

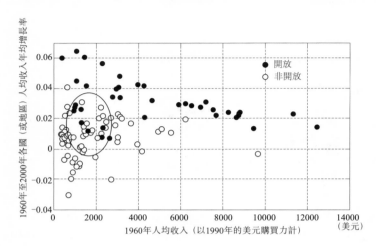

在圖 12-6 中，在開放型經濟體之間的窮國追趕現象就比較清晰了，如果將圓圈中的那些受亞洲金融危機影響的國家當作特例排除掉的話，那趨同就會更明顯。這兩張圖的對比簡單地說明了堅持開放有助於落後國家的追趕和發展。

2012 年 4 月，中國第一次發佈了各省市的開放指數，因此我們可以沿着盧卡斯的思路，也來看一下中國各省市之間的趨同與開放的關係。

在圖 12-7 中，橫軸為 1978 年各省市實際人均 GDP（以 1990年人民幣購買力計），縱軸為 1978 年至 2010 年各省市實際人均 GDP 年均增長率。

圖 12-7 與圖 12-5 有驚人的相似之處，即這些點是雜亂無章的，我們從圖中看不出任何趨同。

在圖 12-8 中，我們將開放指數較高（得分大於 20）的那些省

市以實心點標出，以區分那些得分小於 20 的省市（空心點）。可以
看到，這幅圖和圖 12-6 也驚人地吻合。

圖 12-7　1978 年至 2010 年中國各省市的趨同現象

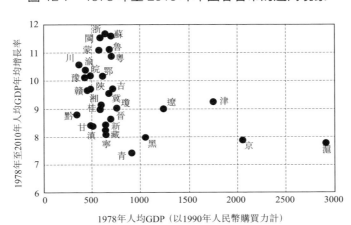

圖 12-8　中國開放度較高的省市與開放度較低的省市的不同趨同情況

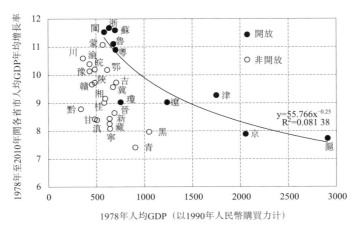

數據來源：CEIC、國家發改委國際合作中心以及瑞安經管中心。
注：海南（瓊）因為1978年尚未建省，其當時人口數據為估算。

　　圖 12-7 和圖 12-8 說明，以中國各省市為研究單位，開放度高的省市之間存在追趕現象，即開放是追趕的前提。

　　但上面兩幅圖存在兩個問題。第一，中國發佈的開放指標似乎主要衡量的是對國外的開放，而如果我們在這兩幅圖裏討論的是中國地區間的趨同，那麼開放指標還應當包括本省市對其他省市的開放程度的量度；第二，為了各省市間的可比性，應當使用購買力平價下的人均 GDP 概念。

　　上節在介紹柯成興的文章時我們提到他關於開放的一個結論，即一個經濟體要想加入發達國家俱樂部則必須同這個俱樂部的成員國開展國際貿易。如果你思考一下中國過去 40 多年的飛速發展，也許你會同意，中國逐漸向發達國家收入水平靠近的過程也是一個不斷同發達國家開展貿易的過程。落後經濟體需要的不僅是開放，還要看向哪些經濟體開放。

　　開放是否是經濟發展的萬靈藥呢？也不盡然。明尼蘇達大學蒂莫西・基歐（Timothy Kehoe）教授和紐約大學金・魯爾（Kim Ruhl）教授於 2011 年 11 月撰文指出中國應當深化金融體制改革、改善合約執行（contract enforcement）。他們認為，當一個經濟體的科技水平遠遠落後的時候，即使它的金融體制比較僵化，也不會對它引進國外技術的決策造成太大偏差。這就解釋了為甚麼中國自改革開放以來能維持很高的經濟增長率。但他們提醒說，墨西哥也曾在金融體制落後的情況下維持了將近 30 年的高增長（1953 年至 1981 年），隨後則遭遇到經濟停滯 ——「失去的 20 年」。這類由於體制上的僵化而造成經濟停滯的現象不僅可見於墨西哥，也可

見於 20 世紀 70 年代的歐洲、20 世紀 90 年代早期的日本和 20 世紀 90 年代後期的智利。中國應當汲取這些國家的教訓。我認為中國在開拓債券市場、改革新股發行機制、打破銀行壟斷、建立存款保險制度、推行人民幣國際化等方面的努力都將有利於中國進一步發展。但需要注意的是配套的法制法規方面的建設，比如在建立存款保險制度的同時必須加強銀行監管，否則難以控制銀行道德風險。

其實我覺得開放帶來的最大好處是解放思想，但要想通過實證分析來證明這一觀點卻很不容易。如何量度解放思想本身就是一大難題，這值得我們進一步思考。

思考題

要對開放做實證分析，首先就要明確怎樣量度開放。請問，本節提到的量度開放的指標包括哪些？

中國開放的下一步

中國在過去 40 多年裏飛速發展的過程是一個不斷開放和學習的過程。上節談到的開放的好處和弊端在中國都相繼出現，但總體而言顯然是利大於弊。中國經濟通過出口導向型政策得以發展壯

大，中國的宏觀政策和法律法規也逐漸與世界接軌。

中國的經濟騰飛起家於製造品加工貿易，這一點是毋庸置疑的。在全球價值鏈分工體系中，中國最初能夠參與的僅僅是低技術、勞動密集型的低端製造與組裝環節。隨着時間的推移，中國出口品的技術含量通過轉型升級有所提高。羅德里克曾於 2006 年撰文指出中國的出口產品相對於其他處於類似發展階段的國家的出口產品而言更為精緻、精密和複雜（sophisticated）。楊汝岱、姚洋於 2008 年發表在《經濟研究》上的文章也認為中國的出口品技術含量高於以比較優勢為基礎的國際勞動分工所決定的水平，他們將這一現象稱為有限趕超並為 112 個國家編列了有限趕超指數。他們實證分析的結論是：實行有限趕超有利於一國的經濟增長。這篇文章的結論與林毅夫的有所不同。林毅夫等人（1994）認為，中國在過去 20 多年之所以取得高速經濟增長，是因為採取了比較優勢發展戰略，即我們的產品技術含量符合國際勞動分工所確定的水平，也就是勞動密集技術水平。而楊汝岱與姚洋認為，參照最近的研究成果，林毅夫的這一判斷需要進行修正。他們在這篇文章的結尾處試圖淡化兩者之間的差異而將之表述為短期與長期的差異，「趕超和比較優勢並不矛盾：在短期，一個國家有必要實行一定程度的趕超，以縮小與世界技術前沿的差距；而在長期，每個國家都將收斂於比較優勢」。

另一些文章，比如瑪麗・阿米蒂（Mary Amiti）和卡羅琳・弗羅因德（Caroline Freund）於 2008 年發表的《對中國出口增長的剖析》（*The Anatomy of China's Export Growth*）以及陳曉華、黃先海

和劉慧於 2011 年發表的《中國出口技術結構演進的機理與實證研究》,[4] 陳曉華等人認為羅德里克用出口流量來衡量出口技術結構的做法是有失偏頗的,他高估了中國出口產品的技術含量。他們建議要麼在考慮中國出口技術含量時剔除加工貿易,要麼將加工貿易中的「國外成份」從傳統的出口技術結構測度方法中剔除。如此處理後,中國出口產品的技術含量仍屬正常範圍,但並非那麼突出。我個人對這些文獻的解讀是,現有的出口技術含量指標或複雜度指數(Sophistication Index)仍存在各種問題,中國的實際情況可能介於羅德里克的結論和他的批評者的結論之間。有一點我認為是明確的,那就是中國製造的技術水平毫無疑問是在不斷提高的,但能堪稱獨霸一方的中國技術恐怕是屈指可數的。中國仍需借鑑和學習,並加強自主創新。自主創新在中美貿易摩擦和科技摩擦的大背景下顯得日益重要。

除了進一步提高技術水平之外,我認為中國開放的下一步在於服務業出口貿易。為了促進服務業出口,中國需進一步放開服務業進口。這與我們發展製造業出口的思路是一樣的。只有讓國外的先進產品或服務進來,我們才能更快、更系統地學習和掌握經驗,以便將來在國際出口市場上佔有一定的份額。雖然國外金融、會計、零售巨頭的進入在短期內會對我國同業造成衝擊,但從長遠

---

4 陳曉華、黃先海、劉慧的測度結果表明,在考慮了剔除加工貿易的區域發展的差異後,中國的出口技術含量並沒有表現出異常的高,羅德里克(2006)的結論乃「統計假象」。

來講這仍然是利大於弊的。

　　這裏所討論的服務業貿易不是傳統的旅遊、運輸和建築上的貿易，而是現代服務貿易，包括金融、會計、法律、廣告、文化、後台服務、研發、醫療等。為甚麼說現代服務業是一個發展方向呢？我在 2016 年曾做過一個簡單的跨國比較。就服務業出口佔總出口的百分比而言，美國和印度在 2015 年超過 30%，歐元區在 25% 左右，日本超過 20%，而中國只有 9.2%。中國這一佔比到 2018 年進一步下降到 8.8%。從服務業出口構成來看，中國現代服務業出口在服務業出口中的佔比雖然由 2015 年的 42% 上升至 2018 年的 48%，但仍然大幅低於印度——印度於 2018 年的相應佔比為 65%。從這些角度來看，中國現代服務業有很大的趕超空間。中國應當從基於廉價勞動力的貿易戰略和世界製造中心，逐步過渡到基於廉價人力資本的貿易戰略和世界知識中心。過去我們在國際市場中爭奪藍領工作，將來我們還要進一步爭奪白領工作。中國可以從承接西方發達國家服務外包開始，與西方發達國家開展此類業務的貿易有助於中國進一步靠近富國俱樂部。也許這意味着中國需要和印度在這一外包市場上展開競爭，但我並不覺得印度具有不可超越的優勢。服務外包市場是相當龐大的，2018 年這一市場規模為 856 億美元，其中信息與科技服務外包市場所佔份額最大，規模達 620 億美元。另據 Global Market Insights（全球市場洞察公司）的研究報告顯示，法律服務外包市場規模在 2016 年達 30 億美元，至 2024 年更將上升至 330 億美元。服務外包市場前景廣闊，現代服務業出口市場當然更為廣闊。

　　中國應如何佈局發展現代服務業出口？這裏我提一個看法，供大家討論。我覺得應該考慮「三城聯動、輻射內陸」。三個城市指的是香港、深圳和武漢。我在很多場合包括國際研討會上都在講這個觀點。為甚麼香港、深圳和武漢的聯動可以帶動內陸大力發展現代服務業出口呢？

　　香港服務業基礎十分雄厚，服務業在其 GDP 中的佔比高達92%，同時有充足的金融資本和人力資本，還有完善的法律法規與良好的國際化的環境。最近的一系列事件或多或少將影響香港的安全形象，但我認為這些問題都是暫時的。從法國的黃背心運動來看，當馬克龍政府對民眾訴求做出了適當回應後，參與遊行的人數才逐漸下降。香港政府也應當切實回應市民的訴求，重新贏得民眾的信任。香港在過去的幾十年裏對內地製造業出口的崛起做出了很大的貢獻，在幫助內地發展現代服務業出口方面它也同樣可以起到積極的作用，擔當重要的角色，這也許是解決香港社會問題的新思路和促進香港繁榮發展的新機遇。

　　深圳是一座富有創新精神的城市，也是一座富有企業家精神的城市，同時還擁有開明和勇於試錯的政府。武漢的實力體現在哪些方面呢？第一，武漢擁有眾多知名學府和優秀學生。據福布斯人才排行榜顯示，武漢的人才指數在全國居首；第二，高鐵時代的到來徹底改變了武漢的地位。當國家的經濟發展戰略以製造品出口為導向時，沿海城市由於運輸成本低廉而擁有獨特的優勢；但如果今後服務業出口一旦提升，物品運輸成本的優勢則並不重要，此時更突出的是內陸地區廉價的辦公物業和廉價的人力資本的優勢。

而且，就服務業尤其是創新型服務而言，人與人面對面交流變得非常重要，武漢地處高鐵樞紐給了它得天獨厚的便利。我個人認為經過一代人的努力，到 2040 年武漢有能力成為國際大都市，有能力成為國際人才匯聚地，也有能力成為國際友人訪華的第一站。武漢作為高鐵樞紐和人力資本豐富的城市，可以適當地被打造為科技創新和現代服務業出口重鎮，並帶動中部地區在現代服務業的國際舞台上嶄露頭角。

開放發展的基礎是甚麼？我認為首先是互利共贏。中國提出的「一帶一路」倡議應充分強調互利共贏。「一帶一路」既不是中國對貧窮國家的捐助，也不是為了輸出中國的過剩產能，更不是為了攫取他國的資源。中國的工作重心不在短期利益的爭奪上，而是在互利共贏的同時做強自己上，剩下的就是時間問題。其次，制度建設和文化交流對於開放發展也很重要，其中的關鍵是要增進理解、增強互信。如果說中國想成為世界知識中心的話，那麼我們就需要完善知識產權保護制度。現代服務業出口要求企業、個人和政府在誠信方面有大幅度地提高。現代服務業出口對政府治理的效率也很敏感。西方發達國家崇尚保持「一臂之遙」的政商關係，政商界人士既不是互相不挨邊，又不是特別親熱，維持「一臂之遙」的距離，避免出現利益輸送。當然這並不是說西方發達國家就不存在利益輸送，但在西方發達國家，利益輸送一旦坐實，即使涉及的金額很低，懲罰也是非常嚴厲的。在過去 10 年內，美國州議員以上的官員出現經濟問題的，包括收受賄賂、利益輸送等也有百多人，其中有一些人因為涉案金額區區數千美元便丟了飯碗甚至蹲牢房。

最後，文化交流也非常有必要。「一帶一路」倡議能否取得預期成果在相當大的程度上取決於各國能否做到相互尊敬和理解。堅持文化共存則大家共同繁榮，如果各國陷入塞繆爾・亨廷頓所宣揚的文明的衝突而相互猜忌，那麼這勢必影響合作進程。

開放發展的具體着力點之一是粵港澳大灣區的發展。個人認為這是接下來的大事件！中國正式將大灣區的發展提升到國家戰略層面，令人振奮。但大灣區發展到底是一個甚麼概念？它該如何定位？我們在後面再進行討論。

思考題

在發展現代服務業上，中國可以從承接西方發達國家服務外包開始，這有助於中國進一步靠近富國俱樂部。請問，你認為這些現代服務貿易涉及的業務包括哪些？

本章要點總結

1　利用新古典索洛增長模型我們可推出落後經濟體會比先進經濟體增長得更快，從而形成追趕，最終這些經濟體間會出現趨同現象。針對趨同現象所採取的分析方法包括截面數據分析、時間序列分析、面板數據分析以及分析經濟體收入水平的分布狀況隨時間的變化而變化。

2　對所有國家而言，若初始年份較窮的國家其隨後的經濟增長率相對較高，我們稱這一情形為無條件趨同或絕對趨同。研究表明絕對趨同並不存在，但有條件趨同是存在的，即在加入了儲蓄率等一系列控制變量後，各國經濟確實存在趨同。

3　基於面板數據分析方法，伊斯拉姆教授認為各國間收入差別的主要原因來自技術水平的持久差別。基於第四類分析方法，柯成興教授發現經濟體收入水平的差異不會自然消失，且其分布趨於凸顯「雙峰」特徵。

4　新古典索洛增長模型將趨同歸因於落後國家相對較快的資本積累，而內生經濟增長理論則認為趨同是落後國家從發達國家引進技術和複製體制機制的結果。

5　從理論上來看，開放可以使一國引進先進技術、利用外資，以及促進該國產業專業化、提升企業效率、引進先進觀念和思想。同時，開放也會帶來本國就業壓力上升、金融風險加劇、環境污染惡化等弊端。

6　在有關開放對經濟增長影響的研究中，認為開放對經濟增長有正

面作用的實證研究佔主導地位，例如杜大偉（1992）、薩克斯和瓦爾納（1995）以及塞巴斯蒂安・愛德華茲（1998），這些學者之間主要的研究差異在於對開放指標的不同量度。

7　盧卡斯（2009）研究發現，開放經濟體之間的趨同現象更為明顯，這說明堅持開放有助於落後國家的追趕和發展。以中國各省市為研究對象，進行類似地分析可得到相同的結論，即開放是追趕的前提。

8　落後國家需要的不僅是開放，還要看向哪些國家開放。開放不是經濟發展的萬靈藥。中國應當深化金融體制改革、改善合約執行並汲取其他國家因體制僵化而造成經濟停滯的教訓，在開拓債券市場、推進人民幣國際化的同時加強配套法律法規的建設。

9　在過去 40 多年中，中國經濟通過出口導向型政策得以發展壯大。不同於最初的低技術製造品加工貿易，如今中國出口品的技術含量在不斷提高，但我們仍需要進一步加強自主創新。

10　中國開放的下一步在於發展現代服務業出口貿易，包括金融、會計、法律等。中國應當從基於廉價勞動力的貿易戰略和世界製造中心，逐步過渡到基於廉價人力資本的貿易戰略和世界知識中心。

11　為發展中國的現代服務業出口，本章提出了「三城聯動、輻射內陸」的佈局方案。「三城」指的是香港、深圳、武漢。中國在發展現代服務業出口時可以一方面藉助香港雄厚的服務業基礎和充足的金融資本、人力資本，另一方面發揮深圳的創新精神以及武漢的人才優勢、高鐵樞紐優勢。

12　開放發展的基礎首先是互利共贏，其次是制度建設，包括完善知

識產權保護制度、提升誠信建設、提高政府治理效率等，再者是文化交流。因此「一帶一路」倡議應充分強調互利共贏，堅持文化共存，做到相互尊敬理解。

第十三章
經濟增長理論與實踐

內生經濟增長理論要義

內生經濟增長理論是自 20 世紀 80 年代以來宏觀經濟學的一大重要分支。這一分支的主要創始人保羅・羅默教授於 2018 年獲得諾貝爾經濟學獎。下面我們來談談甚麼是內生經濟增長理論以及它有哪些政策含義。

在過去的幾百年間，發達國家的人均收入水平急劇上升。安格斯・麥迪遜（Angus Maddison）在其 2006 年的一份報告中指出，美國和西歐國家的當時平均實際收入是它們一個世紀以前的 10 到 30 倍，是兩個世紀以前的 50 到 300 倍。在這期間，雖然整個世界經歷了很多次戰爭，且經濟、金融危機也一再重現，但在戰爭和危機過後世界總是能回到增長的主旋律上。

在這樣的事實背景下，我們很容易提出一個問題 —— 既然物質資源是有限的，那麼為甚麼經濟還能長期保持持續地增長呢？這也就是內生經濟增長理論過去半個世紀以來研究的核心問題。羅默承認物質資源的有限性、稀缺性，但是他認為諸如羅馬俱樂部所

提倡的「增長的極限」這類悲觀的看法實際上是錯誤的。有限物質資源的創新組合方式會導致富有更高需求、更高價值的新產品的出現，而且這種創新可以是無窮盡的。

　　無論從國別經驗來看，還是從全球發展來看，長久持續的經濟增長都已是不爭的事實。問題是，經濟學家提出過哪些有說服力並能指導我們實踐的增長理論呢？畢竟，各國的經濟增長還是有快慢之分的。發展至今，各國的經濟實力還是天差地別的。經濟增長理論按大致發展順序至少涵蓋如下幾個：亞當‧史密夫的勞動分工和專業化理論、李嘉圖的比較優勢理論和資本積累、保羅‧羅森斯坦‧羅丹的「大推進」理論、劉易斯的結構主義、熊彼得的創造性毀滅、阿羅的「幹中學」（Learning by Doing）、索洛的外生技術進步、加里‧貝克爾和舒爾茨的人力資本、保羅‧羅默的外部性和收益遞增以及內生技術進步、盧卡斯的人力資本積累（Learning by Schooling）、巴羅和薩拉伊馬丁的追趕和趨同理論以及道格拉斯‧諾斯（Douglas North）、保羅‧羅默和達龍‧阿齊默魯（Daron Acemoglu）等人所強調的「制度」（Institutions）。

　　在經濟增長理論的上述重要思想中不乏膾炙人口的表述，諸如亞當‧史密夫的「大頭針工廠」（Pin Factory）和李嘉圖的比較優勢理論。這些類似寓言形式的表述雖然使提出者的思想傳播甚廣並深入人心，但卻不利於進行嚴格的數學表達，更不可能指導定量的分析。現代經濟增長理論的一大貢獻便是將上述思想用更加嚴格的數學語言來表達。

　　在 20 世紀 40 年代前後，以哈羅德—多瑪模型為起點，經濟學

界開啟了對長期經濟增長問題的數理化討論。該模型認為資本和勞動是不可互相替代的要素，因此假定經濟的實際產出 Y 等於某個常數 a 乘以資本存量 k。這樣一來，實際產出的增長率就由儲蓄率 s 與技術參數 a 唯一決定。如果 a 這一參數是外生給定的話，那麼影響經濟增長的政策變量便是儲蓄率 s。落後國家如想加快追趕步伐，則只有提高儲蓄率。

以索洛模型為基礎的新古典增長理論我們在前文做過介紹。索洛的核心思想是：資本與勞動是可以互相替代的要素，如果以 A 來代表技術水平，那麼資本存量 K 與有效勞動（$A \times L$）的比值最終將趨向於一個穩定值。經濟的產出 Y 和資本存量 K 的增長率就等於外生技術進步與人口增長率之和，因此與儲蓄率無關。這一增長理論的優點是它可以被用來討論以資本積累為主線的追趕和趨同，缺點是該理論假設技術進步是外生的，從而無法討論決定技術進步的因素。

技術進步到底由甚麼決定？技術進步作為經濟增長的一大引擎，最引人注目的內生性刻畫來自羅默分別於 1986 年和 1990 年發表的兩篇文章。第一篇強調的是知識的收益遞增效應，第二篇強調的是經濟個體為追逐利潤而創新。

羅默（1986）首先闡述了單個廠商的產出不僅是廠商本身的資本品和雇傭的勞動的增函數，而且還應當是經濟體中的平均資本存量的增函數。換句話說，一個經濟體的平均資本存量越高，其平均知識存量相應也就越高，而我們知道知識是有溢出效應的，所以個體廠商也受惠於這一溢出效應從而有更高的產出。

　　羅默證明了如果這一溢出效應足夠強，那麼經濟總體的生產函數將體現出資本和知識邊際收益遞增的特徵，從而使得經濟增長即使在勞動效率不變的情形下仍能得以持續。這一理論的一個重要的政策含義是：由於個體廠商在決策時不會考慮到對其他廠商的溢出效應，因此市場競爭機制將導致次優結果。政府應當通過徵稅和補貼等組合手段對市場進行干預，將這些溢出效應內生化，以利於達至社會最優。

　　從規模收益不變到規模收益遞增雖是簡單的一步，但要使整個模型做到邏輯自洽，並非易事，因為規模收益遞增與完全競爭市場是矛盾的。羅默使用溢出效應這一概念解決了這一矛盾。需要指出的是，羅默在其後的一些文章中表達了對自己在 1986 年將實體資本與知識綜合為一個變量的做法感到遺憾，認為這可能給部分讀者帶來了困惑。儘管羅默 1986 年的那篇文章不夠完美，但它做的畢竟是開創性的工作，所以那篇文章還是吸引了大批學者們的追隨，一時間各種類型的內生經濟增長理論蜂擁而至。

　　緊隨羅默（1986）的另一篇內生增長理論的代表作是盧卡斯於 1988 年發表的。1987 年盧卡斯教授曾到羅徹斯特大學做 Lionel McKenzie（萊昂內爾・麥肯齊）講座，羅徹斯特大學的 Lionel McKenzie 講座於 1986 年設立，以紀念麥肯齊教授對經濟學領域的傑出貢獻和他對羅徹斯特大學經濟系博士項目的不斷關懷。從 1986 年開始，每年羅徹斯特大學經濟系博士生投票選出他們「最希望見到的學者」。我於 1985 年開始在羅徹斯特大學經濟系攻讀博士，1987 年好像投票給了盧卡斯，結果盧卡斯真的現身了，他

講的正是這篇內生經濟增長理論中的經典文章《論經濟發展機制》（ *On the Mechanics of Economic Development* ）[1]。此文將內生增長理論研究推向了高潮。盧卡斯在該文中強調了人力資本積累對經濟增長的影響。在人力資本這一研究領域，芝加哥大學的貝克爾和舒爾茨在 20 世紀 60 年代初都分別做出過傑出的貢獻。而將人力資本納入動態一般均衡模型則是盧卡斯首創的。盧卡斯（1988）強調了人力資本通過受教育而獲得積累的過程對經濟增長起關鍵作用。

　　羅默雖然同意人力資本積累促進經濟增長這一觀點，但他認為即使在總體人力資本不變的情況下經濟仍然可以持續增長。他強調人力資本與知識有着本質的區別，二者以不同的方式對經濟增長產生影響。羅默（1990）寫出了刻畫這一差異的經典之作。

　　為了探討人力資本與知識到底有甚麼差異，我們得先釐清公共財政理論中的兩個概念：非競爭性和排他性。

　　非競爭性是指一個經濟主體在使用某物的時候，並不妨礙他人對該物的使用。顯然，人力資本是具有競爭性的，因為它是指勞動者所擁有的技能，無法脫離勞動者本身被他人同時使用。例如，一名航天員不能同時駕駛兩艘飛船，一名外科醫生無法同時為兩個病人進行手術。相反，知識則是具有非競爭性的，因為知識可以被

1　這篇文章發表於《貨幣經濟學雜誌》（ *Journal of Monetary Economics* ，簡寫為 JME），JME 的兩位主編羅伯特・金（Robert King）和查爾斯・普羅索（Charles Plosser）當時都在羅徹斯特大學，這兩位成功地遊說盧卡斯將該文在 JME 上發表。該文給 JME 帶來 6000 多次引用，也是盧卡斯所有文章中引用率最高的一篇。盧卡斯於 1995 年獲得諾貝爾經濟學獎。

任意多的人同時使用，並且在所有使用者中沒有人會因為知識被共享而受到損失。例如，當你使用數學歸納法去證明某個公式時，他人也可以運用該方法。一個創意一旦出現，就可以被無數人複製和使用。羅默甚至提出「創意經濟學」（Economics of Ideas）的概念。他認為從經濟增長這個角度來看，「創意經濟學」比「物品經濟學」（Economics of Goods）更為關鍵。

排他性是指某產品的所有者可以阻止其他人對該產品的使用。人力資本是具有排他性的，因為除非得到勞動者本人的同意，否則其他人不能無償使用他的特殊能力。相比而言，知識即使在有知識產權保護的條件下，也仍然無法完全排他。比如，某些軟件程序可以受到專利保護，即你如果不支付一定的費用去購買使用權限則無法使用它。即便如此，人們也可以通過學習該軟件的代碼來獲取靈感和知識，這些代碼中承載了他人在創造該軟件時的想法和思路，可能會給其他研究開發人員以啟迪。所以，以軟件程序為例的知識只是部分排他的。

羅默認為，正是這些具有非競爭性和部分排他性的知識積累使經濟增長得以持續。部分排他性當然也意味着部分非排他性。部分排他性，給予私有研究開發部門追逐利潤從而創造新型產品的動力；部分非排他性和非競爭性，使我們能站在巨人的肩膀上從事進一步研究，通過將知識不斷總結更新、融會貫通來實現創新的積累，為長期增長注入動力。

毫無疑問，人力資本的積累和知識的積累對經濟增長都存在巨大的影響，但要想將人力資本和知識同時納入一般均衡模型卻是

極其困難的。羅默（1990）通過一系列手段克服了這一困難。羅默認為經濟增長體現在創新上，即新的產品設計的不斷出現。這一行為可以放在研發部門中，為了簡便，他假設研發只需要研發人員（人力資本）參與即可。其中更為重要的兩個假設是：第一，新的產品設計個數與現有產品設計的總數成正比，因此研究開發是站在巨人肩膀上完成的；第二，最終製造業部門的產出取決於該部門人力資本（管理者）、從事生產的低技能勞動力以及專業化資本品。這裏面的關鍵是不同的專業化資本品互相之間不能完全替代，因此新設計的資本品會面對一條向下傾斜的需求曲線，壟斷利潤從而產生。這種壟斷競爭的機會使研發部門具有存在的意義。專業化資本品的創新由於企業逐利行為的存在而成為可能。

　　該模型的政策含義在於：一方面，由於研發部門中存在「巨人的肩膀」這一效應，政府應該向私營企業的研發活動提供補貼，同時對高校等公共研發部門的基礎科研活動加大支持力度；另一方面，政府應當加強知識產權保護，以激發創新的內在動力，同時改進本國為獲得世界其他地區的現有知識所做出的體制性安排。進而，利用該模型可以很方便地討論經濟一體化的益處以及哪些稅收和補貼政策可以提高經濟增長率、改善社會福利等問題。

　　與羅默（1990）同時期的研究包括吉恩・格羅斯曼（Gene Grossman）和埃爾赫南・赫爾普曼（Elhanan Helpman）的一系列文章、菲利普・阿格因（Philippe Aghion）和彼得・豪伊特（Peter Howitt）以及其他眾多學者的工作，這些研究相互借鑑、相互補充、相互促進。

思考題

　　保羅・羅默認為知識積累使經濟增長得以持續。請問，你認為經濟增長得以持續的原因在於知識具有哪些性質呢？

中國經濟特區實踐的啟示 [2]

　　在改革開放初期，中國市場經濟的力量還比較弱小，計劃經濟體制如何成功轉型是一大難題。為此，中央政府擬定了漸進的改革措施，於 1979 年 7 月決定在廣東和福建兩省試行對外開放政策。1980 年 8 月，深圳、珠海和汕頭成為經濟特區；同年 10 月，廈門也成為經濟特區。設立第一批特區城市的目標是讓它們大膽嘗試合適的改革開放政策，從而積累經驗和教訓以便為其他城市和地區

2　本節關於經濟特區的討論參考了世界銀行曾志華編輯的報告，名為「打造中國經濟增長和競爭力的引擎：特區和產業集羣的經驗」（Building Engines for Growth and Competitiveness in China: Experience with Special Economic Zones and Industrial Clusters）以及王瑾的文章《經濟特區的影響 ── 來自中國城市的證據　》（The Economic Impact of Special Economic Zones Evidence from Chinese Municipalities）。曾志華在其編輯的報告中還突出了中國在產業集羣方面的成功，認為產業集羣有效地提升了中國企業的國際競爭力。21 世紀初，廣東已有 100 多個產業集羣，浙江更甚之，擁有 300 多個產業集羣。報告中討論了作為這方面成功案例的浙江溫州鞋都和廣東西樵紡織。

的發展提供借鑑。從中國隨後 40 多年的發展來看，這一思路是非常成功的。1988 年，海南成為第五個經濟特區。上海浦東新區和天津濱海新區也分別於 1989 年和 2006 年開始建設。除此之外，中國還推出一系列國家經濟技術開發區、國家高新技術產業開發區、自貿區、出口加工區等特色開發區。這些特色開發區的成立是分期分批的，一般遵從先沿海後內地的規律，符合我國漸進式改革的理念。即便如此，地方政府盲目擴張的情形也還是難以避免，比如在 2004 年，中國各地的工業園區有 7000 多個，兩年後，資質較差和經營不善的被關閉，剩下 1500 多個。漸進式改革使成功的政策迅速得到普及，錯誤的舉措不久便得以糾正。總之，經濟特區和特色開發區的設立是中國摸索出一條切合自身條件的發展道路的關鍵。

經濟特區和特色開發區到底為我們乃至發展中國家提供了哪些經驗呢？

第一，「發展才是硬道理」，改革必須務實。改革當中的具體措施可以通過試錯來加以修正，但開放發展的大方向是堅定不移的。

第二，要想吸引外資、吸收海外先進技術和先進管理經驗，地方政府需提供各種優惠政策。部分人士認為中國的優惠政策顯得過於慷慨，比如給予外資企業稅收減免和提供廉價土地。是的，確實存在這些情況，而且在發展的後期可能並沒有這個必要，但在改革開放的初期，這些優惠政策是必不可少的，否則很難打開改革開放的局面。

第三，經濟特區重建勞工市場的經驗。計劃經濟體制下的勞

工分配體制非常僵化，勞動效率低下。經濟特區允許企業對勞工實行獎懲制度，根據貢獻大小調整收入分配。勞工市場的靈活度對一個經濟體而言是至關重要的。勞工市場靈活度越高，失業率則越低。美國的勞工市場比歐洲國家的要靈活很多。美國的失業率一般要比歐洲國家的平均失業率低 3 到 4 個百分點。勞工市場的靈活度不僅體現在報酬的彈性上，也包括勞工在不同工作之間的流動性。紐約大學馬倫（Marron）城市管理研究院的阿蘭・伯圖（Alain Bertaud）教授甚至認為「城市主要就是個勞工市場」，一座城市是否有活力在於它是否擁有各色各樣的企業，是否提供充足的職場上升空間，是否能通過不斷地自我更新來創造出更多更有價值的工作機遇。要想實現這些，這座城市在就業方面的法律法規必須要適應市場需求。

第四，政府需對經濟特區提供支持。這些支持體現在道路、供水、電力、港口等基礎設施建設上，體現在簡化行政手續上，體現在政府補貼等激勵措施上。深圳市政府在建設初期也曾發展過一些國企工業，但後來將精力集中在為民營企業提供良好的基礎設施和打造高效的營商環境上。

第五，從第一批的四個經濟特區的發展歷史來看，深圳顯然是最為成功的。除了上述原因之外，文化上的包容也許是深圳成為創新型城市的另一關鍵因素。深圳人口絕大部分都是外來的，大家來自五湖四海，有着不同的文化和思考方式。正因為如此，深圳更能夠突破傳統思維，更容易接受先進理念，更敢於嘗試新的發展模式。

　　中國漸進式改革的做法也為經濟學家們研究經濟特區的效果提供了便利。香港科技大學的王瑾教授對 312 個地 / 縣級市的數據做了考察，研究了這些地 / 縣級市在獲得國家級或省級特區待遇之後的變化。她發現特區項目帶來了外國直接投資的增加，而且這並未擠出本國投資。特區產生集聚效應，提升工人實際工資水平。她還注意到，後期特區發展所帶來的益處不及早期特區發展所帶來的。由於特區設置的順序取決於這些地 / 縣級市的發展水平和周邊發展狀況，因此該順序本身具有內生性，所以實證研究需要非常仔細地通過各種手段去處理這些內生性。

　　中國在正式提出「一帶一路」倡議之前就已經在非洲幫助一些國家建設經濟合作區。2011 年 [3] 有一篇學術文章對中國的這些努力從政治、經濟和社會等方面做了客觀地分析。作者是 Deborah Bräutigam 和 Tang Xiaoyang。這篇文章題為「非洲深圳：論中國在非洲的經濟特區」（African Shenzhen：China's Special Economic Zones in Africa）。文章認為，儘管這一中非合作提供了一個很有前景的新型工業化模式，但它在非洲還是產生了一系列問題和挑戰。非洲當地在這些合作中欠缺學習和參與，這不利於它們實現真正意義上的工業化。有些合作只有部分在正常進行，有一些項目已被放棄。非洲政府、中國企業和中國政府這三者之間的協同還需要磨

3　當時與中國開展經濟合作區的非洲國家包括阿爾及利亞、埃及、埃塞俄比亞、毛里求斯、尼日利亞、贊比亞。毛里求斯發展得非常好，埃塞俄比亞近些年的增速驚人。

合。總之，中國經濟特區的經驗還必須與非洲當地的文化和經濟特性妥善結合，這樣才能產生理想的效果。

下面我來談談個人對粵港澳大灣區的看法，大灣區發展到底是一個甚麼概念？它該如何定位呢？

第一，大灣區應當是體制創新的灣區。制度經濟學家達龍‧阿齊默魯和詹姆士‧魯濱遜（James Robinson）教授以及內生經濟增長理論創始人保羅‧羅默都一致認為，不良的規章制度會使一些雙贏的局面無法實現。大灣區要想有美好的前景，首先需要在法律和規章制度安排上有創意，要以便民利民為根本出發點去理順規章制度、促進多贏局面。在這一方面，粵港澳要有一盤棋的大局意識，比如推出學位、學歷、資質的互認，以及人才流動，企業法、投資法的融合，行業仲裁制度的建立，車輛行駛權以及跨境電子貨幣的通用等措施。中央於 2009 年批准澳門大學在廣東橫琴島建設新校區，並授權由澳門特別行政區依照澳門特區的法律實施管轄。這就是在大局意識下促進多贏局面的創舉。個人認為中央可以進一步考慮將橫琴甚至珠海全部划給澳門管轄，從而增加澳門的體量，促使依靠單一的博彩業發展的澳門成為更全面的國際都市，實現粵港澳均衡發展和快速提升粵港澳對外開放力度。總之，大灣區應該是「一國兩制」前提下法制法規取長補短的融合試驗區。

第二，大灣區應該是開放、包容和關懷的灣區。我認為經濟體猶如人體。人體活動分為體力和腦力活動。體力活動通常遵從收益遞減規律，人越用體力越疲勞。腦力活動通常遵從收益遞增規律，人越用則越興奮、越靈活。經濟活動也是這樣，布萊恩‧阿

瑟（Brian Arthur）教授認為它包括並存的兩個世界，一個是馬歇爾 1890 於年在《經濟學原理》這本傳世著作中觀察到的世界，它符合收益遞減，接近於完全競爭。這些導致規模趨同和收入趨同；另一個世界是新經濟下的世界，也即保羅‧羅默闡述的世界，它符合收益遞增規律。收益遞增主要源於網絡效應、知識外溢、模式推廣、聲譽積累等因素，這些因素會導致贏者通吃和兩極分化。新經濟下的競爭在於創新型人才的爭奪，而創新型人才有其獨特的偏好和習性。為此，我們必須在文化、宗教和意識形態上有所包容，才能海納百川。同時，贏者通吃意味着兩極分化，所以我們對中小企業和弱勢羣體要充分關懷。

　　第三，大灣區是胸懷世界的灣區。大灣區如果要像舊金山灣區和紐約灣區那樣匯集國際性人才，並成為世界年輕人嚮往的地方，那麼豐富多彩的娛樂活動必不可少，教育和醫療資源也很重要。咖啡廳和茶室文化對創新和創業而言尤為重要，它們便於人們加強面對面交流、降低信息不對稱和增進互信。這些大部分都可以交給市場，有一些則有賴於政府的人才政策。憑藉這些條件和廣闊的發展前景，大灣區有可能會吸引一些研發中心從發達國家遷移過來。目前全球 1200 多個成果被引率高的科學家，有三分之二居住在美國、五分之一居住在歐盟國家，其中不乏華人背景或被中國文化所吸引的科學家。為此，大灣區可以建設成中英雙語區，建設成胸懷世界的灣區，方便國際人才為「中國世紀」做貢獻。

　　總之，我認為大灣區的概念和定位是：體制創新的灣區，開放、包容和關懷的灣區，胸懷世界的灣區。港珠澳大橋和香港高鐵

的開通所帶來的交通和物流成本的下降意味着大灣區企業重新佈局和進一步的專業化集聚。假以時日，大灣區將聚集一系列具有國際影響力的品牌，產生大量新型企業，新創眾多工作機遇。我預計大灣區人口將從目前的 6000 多萬增加到 2040 年的過億。屆時，大灣區人均 GDP 將接近紐約灣區的 70%，GDP 總量將是紐約灣區的兩倍以上。如此規模的經濟體量對周邊地區的輻射作用將是巨大的。前景值得期待！

思考題

在改革開放初期，中國除了設立經濟特區，還推出了一系列國家經濟技術開發區、國家高新技術產業開發區、自貿區、出口加工區等特色工業區。請問，你認為這些特色工業區的成立特點和規律是甚麼呢？

本章要點總結

1　無論從國別經驗來看，還是從全球發展來看，長久持續的經濟增長都是不爭的事實。增長理論過去半個世紀以來研究的核心問題是：既然物質資源有限，為何經濟還能長期保持持續增長？

2　在 20 世紀 40 年代前後，以哈羅德 - 多瑪模型為起點，經濟界開啟了對長期經濟增長問題的數理化討論。以索洛（1956）模型為基礎的新古典增長理論指出技術進步決定經濟增長，但這一理論的缺陷在於其對技術進步的外生假定。

3　內生增長理論的開山之作是羅默於 1986 年發表的文章。羅默將技術進步內生化，強調了知識的收益遞增效應。隨後盧卡斯（1988）強調了人力資本積累對經濟增長的影響。

4　內生增長理論的另一代表作 —— 羅默於 1990 年發表的文章，用非競爭性和排他性的概念刻畫了人力資本與知識的差異。羅默將人力資本和知識同時納入一般均衡模型，強調經濟個體為追逐利潤而創新。

5　羅默在其 1990 年的文章中所歸納的模型的政策含義在於：政府應該向私營企業及公共部門的研發活動提供補貼支持，同時應當加強知識產權保護，激發創新的內在動力。

6　在改革開放初期，我國計劃經濟體制急需轉型。為此，中央政府擬定了漸進式改革措施，包括設立經濟特區和推出一系列特色開發區。這一漸進式改革舉措是我國獲得快速發展的關鍵。

7　中國經濟特區的成功經驗包括：第一，「發展才是硬道理」，必須

堅持開放發展；第二，吸引外資，吸納先進技術和經驗；第三，重建勞工市場；第四，政府提供支持；第五，文化包容。

8 王瑾教授在關於經濟特區效果的實證研究中發現：特區項目帶來了外國直接投資的增加，而且這並未擠出本國投資；特區產生集聚效應，提升工人實際工資水平；後期特區發展所帶來的益處不及早期特區發展所帶來的。

9 中國在非洲幫助一些國家建設經濟合作區的一系列實踐啟示我們：中國經濟特區的經驗還必須與非洲當地的文化和經濟特性妥善結合，這樣才能產生理想的效果。

10 粵港澳大灣區的概念和定位是：體制創新的灣區，開放、包容和關懷的灣區，胸懷世界的灣區。

小　結

　　如果我們要研判一個國家的宏觀經濟狀況，那我們應該怎麼
着手呢？

　　我們可以去國際貨幣基金組織的網站上下載該國最新的第四
條款磋商報告，找到該報告的第一個表，即主要經濟指標表。該
表的製作雖然不是百分之百標準化的，但一般來講應包含下列內
容：（1）內部均衡，包括實際 GDP、消費、投資、淨出口的增長
趨勢，還有通脹率和失業率等；（2）外部均衡，包括經常賬戶餘
額、外匯儲備、外債總額等；（3）財政狀況，包括政府收入、支
出、赤字以及政府債務佔 GDP 的比值；（4）貨幣環境與銀行，包
括利率水平、M2 的增速等。該表通常還包括匯率走勢，有時還
包括房價和股票指數的走勢，近些年還將一些社會和人口指標也
列入其中。總之，通過仔細研讀該表我們將能對該國的宏觀經濟
狀況做一個初步判斷。我們不妨以墨西哥第四條款磋商報告中的
主要經濟指標表為例來過一遍，該表如下圖所示。

　　先看內部均衡情況，也即 GDP 增速是否處於合理水平？通
脹率和失業率是否可控？從圖表來看，墨西哥 GDP 年均增速從
2014 年至 2016 年的 3% 下降到 2017 年的 2%，這一下降體現在
消費增長的疲弱和投資的下跌：私人投資和公共投資兩者都在下
跌。通脹率則從前三年年均 3.2% 大幅上升至 2017 年的 6.8%。

Table 1. Mexico: Selected Economic, Financial, and Social Indicators

I. Social and Demographic Indicators

GDP per capita (U.S. dollars, 2017)	9,318.8	Poverty headcount ratio (% of population, 2016) 1/	43.6
Population (millions, 2017)	123.5	Income share of highest 20 perc. / lowest 20 perc. (2016)	8.8
Life expectancy at birth (years, 2016)	77.1	Adult illiteracy rate (2015)	94.5
Infant mortality rate (per thousand, 2016)	12.6	Gross primary education enrollment rate (2016) 2/	103.9

II. Economic Indicators

	2014	2015	2016	2017	Proj. 2018	2019
	(Annual percentage change, unless otherwise indicated)					
National accounts (in real terms)						
GDP	2.8	3.3	2.9	2.0	2.1	2.3
Consumption	2.2	2.6	3.6	2.6	2.9	2.6
Private	2.1	2.7	3.8	3.0	3.0	2.6
Public	2.6	1.9	2.3	0.1	2.5	2.6
Investment	1.7	4.3	1.3	-1.6	1.5	1.9
Fixed	3.1	5.0	1.1	-1.5	1.5	2.0
Private	4.5	8.9	2.0	-0.5	1.4	2.0
Public	-2.3	-10.7	-3.4	-6.6	2.2	2.7
Inventories 3/	-0.3	-0.1	0.1	0.0	0.0	0.0
Exports of goods and services	7.0	8.4	3.5	3.8	6.3	4.0
Imports of goods and services	5.9	5.9	2.9	6.5	5.0	3.8
GDP per capita	1.7	2.2	1.8	1.0	1.1	1.3
External sector						
External current account balance (in percent of GDP)	-1.9	-2.6	-2.2	-1.7	-1.7	-1.8
Exports of goods, f.o.b. 4/	4.4	-4.1	-1.7	9.5	9.6	5.8
Export volume	6.5	7.6	2.3	3.7	6.3	4.0
Imports of goods, f.o.b. 4/	4.9	-1.2	-2.1	8.6	9.6	6.6
Import volume	6.2	6.2	2.9	6.5	5.0	3.8
Net capital inflows (in percent of GDP)	-4.5	-2.3	-3.0	-2.2	-1.9	-1.9
Terms of trade (improvement +)	-0.7	-4.2	0.9	3.4	-1.2	-1.0
Exchange rates						
Real effective exchange rate (CPI based, IFS)						
(average, appreciation +)	-1.0	-10.0	-13.4	2.4	...	...
Nominal exchange rate (MXN/USD)						
(end of period, appreciation +)	-12.6	-16.9	-20.5	4.6	...	...
Employment and inflation						
Consumer prices (end-of-period)	4.1	2.1	3.4	6.8	4.4	3.1
Core consumer prices (end-of-period)	3.2	2.4	3.4	4.9	3.4	3.1
Formal sector employment, IMSS-insured workers (average)	3.5	4.3	3.8	4.4	4.5	...
National unemployment rate (annual average)	4.8	4.3	3.9	3.4	3.5	3.6
Unit labor costs: manufacturing (real terms, average)	-1.2	1.6	3.5	0.7	...	...
Money and credit						
Bank credit to non-financial private sector	6.1	15.6	17.7	13.0	14.0	12.0
Broad money	12.2	12.3	12.5	11.1	9.6	7.9
Public sector finances (in percent of GDP) 5/						
General government revenue	23.4	23.5	24.6	24.8	23.5	21.7
General government expenditure	28.0	27.5	27.4	25.9	26.0	24.2
Overall fiscal balance	-4.5	-4.0	-2.8	-1.1	-2.5	-2.5
Gross public sector debt	48.9	52.8	56.8	54.3	53.1	53.2
Memorandum items						
Nominal GDP (billions of pesos)	17,473.8	18,551.5	20,115.8	21,785.3	23,386.7	24,762.5
Output gap	-0.1	0.7	1.0	0.4	-0.1	-0.4

Sources: World Bank Development Indicators, CONEVAL, National Institute of Statistics and Geography, National Council of Population, Bank of Mexico, Secretariat of Finance and Public Credit, and Fund staff estimates.
1/ CONEVAL uses a multi-dimensional approach to measuring poverty based on a "social deprivation index," which takes into account the level of income; education; access to health services; to social security; to food; and quality, size, and access to basic services in the dwelling.
2/ Percent of population enrolled in primary school regardless of age as a share of the population of official primary education age.
3/ Contribution to growth. Excludes statistical discrepancy.
4/ Excludes goods procured in ports by carriers.
5/ Data exclude state and local governments and include state-owned enterprises and public development banks.

失業率從 2014 年的 4.8% 下降到 2017 年的 3.4%。總體而言，
2017 年墨西哥的失業率有所改善，但經濟增速有所放緩，通貨膨
脹大幅上升。通貨膨脹上升的部分原因來自前三年廣義貨幣的快
速增長以及相伴隨的匯率的大幅貶值。由此可以看出，2017 年墨
西哥的貨幣政策需要收緊，但又不能太緊，否則 GDP 增速會進一
步放緩。

　　再來看外部均衡與否，也即經常賬戶是否出現赤字？如果出
現赤字，是否可持續？這裏我們一般考察經常賬戶餘額佔 GDP
的比值。墨西哥經常賬戶這些年來一直是赤字，其佔 GDP 的比
重平均為 2.3%，不算太高。如果經常賬戶赤字高於 4%，則我們
需給予特別關注。無論如何，持續的經常賬戶赤字通常意味着外
債的不斷累積。事實上，墨西哥外債佔 GDP 的比重從 2015 年的
35.7% 上升至 2017 年的 38.1%。這兩個數字應該也放在主要經濟
指標表中，但墨西哥的此報告將它們放在第六個表中，可能是因
為外債佔比並不算太高。需要注意的是，如果墨西哥比索大幅貶
值的話，那麼外債佔 GDP 的比重將會顯著加大。主要經濟指標表
還有國際貨幣基金組織團隊的預測，這些預測僅供參考，我們必
須認識到形勢是千變萬化的。比如該團隊認為 2018 年和 2019 年
墨西哥經常賬戶赤字佔 GDP 的比重將維持在 1.7% 和 1.8%，而
如今特朗普總統重新修訂與墨西哥和加拿大的貿易協定，這對墨
西哥的貿易赤字會產生負面影響，但中美貿易摩擦有可能對墨西
哥貿易赤字產生正面影響，故需綜合考量。

　　第三項需要考察的是財政健康狀況。2014 年與 2015 年，墨

西哥政府赤字佔 GDP 的比重較高，分別為 4.5% 和 4%。2016 與 2017 年政府赤字更為健康一些，相應佔比分別為 2.8% 和 1.1%。政府債務佔 GDP 的比重這 4 年間有所反覆，平均達 53%，不算太危險。需要注意的是該表的腳注 5。腳注 5 表明這些財政數據沒有包含州政府和地方政府但包含了國企和公共開發銀行，而我們知道地方政府債務是一個普遍存在的問題。報告指出，墨西哥應當力爭將地方政府的財政與中央政府財政並表，提升財政透明度。也許是出於對政府債務可持續性的顧慮，墨西哥政府過去兩年明顯縮減了政府開支，降低了赤字佔比。這些都反映在公共投資的下降和經濟增速的回調上。如果貨幣政策繼續收緊以控制通貨膨脹的話，那麼政府財政政策收緊的空間就很小了，否則實體經濟可能承受不了緊貨幣和緊財政的雙管齊下的政策。

第四項需考察的是貨幣與銀行。這部分通常應包含利率水平以及信貸和廣義貨幣增速，但墨西哥的這張表格中缺失利率水平。我們來看看信貸和廣義貨幣。2015 年和 2016 年的銀行信貸非常寬鬆，信貸增長率年均為 16.6%。廣義貨幣增速分別為 12.3% 和 12.5%，相對於 3% 上下的實際 GDP 增長率而言實屬非常寬鬆，通脹率於 2017 年上升至 6.8% 以及比索於 2014 年至 2016 年間的大幅貶值都是不難理解的。前面我們已提到，在這樣的宏觀背景下，貨幣政策需適量收緊。

總之，這張表提供了相當多的信息，我們在分析之後應當對墨西哥未來的貨幣政策和財政政策走勢有一個判斷。同時，我們也應當密切關注墨西哥在國際貿易上的表現，尤其是在特朗普主

導下簽署的美國、墨西哥和加拿大的貿易協定的影響。

　　國際貨幣基金組織的第四條款磋商報告一般都有一定的滯後期，我這裏只是用它來說明如何解讀報告中的主要經濟指標。大家如果需要研究和跟蹤某個國家或地區經濟的話，應該自己整理一張表格，並利用最新發佈的信息和新近發生的重大事件對該表格進行更新。國際政治和經濟形勢是瞬息萬變的，只有意識到這一點並不斷檢查自己以往的判斷，才能提高自己對宏觀政策的預見力。

　　在前文，我提到自己曾於 2012 年 5 月討論過黃金的價格，並給出一個基本結論：如果美國利率正常化步伐符合預期，地緣政治方面不出現重大事件的話，黃金作為抵抗通脹和避險的投資工具而言，價格即使到 2020 年仍將維持在每盎司 1500 美元以下。實際上，美聯儲於 2019 年 7 月底的減息反映了美國利率正常化的步伐已受阻，而且地緣政治上的重大事件也層出不窮，包括美國單方面退出與伊朗的核協定等。黃金價格於 2019 年 8 月 7 日升破每盎司 1500 美元。按理說，這些地緣政治重大事件，也應刺激油價上漲，但油價的漲幅卻是比較溫和的。為甚麼會如此呢？這是因為貿易摩擦的不確定性大大增加了全球經濟衰退的概率，削弱了各國對石油等能源的需求。銅價自貿易摩擦以來則在低位徘徊。

　　也許大家會問，為甚麼以上的這些討論都沒有用到我們講解過的模型呢？學這些模型有意義嗎？美聯儲或中國人民銀行的報告中是不會出現 IS 曲線和 LM 曲線的，更不會出現索洛增長

模型，各大基金的報告中也不會出現這些模型，但這些模型是基礎。我們在對宏觀經濟政策做前瞻性分析的時候其實是以這些模型為背景的。最簡單的 IS-LM 模型是基礎之基礎，必須牢牢掌握，IS-LM-PC 模型是理解滯脹這一現象必須要掌握的 IS-LM 模型的改良版。熟悉了這兩個模型，其他的模型諸如加入風險溢價的進階模型和加入國際貿易的開放型經濟體 IS-LM 模型也都不是太難。IS-LM 模型最大的功勞是它可以讓大家養成思考某個政策或事件如何移動相應曲線的習慣，從而能將各種相互影響的邏輯理清。

如果用一句話來總結的話，那就是本書可以讓大家知道如何從四個方面研讀主要經濟指標，如何以 IS-LM 和 IS-LM-PC 這兩個基本模型以及其他拓展版本的模型作為思考依據，如何通過索洛增長模型以及保羅・羅默等人倡導的內生增長理論來指導經濟發展的實踐。外生增長模型強調趨同，內生增長模型強調體制機制的重要性。

簡體版後記

寫作這本書的目的是希望幫助你研判宏觀大勢，辨識經濟周期，從而發現機遇、避免損失，培養對宏觀調控政策的預見力。我們既要密切關注當前的熱點問題，同時也要牢記長遠趨勢，以及判斷哪些突發事件將改變長遠趨勢。

毫無疑問，當下最重要的熱點問題關乎疫情的前景。我覺得現在經濟學家發聲還為時過早：我們完全不清楚疫情從醫學上來講到底能否得到有效控制和緩解。經濟學家應該在復工的效率數據出來之後再做評價。這次疫情，可以說是人類的災難，尤其是對那些不幸被擊中的家庭而言。但對於宏觀經濟學的研究來講是一次特別好的機會，這幾乎是一組完美的試驗，使我們得以檢測在各個國家在面臨同樣的外部衝擊時所採取的不同政策與措施，並觀察到底哪一種能夠產生更加理想的結果。此外，這次疫情也會推動大量的科技創新，政府監管機構也會更加配合，提高批覆效率，比如在醫藥和生命科學領域。甚至在其他領域創新落地也會加速，諸如無人駕駛、無人快遞、無人送餐、機器人搬運、機器人酒店以及增強現實和虛擬現實（通過這些來感受現場球賽，感受朋友聚會等）。從我們教育界來看，疫情大幅加速了線上教育、線上辦公的步伐。將來回過頭來看這段經歷，我們會發現，這一疫情危機激發了人類極大的創造力。

　　疫情的出現讓所有金融和決策機構過去所做的預測成為一張廢紙。面對這一突發事件，我們毫無疑問要對預測做出大幅調整，宏觀政策也需出台應對措施。美聯儲立刻採取了一系列的行動。它通過兩次快速降息將政策利率降到零的邊緣，同時推出無限量的量化寬鬆，用於購買國債、市政債、企業債，甚至垃圾債券，可以說是放手一搏！這些行動最主要的作用是緩解資金市場的恐慌。我們觀察到穆迪利差指數（美國投資級企業債與 10 年期美國國債的利差）從 4.3% 迅速降到 3.3%，資金市場漸趨鎮定。儘管目前債券市場利差比去年同期高出一個百分點，但比起 2008 年的 6% 而言還是要低很多。可以認為，美聯儲從 2008 年的危機處理當中汲取了有益的教訓。事實上，全球各國面對疫情均採取了某種程度上的貨幣寬鬆與財政刺激的紓困政策。

　　疫情的發展還導致了前所未有的金融亂象，石油期貨價格居然出現負值，而且一度為每桶負 40 美元！這又如何解釋呢？

　　首先，不要相信陰謀論。網絡媒體裏充斥的陰謀論會讓大家覺得這又是美國金融大鱷刻意算計全世界，尤其是算計中國的一幕。實際上，美國也有大量的金融機構在這一輪油價暴跌之中輸得傾家蕩產，美國頁岩油企業同樣受到重創，股價普遍暴跌 60%，可以說美國得不到任何好處。還有陰謀論將沙特阿拉伯王子描寫的深謀遠慮，稱其先行做空美股然後挑起石油價格爭端，多管齊下、一戰成名。難道沙特阿拉伯不擔心會遭到美國和其他西方發達國家的集體報復？

　　真相其實很簡單，油價暴跌起始於沙特阿拉伯和俄羅斯的石

油價格摩擦，但後期的波動更多是因為大家對疫情的發展無法做出清晰的判斷。那些認為疫情會逐漸平穩下來的投資者認為前段時間的油價暴跌過了頭，尤其是在沙特阿拉伯與俄羅斯達成巨幅減產的情況下，於是買入石油期貨。他們的對手方當然是看空者，而看空者認為疫情拐點遠未到來。油價自然隨着疫情的起伏而波動。當然，石油期貨出現負值也確實是前所未有的，芝加哥商品交易所於 2020 年 4 月 15 日完成測試成功修改電腦系統允許負值出現也屬實。如果不允許出現負值，或許 5 月期貨根本沒有任何買家願意接盤。投資者將無法脫手，如果一時間找不到真正的石油用戶和買家，那就只有租用管道或倉儲來接貨。試想：那些擁有管道和倉儲的企業，面臨如此巨大的結算需求，將租用價格提高十倍乃至百倍都是有可能的。到了這個地步，那些買入石油期貨的投資者只有任人宰割了。這背後是否存在精明投機者做空石油，同時搶先控制了石油接收管道和倉儲資源，我不敢絕對否認這一可能，我只敢說這背後不存在國家勢力和國家行為（否則我們只能用「利令智昏」來形容這一行為）。這些行為均為市場操縱。如屬於個人行為，個人負有刑事責任。如屬於機構行為，機構將被嚴懲。芝加哥商品交易所市值為 660 億美元，犯不着冒着被嚴懲的風險和某一方合作去算計另一方（又一陰謀論版本）。

總之，油價波動仍會持續，但這無關陰謀。陰謀論當然不是我們國產的，美國也有陰謀論。大家如果讀讀白邦瑞（Michael Pillsbury）的《百年馬拉松》（*The Hundred-Year Marathon：China's Secret Strategy to Replace America as the Global Superpower*），那

簡直將咱們中國人的智商誇上了天，恨不得說咱們用幾千年的智慧早就將美國算死了。而不少中國人卻正好相反，認為美國人，尤其是總統特朗普高瞻遠矚，早就將我們算計了，中美之間必有一戰等。這些在我看來都很可笑，都是因為雙方民眾互不了解所造成的錯覺。儘管我痛恨陰謀論，但我們必須意識到各個國家都有類似的專業人士從事這方面的工作，而且陰謀論也有它的建設性和可以被政府利用的一面。政府的國際事務決策機構中有鷹派、鴿派和中間派。這幾大派別各司其職，缺一不可，這些不同派別的共存可以極大地提高大國博弈當中對手方的決策難度，同時也提高本國決策靈活度和雙方最終解決國際爭端的成功率。

疫情會否導致中美科技脫鈎呢？中美脫鈎並非新的議題，是「逆全球化」思維的一個環節。就這一議題，2019 年中國國際經濟交流中心美歐所首席研究員張茉楠先生有一篇細緻的分析，他的主要觀點是：「中國製造」+「中國市場」造就中國難以複製的綜合比較優勢，美國高科技公司如想和中國脫鈎，不是那麼容易。即便是在美國政府推出種種有利的稅收政策之後，製造業回流美國的速度並未如期加速。我同意這一判斷，而且我們不要忘記，雖然美國工人希望製造業回流，但資本是逐利的，而且在西方它是主導政府決策的，資本之所以不斷來到中國，看上的還是中國多方面的優勢：要素成本、產業配套、基礎設施（包括數字新基建）、政府扶持以及巨大的消費市場。另外一點我們也不能忘記，美國政府已經是寅吃卯糧，債務佔 GDP 的比重超過 100%，它雖然能夠付得起美國企業的搬遷費用，但是沒有能力長期資助下

去。所以，除非疫情進一步惡化從而大幅提高貿易成本、徹底改寫貿易格局，否則，中美科技脫鈎論雷聲大、雨點小。我認為，全球化的道路雖然不平坦，但將在更為包容的前提下強勢歸來。儘管如此，從中國本身而言，我們應當加強高科技創新能力，進一步推動產業升級，提高自身的應變能力。

2020 年 5 月 2 日於香港

繁體版後記

　　這本《宏觀經濟學通識課》的簡體版於 2020 年 6 月出版，其中內容基於 2018-2019 年間的音訊版，故此，書中的「目前」和「當下」均是指 2018-2019 年的情況，而自 2020 年以來，國際政治與經濟形勢有了翻天覆地的變化，新冠病毒肆虐全球、中國宣佈碳達峰與碳中和目標、特朗普輸掉美國總統大選、中美科技戰打響、元宇宙概念凸顯、區域全面經濟夥伴關係協定生效、俄羅斯對烏克蘭展開「特別行動」、美國國會眾議院議長佩洛西竄訪臺灣等一系列重大事件接二連三地發生。同時，投資者對美國乃至全球的通脹會否失控非常擔憂。那麼，這當中哪一些事件會改變主旋律，哪一些只不過是短期的插曲呢？

　　新冠疫情以來，各國面臨這一外部衝擊採取了不同應對。隨着疫情的傳播速度和可怕程度的改變，各國都經歷過封城、封社區、封樓、形形式式的隔離政策、以及不同形式的躺平，唯有中國以人民至上、生命至上為原則，堅持動態清零。到底孰優孰劣我認為仍難以確定，因為我們對於新冠可能給身體帶來的長期影響仍然所知甚少。假如新冠的長期後遺症非常可怕，而免疫手段又不可靠，那麼清零自然是上策。即便如此，這一上策在那些個人自由至上的國家可能完全無法實施。

　　如何根據新冠病毒的變異情況優化動態清零，如何利用大資

料分析在抗疫和便民利產之間取得平衡，理應是中國下一階段的工作重點。此外，特效藥和疫苗的研發仍有很大空間。在簡體版的後記中，我推測這次疫情會推動科技創新，比如在醫藥和生命科學領域，甚至在其他領域創新落地也會加速，諸如：無人駕駛、無人快遞、無人送餐、機器人搬運、機器人酒店、線上教育、線上辦公，以及增強現實和虛擬實境。這些創新領域即使在疫情獲得控制之後預計仍會有很大的市場。看得更長遠一點，元宇宙概念的生命力也許超出我們的想像。我認為元宇宙發展的技術困難將會逐步打破，而相關法律框架的建設則有賴有識之士盡早謀劃。

最近和銀行界人士交流，注意到有一些中國企業，為避免疫情帶來的高昂生產和物流成本而選擇在美國南部開設工廠，落戶在佐治亞州和德薩斯州。為防止此舉形成趨勢，如果全球疫情持續，中國抗疫政策需更加精細化、科學化，從而改善營商環境。

以下我們來看看市場資料：穆迪利差指數（美國投資級企業債與 10 年期美國國債的利差）從疫情爆發初期的 4.3% 降至 2021 年 11 月上旬的 1.66%。這說明投資者逐漸認為疫情的危害大致可控。俄羅斯與烏克蘭開戰初期，這一利差指數曾跳至 2.36%，但其後反復走低，目前降到 2.22%。這說明投資者並沒有將俄烏衝突看作轉折性事件。雖然我們習慣認為歐洲視前蘇聯和俄羅斯為安全隱患，但俄羅斯在葉利欽執政時期和普京的前兩任期內，曾由於推動民主和經濟改革而一度接納入「八國集團」（G8），俄羅斯總統普京本人也曾多次參加 G8 峰會。俄羅斯 2014 年吞併克里米亞後，其 G8 成員國席位才被無限期暫停。我認為在歐盟和

俄羅斯都很清楚在任何一方無法左右另一方時，雙方只能根據全盤利害關係，時而同舟共濟，時而分庭抗禮。中美關係的性質也是類似。中美之間的棋局是立體棋局，而且我不認為是你死我活的那種。中美既有政治、軍事、科技、文化等方面的競爭，又有反恐、反毒、抗疫、氣候變化、核威脅、太空探索、和產業鏈上的分工等議題上合作。面對重大偶發事件時，雙方通常事前劍拔弩張，既成事實後則互探底線磨合新的均衡點。中美出現全面冷戰的機會不大，爆發熱戰的機會極小。

簡體版後記中還提到 2020 年五月石油期貨價格在 4 月 20 日由於疫情而出現負值這一金融亂象。兩年不到，石油價格卻由於俄烏戰爭來到了每桶 100 美元左右。這些與陰謀論沒有關係，純粹是石油的短期供求失衡。

這一輪的通脹會否演變成滯脹，即如同 80 年代初的高通脹與衰退並存的局面呢？這是大家普遍關心的問題。2021 年 11 月以前，美聯儲主席鮑威爾認為，美國的通脹可能是過渡性的。其後，面對通脹率的持續上升，他逐漸承認「過渡性」這個詞已不大適用。鮑威爾起初使用「過渡性」一詞，是因為他相信這一輪通脹的根源，是來自疫情稍為緩和後的報復性消費增長，及國際供應鏈沒有完全恢復等因素。當供應鏈恢復後，通脹自然會得到控制。俄烏戰爭爆發後，西方對俄羅斯的禁運使得石油和天然氣價格暴漲。這與 1973 年 10 月沙特領導的阿拉伯石油輸出國對美、英、日、加等國的禁運異曲同工。那一次石油危機持續多年，並導致 70 年代及 80 年代初期的滯脹，人們對此至今記憶猶新。能源價

格的上漲促使自然總產出下降，從而推動整體價格上揚（見第三章的 IS-LM-PC 模型）。一旦價格上漲得以持續，通脹預期將會被納入勞資談判之中，名義工資上漲壓力加劇，這將推高企業的成本和產品定價，形成惡性循環。這是為何美聯儲鷹派人物在 2022 年不斷發聲支持連續大幅加息確保通脹得到控制，遏制通脹預期的升溫。

美聯儲加息降低總需求，有利於遏制通脹，但副作用是經濟增長將會放緩甚至出現經濟衰退。如此，則會出現滯脹局面。滯脹局面也許不會維持很久，但要視能源價格能否受到控制而定。如果西方對俄羅斯的禁運持續下去，能源價格持續高企，美聯儲的連續加息將會大大增加滯脹的可能性。化解滯脹風險單靠貨幣政策是行不通的，必須依賴政策配合：收緊貨幣控制總需求，同時對供給側予以財政支援，比如定向補助企業用油、用電、和貨運。各國在抗疫政策上的協調和合作以疏通供應鏈也是化解滯脹風險的重要一環。

中國雖然目前通脹壓力不大，但由於經濟運行不夠順暢以及房地產市場不斷走弱，貨幣政策需較為寬鬆。中美兩國在貨幣政策上一鬆一緊，導致人民幣貶值，而人民幣兌美元匯率已逼近 7 這一心理關口。人民幣貶值將會帶來通脹壓力，當然同時也會更有利於中國本已強勁的出口，所以對中國經濟整體而言並不構成威脅，但經濟個體對此應有充分的認識並要好好管控風險。

日元與歐元的貶值幅度遠甚於人民幣，是因為日本對能源價格上漲的承受力弱，歐洲則受俄烏戰爭的影響更為直接。

　　鑑於美國對全球經濟有巨大影響力，我在這裏給了相當大的篇幅，但隨着「區域全面經濟夥伴協定」（RCEP）這一世界最大的自由貿易協定的生效，意味着將來美國市場的變化對 RCEP 協約國的影響將日漸減少。

　　宏觀經濟學家需要關注大趨勢，包括全球產業分工、宏觀政策環境、貿易格局、地緣政治等，都需要釐清主要矛盾。短期風險當然需要管理，但新一代人更應當有足夠的智慧避免讓人類毀於無謂的國際紛爭。

2022 年 9 月 10 日於廣州南沙

附　錄

中國國際收支平衡表（年度表）

（單位：億 SDR）

項　目	2016 年	2017 年
1. 經常賬戶	1448	1183
貸方	17663	19514
借方	-16216	-18332
1. A 貨物和服務	1838	1511
貸方	15819	17452
借方	-13981	-15942
1. A.a 貨物	3516	3425
貸方	14319	15964
借方	-10802	-12539
1. A.b 服務	-1679	-1915
貸方	1500	1488
借方	-3179	-3403
1. A.b.1 加工服務 132129		
貸方	133	131
借方 -1	-1	
1. A.b.2 維護和維修服務	23	27
貸方	37	43
借方	-14	-16

項　　目	2016 年	2017 年
1. A.b.3 運輸	-336	-404
貸方	244	268
借方	-580	-672
1. A.b.4 旅行	-1481	-1624
貸方	320	235
借方	-1801	-1860
1. A.b.5 建設	30	26
貸方	91	88
借方	-61	-62
1. A.b.6 保險和養老金服務	-64	-53
貸方	29	29
借方	-93	-83
1. A.b.7 金融服務	8	13
貸方	23	24
借方	-15	-12
1. A.b.8 知識產權使用費	-164	-172
貸方	8	34
借方	-172	-207
1. A.b.9 通訊、電腦和信息服務	91	55
貸方	183	195
借方	-92	-139
1. A.b.10 其他商業服務	106	116
貸方	417	423
借方	-311	-307
1. A.b.11 個人、文化和娛樂服務	-10	-14
貸方	5	5
借方	-15	-20

項　目	2016 年	2017 年
1. A.b.12 別處未提及的政府服務	-14	-13
貸方	9	12
借方	-23	-25
1. B 初次收入	**-321**	**-246**
貸方	1623	1855
借方	-1944	-2101
1. B.1 僱員報酬	149	108
貸方	193	157
借方	-45	-48
1. B.2 投資收益	-472	-357
貸方	1425	1694
借方	-1898	-2051
1. B.3 其他初次收入	2	3
貸方	4	5
借方	-2	-2
1. C 二次收入	**-69**	**-82**
貸方	222	206
借方	-291	-289
1. C.1 個人轉移	/	-18
貸方	/	50
借方	/	-69
1. C.2 其他二次收入	/	-64
貸方	/	156
借方	/	-220
2. 資本和金融賬戶	**205**	**417**
2.1 資本賬戶	**-2**	**-1**
貸方	2	2

項　　目	2016 年	2017 年
借方	-5	-2
2.2 金融賬戶	**208**	**417**
資產	-1662	-2719
負債	1870	3136
2.2.1 非儲備性質的金融賬戶	-2996	1072
資產	-4866	-2065
負債	1870	3136
2.2.1.1 直接投資	-292	474
2.2.1.1.1 資產	-1554	-733
2.2.1.1.1.1 股權	-1054	-717
2.2.1.1.1.2 關聯企業債務	-499	-15
2.2.1.1.1.1.a 金融部門	/	-135
2.2.1.1.1.1.a 股權	/	-134
2.2.1.1.1.2.a 關聯企業債務	/	-1
2.2.1.1.1.b 非金融部門	/	-598
2.2.1.1.1.1.b 股權	/	-584
2.2.1.1.1.2.b 關聯企業債務	/	-14
2.2.1.1.2 負債	1262	1207
2.2.1.1.2.1 股權	1191	1021
2.2.1.1.2.2 關聯企業債務	71	186
2.2.1.1.2.a 金融部門	/	103
2.2.1.1.2.1.a 股權	/	76
2.2.1.1.2.2.a 關聯企業債務	/	27
2.2.1.1.2.b 非金融部門	/	1104
2.2.1.1.2.1.b 股權	/	945
2.2.1.1.2.2.b 關聯企業債務	/	158
2.2.1.2 證券投資	-379	52

項　　目	2016 年	2017 年
2.2.1.2.1 資產	-741	-785
2.2.1.2.1.1 股權	-275	-271
2.2.1.2.1.2 債券	-466	-514
2.2.1.2.2 負債	363	836
2.2.1.2.2.1 股權	168	244
2.2.1.2.2.2 債券	194	592
2.2.1.3 金融衍生工具	-39	3
2.2.1.3.1 資產	-47	11
2.2.1.3.2 負債	8	-7
2.2.1.4 其他投資	-2287	542
2.2.1.4.1 資產	-2524	-558
2.2.1.4.1.1 其他股權	0	0
2.2.1.4.1.2 貨幣和存款	-463	-265
2.2.1.4.1.3 貸款	-794	-297
2.2.1.4.1.4 保險和養老金	-3	0
2.2.1.4.1.5 貿易信貸	-731	-131
2.2.1.4.1.6 其他	-534	135
2.2.1.4.2 負債	237	1101
2.2.1.4.2.1 其他股權	0	0
2.2.1.4.2.2 貨幣和存款	62	769
2.2.1.4.2.3 貸款	-124	363
2.2.1.4.2.4 保險和養老金	-5	5
2.2.1.4.2.5 貿易信貸	118	-15
2.2.1.4.2.6 其他	187	-22
2.2.1.4.2.7 特別提款權	0	0
2.2.2 儲備資產	3204	-654
2.2.2.1 貨幣黃金	0	0

項　　目	2016 年	2017 年
2.2.2.2 特別提款權	2	-5
2.2.2.3 在國際貨幣基金組織的儲備頭寸	-38	16
2.2.2.4 外匯儲備	3240	-665
2.2.2.5 其他儲備資產	0	0
3. 淨誤差與遺漏	-1653	-1599

備註：三項相加應等於零，即經常賬戶 + 資本和金融賬戶 + 淨誤差與遺漏 = 0。

參考文獻

1 白重恩，錢震傑 . 國民收入的要素分配：統計數據背後的故事 [EB/OL]. 愛思想網， 2009-09-02. http://www.aisixiang.com/data/29871.html.

2 陳抗，Arye L. Hillman，顧清揚 . 財政集權與地方政府行為變化 —— 從援助之手到攫取之手 [J]. 經濟學：季刊， 2002(04): 116-135.

3 陳曉華，黃先海，劉慧 . 中國出口技術結構演進的機理與實證研究 [J]. 管理世界， 2011(03): 44-57.

4 傅高義 . 日本第一：對美國的啟示 [M]. 上海：上海譯文出版社， 2016.

5 封北麟 . 中國政府債務歷史、現狀、成因、預測與風險研判 [EB/OL]. 日本財務綜合政策研究所， 2017. https://www.mof.go.jp/pri/international_exchange/kouryu/fy2017/2_3_ch_paper.pdf.

6 郭慶旺，賈俊雪 . 地方政府間策略互動行為、財政支出競爭與地區經濟增長 [J]. 管理世界， 2009(10): 17-27+187.

7 行業頻道 . 2018 年中國銅行業發展現狀分析及未來發展前景預測 [EB/OL]. 中國產業信息網，2018-03-6. http://www.chyxx.com/industry/201803/619801.html.

8 賈俊雪，郭慶旺，寧靜 . 財政分權、政府治理結構與縣級財政解困 [J]. 管理世界， 2011(1): 30-9.

9 賈康，白景明 . 縣鄉財政解困與財政體制創新 [J]. 經濟研究，2002(02): 3-9.

10 劉亞琳，茅銳，姚洋 . 結構轉型、金融危機與中國勞動收入份額的變化 [J]. 經濟學（季刊）2018, 17(02): 165-188.

11 李奇霖 . 深度解析地方政府債務 [EB/OL]. 新浪網， 2019-03-07.

12 牛慕鴻，張黎娜，張翔 . 利率走廊、利率穩定性和調控成本 [J]. 金融研究，
    2017 ， 000(007): 16-28.

13 任澤平，羅志恆 . 是該減稅了，中美稅負和基礎性成本比較 [EB/OL]. 智通
    財經網 , 2018-09. https: //www.zhitongcaijing.com/content/detail/149577.html.

14 孫華妤，馬躍 . 中國貨幣政策與股票市場的關係 [J]. 經濟研究，2003(07):
    44-53+91.

15 吳敬璉 . 當代中國經濟改革 [M]. 上海：上海遠東出版社，2004.

16 王志剛 . 中國財政政策可持續性分析 [EB/OL]. 日本財務綜合政策研究所，
    2017.https://www.mof.go.jp/pri/international_exchange/kouryu/fy2017/1_2_
    ch_paper.pdf.

17 沈炳熙 . 關於規範地方政府發債方式的思考 [J]. 中國債券，2011(8): 12-16.

18 西蒙・康斯特勃 . 讀懂華爾街的 50 個經濟指標 [M]. 海南：南方出版社，
    2014.

19 徐現祥，李郇 . 中國城市經濟增長的趨同分析 [J]. 經濟研究，2004(05):
    40-48.

20 謝獲寶，李從文 .「營改增」對企業稅負水平與公司價值的影響研究 [J]. 證
    券市場導報，2016(10): 35-41.

21 肖立晟，袁野 . 從省級到市級：全國地方政府隱性債務測算 [EB/OL].
    2018-08. https://wallstreetcn.com/articles/3398979.

22 謝丹陽，周澤茜 . 經濟增長理論的變遷與未來：生產函數演變的視角 [J].
    經濟評論，2019(03): 30-39.

23 易綱，王召 . 貨幣政策與金融資產價格 [J]. 經濟研究，2002(03): 13-20+92.

24 余永定，肖立晟 . 解讀中國的資本外逃 [EB/OL]. 財新網，2017-09-22.
    http://opinion.caixin.com/2017-09-22/101148734.html.

25 張晏，龔六堂 . 分稅制改革、財政分權與中國經濟增長 [J]. 經濟學（季
    刊），2005 ， 5(1): 75-108.

26   中國人民銀行貨幣政策司 . 二〇〇六年第二季度中國貨幣政策執行報告
       [R/OL]. 2006-08-10. http://www.pbc.gov.cn/zhengcehuobisi/125207/125227/
       125957/126012/2877308/index.html.

27   中華人民共和國財政部 . 2009 年第 13 號：代理發行 2019 年四川省政府
       債券（一期）[EB/OL]. 中國政府網，2009-04-07. http://www.gov.cn/govweb/
       zwgk/2009-04/07/content_1279588.htm.

28   中華人民共和國財政部 . 2015 年全國土地出讓收支情況 [EB/OL]. 中國政
       府 網，2016-04-05. http://www.gov.cn/xinwen/2016-04/05/content_5061328.
       htm.

29   中華人民共和國財政部 . 關於印發《地方政府債務信息公開辦法（試
       行）》的通知 [EB/OL]. 中國政府網，2018-12-20. http: //yss.mof.gov.cn/
       zhuantilanmu/dfzgl/zcfg/201812/t20181229_3111512.html.

30   中華人民共和國財政部 . 2019 年 4 月地方政府債券發行和債務餘額情
       況 [EB/OL]. 中國政府網，2019-05-26. http: //yss.mof.gov.cn/zhuantilanmu/
       dfzgl/sjtj/201905/t20190516_3259191.html.

31   張軍，範子英 . 再論中國經濟改革 [J]. 經濟學動態，2018 ，690(08): 20-29.

32   Abramovitz M. Resource and Output Trends in the United States Since 1870[J].
       American Economic Review, 1956, 46 (2): 5-23.

33   Aghion P, Howitt P. A Model of Growth Through Creative Destruction[J].
       Econometrica, 1992, 60(2): 323-351.

34   Ahearne A G, Ammer J, Doyle B M, Kole L S, and Martin R F. House Prices
       and Monetary Policy: A Cross-Country Study[R/OL]. Board of Governors
       of the Federal Reserve System, Number 841, September 2005. https: //www.
       federalreserve.gov/Pubs/Ifdp/2005/841/ifdp841.htm.

35   Alesina A, Summers L. Central Bank Independence and Macroeconomic
       Performance: Some Comparative Evidence[J]. Journal of Money, Credit and

Banking, 1993, 65(2): 151-162.

36 Alesina A, Wacziarg R. Openness, Country Size and Government[J]. Journal of Public Economics, 1998, 69(3): 305-321.

37 Alesina A, Devleeschauwer A, Easterly W, Kurlat S, and Romain Wacziarg. Fractionalization[J]. Journal of Economic Growth, 2003.

38 Amiti M, Freund C. The Anatomy of China's Export Growth[J]. Policy Research Working Paper, No. 4628, World Bank, 2008.

39 Ang A, Piazzesi M, and Wei M. What Does the Yield Curve Tell us about GDP Growth? [J]. Journal of Econometrics, 2006, 131(1-2): 359-403.

40 Baer H. Foreign Competition in U.S. Banking Industry[J]. Economic Perspectives, 1990: 22-29.

41 Barro R J. Are Government Bonds Net Wealth? [J]. Journal of Political Economy, 1974, 82(6): 1095-1117.

42 Barro R J. Government Spending in a Simple Model of Endogenous Growth[J]. Journal of Political Economy, 1990, 98(S5): 103-125.

43 Barro R J, Sala-i-Martin X. Convergence[J]. Journal of Political Economy, 1992, 100(2): 223-251.

44 Becker G S. Investment in Human Capital: A Theoretical Analysis [J]. Journal of Political Economy, 1962, 70(5): 9-49.

45 Benhabib J, Perli R. Uniqueness and Indeterminacy: On the Dynamics of Endogenous Growth[J]. Journal of Economic Theory, 1994, 63(1): 113-142.

46 Benhabib J, Perli R, and Xie D Y. Monopolistic Competition, Indeterminacy and Growth[J]. Ricerche Economiche, 1994, 48(4): 279-298.

47 Bernanke B S. "Great Moderation", Remarks by Governor Ben S. Bernanke[EB/OL]. Federal Reserve Board, 2004-02-20. https://www.federalreserve.gov/BOARDDOCS/SPEECHES/2004/20040220/default.htm.

48   Blanchard O. Macroeconomics (7th Edition) [M]. Pearson, 2017.

49   Blanchard O, Simon J. The Long and Large Decline in U. S. Output Volatility[J]. Brookings Papers on Economic Activity, 2001(1): 135-174.

50   Board of Governors of the Federal Reserve System. Monetary Policy Report(July 13,2018)[R/OL].2018-07-13. https://www.federalreserve.gov/monetarypolicy/files/20180713_mprfullreport.pdf.

51   Bodie Z, Kane A, and Marcus A. Investments (10th Edition)[M].McGraw-Hill Education, 2013.

52   Bräutigam D, and Tang X Y. African Shenzhen: China's Special Economic Zones in Africa [J]. Journal of Modern African Studies, 2011, 49(1): 27-54.

53   Bruno V, Shin H S. Capital Flows and the Risk-taking Channel of Monetary Policy[J]. Journal of Monetary Economics, 2015, 71: 119-132.

54   Buckley R P. The Facilitation of the Brady Plan: Emerging Markets Debt Trading from 1989 to 1993[J]. Fordham International Law Journal, 1997.

55   Bureau of Labor Statistics. Estimating the U.S. Labor Share[EB/OL]. https://www.bls.gov/opub/mlr/2017/article/estimating-the-us-labor-share.htm.

56   Burg D. A World History of Tax Rebellion [M].Routledge, 2004.

57   Cameron, David R. The Expansion of the Public Economy: A Comparative Analysis[J]. American Political Science Review, 1987, 72(4): 1243-1261.

58   Campillo M, Miron J A. "Why does inflation differ across countries?", C.D. Romer and D. H. Romer (eds) Reducing Inflation: Motivation and Strategy[C]. Chicago: University of Chicago Press, 1997.

59   Chiodo A J, Owyang M T. A Case Study of a Currency Crisis: The Russian Default of 1998[J]. Review, 2002, 84(6): 7-17.

60   Christiano L J, Eichenbaum M. Current Real-Business-Cycle The ories anc Aggregate Labor-Market Fluctuations [J]. The Ameri can Economic Review,

1992: 430-450.

61   Clarida R, Davis J, Pedersen N. Currency Carry Trade Regimes：Beyond the Fama Regression[J]. Journal of International Money and Finance, 2009, 28(8): 1375-1389.

62   Codey T F, Hasen G D. The Inflation Tax in a Real Business Eycle Modle [J]. The American Economic Review, 1989: 733-748.

63   Constable S. Wall Street Journal to 50 Economic Indicators that Really Matter [M]. HarperCollins, 2011.

64   Dell'Ariccia G, Zettelmeyer J, and Schnabel I. Moral Hazard and International Crisis Lending: A Test[J]. IMF Working Papers, 2002, 02(181).

65   Devarajan S, Swaroop V, and Zou H F. The Composition of Public Expenditure and Economic Growth[J]. Journal of Monetary Economics, 1996, 37(2): 313-344.

66   Devarajan S, Xie D Y, and Zou H F. Should Public Capital be Subsidized or Provided? [J]. Journal of Monetary Economics, 1998, 41(2): 319-331.

67   Devereux M B. A Tale of Two Currencies: The Asian Crisis and the Exchange Rate Regimes of Hong Kong and Singapore[J]. Review of International Economics, 2003, 11(1): 38-54.

68   Easterly W, Levine R. It's Not Factor Accumulation: Stylized Facts and Growth Models[C]. World Bank Economic Review, 2001.

69   Ethier W. National and International Returns to Scale in the Modern Theory of International Trade[J]. American Economic Review, 1982, 72(3): 389-405.

70   Fama E F. Forward and Spot Exchange Rates[J]. Journal of Monetary Economics, 1984, 14(3): 319-338.

71   Fisman R J, Wei S J. Tax Rates and Tax Evasion: Evidence from Missing Imports in China[J]. Journal of Political Economy, 2004, 112(2): 471-496.

72   Gertler M, Karadi P. A Model of Unconventional Monetary Policy[J]. Journal of Monetary Economics, 2011, 58(1): 17-34.

73   Gourinchas P O, Obstfeld M. Stories of the Twentieth Century for the Twenty-First[J]. American Economic Journal: Macroeconomics, 2012, 4(1): 226-265.

74   Grossman G M, Helpman E. Quality Ladders and Product Cycles[J]. The Quarterly Journal of Economics, 1991, 106(2): 557-586.

75   Guestpost. Correlation Laughter FOMC Meetings. ZeroHedge[EB/OL]. https://www.zerohedge.com/news/guestpost-correlation-laughter-fomc-meetings.

76   Gurkaynak R S, Sack B, and Swanson E T. Do Actions Speak Louder Than Words? The Response of Asset Prices to Monetary Policy Actions and Statements[J]. MPRA Paper, 2005, 1(1): 55-93.

77   Hu Z, Khan M S. Why is China Growing So Fast? [C]. IMF Staff Papers 44, No.1, 1997.

78   Huang Y, Pagano M, Panizza U. Pubic Debt and Private Investment in China[EB/OL]. VOX, CERR Policy Portal, 2016-12-03. https://voxeu.org/article/public-debt-and-private-investment-china.

79   Hulten C R, Dean E R, and Harper M J(eds). "Total Factor Productivity: A Short Biography", in New Developments in Productivity Analysis[M]. University of Chicago Press, 2001: 1-54.

80   IMF. Unproductive Public Expenditures: A Pragmatic Approach to Policy Analysis [EB/OL]. IMF pamphlet Series-NO.48. https://www.imf.org/external/pubs/ft/pam/pam48/pam4805.htm.

81   Islam N. What have We Learnt from the Convergence Debate? [J]. Journal of Economic Surveys, 2003, 17(3): 309-362.

82   Jones C I. R&D-Based Models of Economic Growth[J]. Journal of Political Economy, 1995, 103(4): 759-784.

83   Klenow P J, Rodríguez-Clare A. The Neoclassical Revival in Growth Economics: Has It Gone Too Far? [J]. NBER Macroeconomics Annual, 1997(12): 73-103.

84   Landsburg S. The Armchair Economist[M]. Free Press, 1995.

85   Lin, Justin Yifu, and Liu Z Q. Fiscal Decentralization and Economic Growth in China[J]. Economic Development and Cultural Change, 2000, 49(1): 1-21.

86   Lin S, Ye H C. Does Inflation Targeting Really Make a Difference? Evaluating the Treatment Effect of Inflation Targeting in Seven Industrial Countries[J]. Journal of Monetary Economics, 2007, 54(8): 2521-2533.

87   Lin S, Ye H C. Does Inflation Targeting Make a Difference in Developing Countries? [J]. Journal of Development Economics, 2009, 89(1): 118-123.

88   Lucas R E. On the Mechanics of Economic Development[J]. Journal of Monetary Economics, 1988, 22(1): 3-42.

89   Lucas R E. Making a Miracle[J]. Econometrica, 1993.

90   Ma J. Intergovernmental Relations and Economic Management in China [M]. St. Martin's Press, 1997.

91   Maddison A. The World Economy[M]. Paris: OECD Development Centre, 2006.

92   Mankiw N G, Romer D , and Weil D N. A Contribution to the Empirics of Economic Growth[J]. The Quarterly Journal of Economics, 1992, 107(2): 407-437.

93   Martin E, and Evans C L. Some Empirical Evidence on the Effect of Shocks to Monetary Policy on Exchange Rate[J]. Quarterly Journal of Economics, 1995, 110(4): 975-1009.

94   Mauro P, Romeu R, Binder A, and Zaman A. A Modern History of Fiscal Prudence and Profligacy[J]. Journal of Monetary Economics, 2015(76): 55-70.

95   McClintick D. How Harvard lost Russia[J]. Institutional Investor Magazine, 2006.

96   Miao Y L. China's Quiet Central Banking Revolution [EB/OL]. Project Syndicate, 2019.

97   Mishkin F S, Schmidt-Hebbel K. Monetary Policy under Inflation Targeting[M]. Central Bank of Chile, 2007.

98   Ortiz-Ospina E, Poser M. Government Sepending[EB/OL].Our World in Data. org.https://ourworldindata.org/government-spending

99   Rebelo S. Long Run Policy Analysis and Long Run Growth [J]. Journal of Political Economy, 1991, 99(3): 500-521.

100   Rivera-Batiz L, Romer P. Economic Integration and Endogenous Growth [J]. The Quarterly Journal of Economics, 1991, 106(2): 531-555.

101   Rodrik D. What's So Special About China's Exports? [J]. China & World Economy, 2006, 14(5): 1-19.

102   Roger S. Inflation Targeting at 20: Achievements and Challenges[C]. IMF Working Papers, 2009.

103   Romer P. Increasing Returns and Long-Run Growth [J]. Journal of Political Economy, 1986, 94(5): 1002-1037.

104   Romer P. Endogenous Technological Change[J]. Journal of Political Economy, 1990, 98(5): S71-S102.

105   Sachs J, Huizinga H. U.S. Commercial Banks and the Developing-Country Debt Crisis[J]. Brookings Papers on Economic Activity, 1987(2): 555-606. 358

106   Schultz T W. Investment in Human Capital [J]. The American Economic Review, 1961, 51(1): 1-17.

107   Shelton C A. The Size and Composition of Government Expenditure[J]. Journal of Public Economics, 2007, 91(11-12): 2230-2260.

108 Skousen M. The Big Three in Economics[M]. Routledge, 2007.

109 Soff R. Baker, Bloom Nicholas, and Davis S J. Measaring Economic Policy Unlertainty[C]. CEPR Discussion Paper, 2015.

110 Solow R M. 「A Contribution to the Theory of Economic Growth[J].Quarterly Journal of Economics, 1956, 70(1): 65-94.

111 Stock J, Watson M. Has the Business Cycle Changed and Why? [J]. NBER Macroeconomics Annual, 2002, 17: 159-218.

112 Sturm J E. Determinants of Public Capital Spending in Less-developed Countries[M]. Groningen: University of Groningen, 2001.

113 Svensson L. Inflation Targeting [C]. NBER Working Paper16654, 2010.

114 Taylor J B. The Monetary Transmission Mechanism: An Empirical Framework[J]. Journal of Economic Perspectives, 1995, 9(4): 11-26.

115 Thorsten Beck, Chen T, Lin C, and Song Frank M. Financial Innovation：The Bright and the Dark Sides[J]. Journal of Banking & Finance, 2016, 72: 28-51.

116 Tufano P. "Financial Innovation", Handbook of the Economics of Finance(Volume 1A)[C].North Holland, 2003.

117 Uolcker P. History of the Eighties, Lessons for the Future[M]. FDIC, 1997.

118 Wang J. The Economic Impact of Special Economic Zones Evidence from Chinese Municipalities[J]. Journal of Development Economics, 2013, 101: 133-147.

119 Warsh D. Economic Principals [M]. Free press, 1993.

120 Xie D Y. Increasing Returns and Increasing Rates of Growth[J]. Journal of Political Economy, 1991, 99(2): 429-435.

121 Xie D Y. Divergence in Economic Performance: Transitional Dynamics with Multiple Equilibria [J]. Journal of Economic Theor, 1994, 63(1): 97-112.

122 Xie D Y. An Endogenous Growth Model with Expanding Ranges of Consumer Goods and Producer Durables[J]. International Economic Review, 1998, 39(2): 439-460.

123 Xie D Y, Zou H F, and Davoodi H. Fiscal Decentralization and Economic Growth in the United States[J]. Journal of Urban Economics, 1999, 45(2): 228-239.

124 Ylmaz Akyüz, Korkut Boratav. The Making of the Turkish Financial Crisis[C]. United Nations Conference on Trade and Development, 2002.

125 Young A. A Tale of Two Cities: Factor Accumulation and Technical Change in Hong Kong and Singapore[J]. NBER Macroeconomics Annual, 1992, 7: 13-54.

126 Zeng Z H. Building Engines for Growth and Competitiveness in China: Experience with Special Economic Zones and Industrial Clusters[M]. Washington, D.C.: World Bank, 2010.

127 Zhang T, Zou H F. Fiscal Decentralization, Public Spending, and Economic Growth in China[J]. Journal of Public Economics, 1998: 67.